시진핑 vs 트럼프

시진핑 vs 트럼프

Xi Jinping / Donald Trump

시작된 글로벌 적벽대전, 문재인의 선택은?

유필립 지음

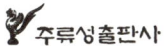
주류성출판사

목차

서문(멀서구 시각) • 06

제1장 시진핑, 과거를 사는 남자 ———— 17

시진핑은 공식 직함만 4개. 이게 뭔 소리여? • 23
시진핑, 국가통치의 알파이자 오메가 • 27
시진핑, 도련님에서 국가원수로 • 36
시진핑은 제2의 마오? 시황제? 아니면 곰돌이 푸? • 49
시진핑, 장기집권의 길로 들어서나? • 59

제2장 트럼프, 오늘만 사는 남자 ———— 71

아웃사이더에서 포퓰리스트로 • 81
장사꾼 트럼프, 셀럽 트럼프 • 93
트럼프는 대통령 공부 중 • 105
트위터, 트럼프표 엑스칼리버 • 118

제3장 시진핑 vs 트럼프 137

America First, 트럼프식 미국 이익 우선주의 • **150**
중궈멍, 시진핑표 해양강국 건설 • **170**
트럼프, 정~은아 놀자~! • **195**
시진핑, 사드에 광분하다 • **216**
동북아 플러스, 싸대기 그만 맞자 • **234**

Xi Jinping ★ Donald Trump

서문

2017년 11월 9일 오후, 중국 베이징에 위치한 자금성(紫禁城) 성문 앞. 수많은 취재진이 쉴 새 없이 카메라 플래시를 터뜨린다. 카메라가 향한 곳은 시진핑(習近平)과 트럼프. 세계를 움직이는 G2(Group of Two)의 지도자다. 이들이 세계 전체를 운영한다는 가정이 사실일 리 없다. 이들은 단지 두 명의 인간이기 때문이다. 하지만 최소한 시진핑 중국 국가주석과 도널드 트럼프 미국 대통령이 세계 정치에 가장 큰 영향력을 행사하는 인물임에는 틀림없다.

시진핑과 트럼프도 사람이다. 태어난 고향, 자라온 환경, 부모 등 각자가 지닌 고유한 배경과 생애가 있다. 이들도 고통과 행복, 실패와 성공이 교차하는 인생을 살았다. 이들이 겪은 생애는 고유하다. 그런 측면에서 이들의 생애를 짚어보는 일은 의미가 있다. 지나온 과거가 현재의 이들을 만들었다.

시진핑은 중국을 방문한 트럼프를 자금성에서 맞이했다. 자금성은 내외신 기자들로 장사진을 이뤘다. 소위 포토타임. 검은색 코트와 정장을 차려 입은 트럼프 부부, 회색 코트와 정장으로 단장한 시진핑 부부가 어색하게 카메라를 응시한다. 어색한 것은 당연하다. 이들이 1년에 몇 번이나 보겠나. 반가운 사이도 아니다. 트럼프 취임 이후 미국과 중국은 틈만 나면 으르렁거렸다. 중국이 부상하면서 미국과 중국은 각자의 이익을 위해 신경전을 벌여온 터다.

　어색한 포토타임 중 흥미로운 장면이 포착됐다. 좌우로 고개를 돌리며 카메라를 응시하던 시진핑과 트럼프가 마주보는 방향으로 고개를 돌렸다. 그 순간 시진핑이 코트 주머니에 넣었던 양손을 급하게 뺐다. 표정은 멋쩍었다. 트럼프는 오른손을 여전히 코트 주머니에 넣은 상태다. 이 장면은 소위 '짤'로 만들어져 인터넷에 급속히 퍼졌다.

　왜 손을 뺐을까? 그것도 급하게. 시진핑이 트럼프에게 '쫄아서?' 손님을 맞이하는 동양의 예법 때문에? 단순히 우연의 일치인가? 시진핑과 트럼프도 인간일 뿐이라는 관점에서 보면 기싸움일 수도 있고 어색해서 일 수도 있다. 아니면 두 요인이 함께 작용했을 수도 있다.

　상상을 해 보자. 트럼프가 특유의 '뚱한' 표정으로 주머니에 손을 넣고 카메라를 응시한다. 이를 의식하고 시진핑도 주머니에 손을 넣는다. 기싸움이다. 네가 먼저 주머니에 손을 넣었으니 나도 하겠다는 유치한 발상이다. 국가 귀빈 앞에서 주머니에 손을 넣는 행동은 예의에 어긋난다. 유교의 예법이다. 케케묵은 예법도 중국의 지도자에겐 중요하다. 자신의 행동이 중국 뿐아니라 전 세계에 보도된다는 사실을 뒤늦게 자각한 시진핑이 급하게 손을 뺀다.

　다른 상상을 해 보자. 시진핑은 어색하다. 자주 만나지도 않고 그리 가까운 사이도 아닌 트럼프가 말도 없이 서 있다. 어색함이 극에 달한다. 둘은 말도 안 통한다. 트럼프가 주머니에 손을 넣었고 시진핑이 무의식적으로 따라 한다. 뒤늦게 이런 행동이 예의에 어긋난다고 생각한 시진핑이 급하게 손을 뺀다. 시진핑과 트럼프도 사람이라는 전제에서 상상을 해 봤다.

　이 40초 남짓의 짧은 영상이 인터넷에 퍼진 이유는 간단하다. 대중에 알려진 시진핑의 이미지 때문이다. 이 이미지는 서방 언론이 창조했다. 영미권에서 시진핑은 절대권력을 지닌 1인자로 통한다. 한 달 전에 열린 중국 공산당 제19차 전국대표대회(이하 19차 당대회)를 거치면서 이런 이미지는 더욱 굳어지는 모양새다. 서구 매체는 19차 당대회를 시진핑의 '황제 대관식'으로 묘사했다. 한국 언론의 보도도 이런 시각에서 크게 벗어나지 않았다.

　과연 그럴까? 시진핑은 황제이며 절대 권력자이고, 구소련의 스탈린이나 북한의 김정은처럼 독재자인가? 시진핑은 그의 공식 임기가 끝난 5년 후에도 권좌에서 물러나지 않고 절대 권력을 연장할까?

　서방에 알려진 이미지와 다르게 필자가 만나본 중국의 젊은이들은 시진핑을 절대 권력자로 보지 않았다. 시진핑의 위상이 그의 전임자들보다 높아진 것은 사실이나 스탈린이나 김정은의 이미지는 아니다. 일부는 심지어 친근한 옆집 아저씨처럼 인식했다. 중국에서는 '시다다(習大大, 시씨 아저씨)'라는 시진핑의 애칭이 유명하다. 물론 필자가 만난 중국인이 중국인 전체를 대표할 리 없다. 이들의 인식을 절대적으로 신뢰할 이유도 없다. 중국인이 지닌 시진핑에 대한 이미지는 중국 관영매체에 의해 굴절됐다. 중국 정부는 여전히 인터넷과 언론을 통제한다.

　〈파이낸셜타임스〉의 2017년 7월17일자 보도를 보면, 중국 당국은 만화영화 캐릭터 '곰돌이 푸'를 소셜미디어 검색에서 차단했다. 중국판 트위터로 불리는 웨이보(Weibo)에서 푸의 검색이 차단됐고, 모바일 메신저 위챗(WeChat)에서는 곰을 소재로 한 캐릭터 선물이 사라졌다. 이유는 단순하다. 시진핑이 푸에 비유되기 때문이다. 중국 본토에서는 구글 검색이 여전히 불가능하다. 검열 문제로 구글은 철수했고, 중국에서 구글은 차단됐다. 페이스북과 인스타그램 등 소셜미디어도 엄격히 통제한다. 바이두(Baidu)는 중국판 네이버로 통한다. 바이두에 민감한 검색어를 입력하면 '당신이 검색하는 내용은 국가 법률에 위반한다'는 무서운 문구가 뜬 적도 있다.

중국의 많은 젊은이들은 이런 조치에 공감하지 않는다. 굳이 이렇게까지 할 이유가 없다는 것이다. 이런 조치는 오히려 중국 정부에 대한 신뢰를 저해한다. 이렇게 한다고 중국인의 눈과 귀가 막아지는 것도 아니다. 하지만 중국인들은 이런 상황을 받아들인다. 어쩔 수 없다는 소극적 수용도 있지만 자신이 태어나고 자란 중국식 사회주의를 신뢰하는 측면도 강하다. 그리고 서서히 변하고 있다는 믿음도 있다.

시진핑에 대한 중국인의 인식은 굴절됐는지도 모른다. 하지만 그 굴절의 정도는 서구 매체가 더 강하다. 중국 당국이 인터넷과 언론을 통제하지만 중국의 젊은 세대는 세계와 소통할 능력이 충분하다. 중국만 벗어나면 구글 검색은 얼마든지 할 수 있다. 중국은 북한과 다르다. 의식이 자라나지만, 아직 완생(完生)이 아닐 뿐이다. 어쩌면 자신들만의 독특한 방식으로 완생을 향해 나아가고 있다.

'멀(遠)서구' 시각

문제의식은 여기서 출발했다. 서구 매체가 동양을 바라보는 시각, 특히 중국을 바라보는 시각은 왜 굴절됐나? 한국 언론은 왜 자신만의 독특한 시각을 갖지 못한 채 서구 매체에 의존해 중국을 바라보는가? 두 번째 질문에 대한 답은 추정이 가능하다. 바로 돈과 인력의 부족이다.

국내 최대 일간지 〈조선일보〉의 발행부수는 2016년 기준으로 150만 부가 조금 넘는다. 국가기간 뉴스통신사 〈연합뉴스〉가 보유한 특파원 수는 50명 내외로 알려져 있다. 신문이나 방송사에 뉴스를 제공하는 통신사는 일반적으로 각국에서 최대 규모의 취재망을 보유한다. 이런 〈연합뉴스〉도 특파원 수가 50명 내외다. 물량과 인력에서 서구 매체를 따라갈 수 없다. 역량 부족과는 별개의 문제다. 가까운 나라 일본을 봐도 그렇다. 일본의 3대 신문 중 하나인 〈요미우리 신문〉은 발행부수가 1,000만이 넘는다. 〈조선일보〉와 게임이 안 된다. 발행부수와 자금력이 정비례한다고 볼 수 없지만, 신문사의 주요 수입원이 광고임을 감안하면 관련이 있다.

한국 언론의 특파원이 해당국에서 직접 취재를 하는 경우는 드물다. 국제면 기사 중 상당수는 서구 매체의 기사를 바탕으로 작성된다. 그럴 수밖에 없다. 자금과 인력이 부족하기 때문이다. 한국에 상주하는 국제부 기자의 사정도 마찬가지다. 서구 매체라는 안경을 쓰고 세계를 본다. '모두 까기'를 하려는 것은 아니다. 부족한 돈과 인력에도 불구하고 자신만의 시각을 모색하는 언론사는 분명히 존재한다.

그래서 돈과 인력의 부족 때문만은 아니다. 정치적 목적도 있다. 정치적 목적이 일으키는 굴절은 더 강하다. 사드(THAAD, 고고도미사일방어체계) 한국 배치에 대한 〈환구시보(環球時報)〉의 사설을 떠올려보자. 사드 한국 배치가 발표된 이튿날, 환구시보는 한 사설을 게재했다. 이 사설은 사드 한국 배치에 대한 대응 방안으로 중국과 러시아의 연대, 한국 정부와 기업 제재, 사드 배치를 주장한 정치인의 입국 제한 등을 주장했다. 심지어 군사력을 활용한 무력 대응방안을 강구하라고 주문했다. 비슷하지 않은가? 한국의 보수매체가 주장하는 내용과? 보수매체는 북핵 대응방안으로 한미동맹을 '신주 단지' 모시듯 한다. 대북 제재와 압박을 강조하고 대화를 홀대한다. 북한을 악마화해 대화 상대가 아니라고 못 박는다. 심지어 전술핵 재배치를 통한 무력 대응을 주문한다.

〈환구시보〉의 사설은 극우적이다. 많은 국내외 언론이 〈환구시보〉를 중국의 관영매체로 소개하지만 이 신문은 관영매체가 아니다. 이 신문이 관영매체라면 이런 극우적 주장을 하지 않았을 것이다. 이런 주장을 한다는 사실이 관영매체가 아니라는 사실을 뒷받침한다. 중국에는 대표적인 관영매체 3곳이 있다. 신문사로는 공산당 기관지 〈인민일보〉, 방송사로는 공산당 관리하에 있는 〈중앙텔레비전(CCTV)〉, 통신사로는 국무원 산하의 〈신화통신사〉가 그들이다. 이들은 중국 정부처럼 '점잖은' 표현을 쓴다. 중국 외교부는 사드 배치에 대해 '강력한 불만'과 '결연한 반대' 등 '점잖은' 어휘들을 사용했다. 또 사드 배치에 따른 '경제 보복'을 공식적으로 인정한 적이 단 한 번도 없다. 관영매체들도 중국 정부처럼 완곡한 표현을 쓴다. 최소한 이들은 중국식 동양 문화를 따른다. 속으로 생각하는 바를 날 것 그대로 드러내지 않는다. 중국 외교가 그렇다.

〈환구시보〉가 〈인민일보〉의 자매지이긴 하지만 관영매체는 아니다. 갑론을박의 여지는 있다. 두 신문이 완전히 독립됐다고 볼 수는 없다. 분명한 점은 〈환구시보〉를 관영매체로 소개하는 데에는 정치적 목적이 있다. 이 신문의 주장을 중국의 공식 입장인 것처럼 덧씌워야 '반중(反中)' 정서가 강해진다. 그래야 사드 배치를 반대하는 세력을 '친북(親北) 좌파 빨갱이'로 몰아갈 수 있다. '친중(親中)'은 어느새 '친북'이 된다. '친미(親美)'는 애국이라는 고전적 프레임도 여기서 완성된다.

다 나쁘다는 게 아니다. 이해의 부족에서 〈환구시보〉를 관영매체로 소개했을 수 있다. 중국 정부를 옹호하려는 시도도 아니다. 〈환구시보〉의 주장을 중국 정부가 묵인 또는 방조했을 수 있다. 중국 정부의 분노를 날 것 그대로 표현했기 때문이다. 하지만 〈환구시보〉는 중국 매체 중 하나일 뿐이다. 게다가 극우적 주장을 한다. 이런 극우 매체의 사설을 중국의 공식 입장인 것처럼 보도하는 일부 한국 매체의 행태에는 문제가 있다. 의도하든 그렇지 않든 이런 보도는 경계해야 한다.

한가지 오해가 있다. 중국 정부는 언론을 '철저히' 통제하지는 않는다. 중국 정부가 여전히 인터넷과 언론을 통제하지만 사사건건 개입하는 것은 아니다. 오히려 '알아서 긴다'는 표현이 정확할 것이다. 스스로 자체 검열을 한다. 문제가 생기면 간판을 내릴 수도 있기 때문이다. 중국 관영매체의 최고 수뇌부는 공산당에서 직위를 갖고 있다. 문제가 생기면 승진에 차질이 생긴다. 중국은 정부 정책에 정면으로 반기를 들지 않는 이상 언론의 자유를 일정 수준은 보장한다. 물론 한 쪽으로만 보장한다. 〈환구시보〉의 극우적 사설이 가능한 이유는 정부 정책과 같은 방향이라면 극단적 주장도 허용한다는 데 있다. 중국판 〈뉴욕타임스〉는 없다. 하지만 중국의 관영매체가 북한의 〈노동신문〉처럼 보도하지는 않는다. 중국은 모든 면에서 과도기에 있다. 언론도 그렇다.

한국 언론은 그렇다 치자. 자금력이 탄탄하고 인력도 충분한 서구 매체는 왜 굴절된 시각으로 중국을 보는가? 우선 정치적 의도가 있을 수 있다. 한국의 보수 매체와 비슷한 맥락이다. 정치적 의도가 없는데도 굴절된 시각으로 볼 수 있다. 필자가 추정하는 원인은 생소하기 때문이다. 미국과 유럽에서 나고 자란 서구 매체의 기자가 중국을 중국인의 시각으로 보는 일은 불가능하다. 여기서 나고 자란 한국인도 할 수 없다. 그렇다면 이 책을 왜 쓰나?

고민해 보자는 것이다. 한국은 자신만의 시각으로 중국을 바라볼 필요가 있지 않을까? 서구 매체를 거쳐서 보지 않고 중국을 볼 필요가 있다는 것이다. 필자가 유리한 점은 있다. 여기서 나고 자란 한국인은 동양적 사고에 익숙하다. 한국은 역사적으로, 문화적으로 중국과 공유하는 부분이 많다. 한반도 분단으로 한국이 외로운 섬처럼 떠 있게 됐지만, 중국은 지리적으로 맞닿은 이웃나라다. 분단 전에는 육로 왕래가 가능했다.

　분단체제에 살고 있다는 점도 유리하다. 한국인은 모두 분단체제에 살고 있다. 매일매일의 일상에서 알게 모르게 분단을 경험한다. 북한의 도발과 미국 대통령의 국빈 방문, 사드(THAAD, 고고도미사일방어체계), 이산가족 상봉, 4강 외교, 외교지평 확대 등 분단과 관련한 뉴스는 쏟아진다. 한국인은 최소한 세계 어느 나라 사람보다 북한에 대해 더 많이 고민했다. 북한은 공산주의 체제다. 중국도 그렇다. 물론 같은 공산주의 체제라도 결은 다르다. 하지만 한국인이 중국의 사회주의 체제를 이해하는 데 이점은 있다.

　이 책이 제시하는 시각이 정답일 리 없다. 하나의 제안이고 하나의 시도일 뿐이다. 보다 정확하게는 우리만의 시각이 필요하다는 제안이다. 서구적 관점에서 최대한 떨어져서 시진핑의 중국을 보자. 지리적으로 가깝지만 오해도 많은 중국을 먼저 보자. 시진핑은 황제인가 아니면 곰돌이 푸인가? 그리고 '미친 자(mad man)'의 전략을 쓰는 트럼프의 미국을 보자. 트럼프는 정말 미쳤나? 또 다른 미친 자 취급을 받는 김정은은 왜 핵무기 개발에 집착하나? 이들에게 둘러싸인 문재인 대통령은 어떤 선택을 할까? 이런 주제들이 이 책의 주요 내용이다.

　탈(脫)서구를 주장하는 게 아니다. 탈서구는 가능하지 않다. 한국은 시장경제와 자유민주주의를 선택했고 이미 수십 년이 흘렀다. 서구적 시각이 한국 사회에 깊이 뿌리내렸다. 한국인이 서구적 시각에서 완전히 벗어나는 일은 불가능하다. 단지 최대한 멀리 떨어져서 보려는 시도가 가능하다.

그래서 '멀서구'라는 단어를 택했다. 박근혜 전 대통령 재임시절, 과거 새누리당의 친(親)박근혜계를 '친박'이라고 불렀다. 2016년 4월 제20대 국회의원 선거를 앞두고 박 전 대통령은 '진실한 사람'을 선택해 달라고 호소했다. 이때 '진박'이라는 말이 회자됐다. 이후 가박(가짜 친박), 짤박(잘려 나간 친박), 홀박(홀대 받는 친박), 멀박(멀어진 친박) 등 단어조합 놀이 수준으로 신조어가 난무했다. 박근혜 탄핵을 거치면서 '친박'은 쪽박을 찼지만 '멀박'에게는 운 좋게도 보수 혁신이라는 기회가 주어졌다. 이 책도 따라 해 봤다. 한국도 '친서구'에서 '멀서구'로 고개를 돌려보자. 혹시 아는가? 운 좋게 한반도 문제 해법의 단초가 마련될지도.

Xi Jinping ★ Donald Trump

Part 1

시진핑,
과거를 사는 남자

21세기 외교사에서 가장 중요한 사건은
단연 중국의 부상.
도광양회에서 굴기로 선회,
시진핑은 중국 현대사를 온 몸으로 겪었다.
시진핑의 생애를 짚어보면
오늘의 중국을 엿볼 수 있다.

21세기 들어 외교사적으로 가장 중요한 사건을 꼽자면 단연 중국의 부상이다. '우뚝 일어선다'는 뜻의 굴기(崛起)는 1980년대 덩샤오핑(鄧小平)의 도광양회(韜光養晦)를 대체했다. 도광양회는 '칼날의 빛을 칼집에 감추고 은밀히 힘을 기른다'는 뜻이다. 덩샤오핑은 안으로 경제 발전에 매진하고 밖으로는 칼을 숨겼다. 개혁·개방을 외치던 덩샤오핑의 중국이 선택한 현실적 전략이었다. 마오쩌둥(毛澤東)의 중국은 처참했다. 1949년 중화인민공화국을 출범시킨 중국의 국부 마오쩌둥은 심알동 광적량 불칭패(深挖洞 廣積糧 不稱覇)라는 교시를 내렸다. '굴을 깊이 파고, 식량을 널리 비축하며, 패권자라 칭하지 않는다'는 뜻이다. 대외 전략이 아니라 생존 전략에 가까웠다. 이런 기조는 1976년 마오쩌둥이 사망하기 전까지 유지됐다. 1990년대 '잠자는 사자' 중국은 꿈틀대기 시작했다. 중국의 3세대 지도자 장쩌민(江澤民)은 유소작위(有所

作爲)를 주창했다. '해야 할 일은 적극적으로 하겠다'는 뜻이다. 하지만 미국 주도의 세계 질서는 수용하겠다는 의미도 내포하고 있다. 이때까지 중국은 잠자는 사자였다.

21세기 들어 중국이라는 사자는 잠에서 깨어났다. 4세대 지도자 후진타오(胡錦濤)는 화평굴기(和平堀起)를 대외 전략으로 내세웠다. 막강한 경제력을 바탕으로 전 세계에 적극적인 영향력을 행사하겠다는 신호탄이다. 시진핑(習近平)은 이를 발전시켜 대국굴기(大國堀起)를 제시했다. 취임 후 1년이 지난 2014년 3월, 시진핑은 프랑스를 방문했다. 근대 민주주의의 요람인 프랑스에서 시진핑은 "중국이라는 사자는 이미 깨어났다"고 선언했다. 프랑스는 서구 민주주의를 태동한 시민혁명의 발원지다. 서구 민주주의의 한복판에서 동양의 사자가 포효한 셈이다. 이 발언에 서구는 긴장했을 것이다. 중국은 더 이상 어둠 속에서 힘을 기를 필요가 없으며 세계 최강국 미국과 동등한 위치에 자리한 대국(大國)이라는 선언이었기 때문이다. 대국이라는 용어는 장쩌민이 먼저 사용했지만 대국을 외교 전략으로 공식화한 것은 시진핑이다. 그만큼 자신감이 붙었다는 뜻이다.

자신감의 배경에는 경제력이 있다. 세계은행에 따르면 2016년 중국의 국내총생산(GDP)은 달러화로 환산했을 때 11조2천억달러에 달한다. 18조5천억달러인 미국 GDP의 약 60% 수준이다. 미국 최대 투자은행 골드만삭스의 로이드 블랭크파인 최고경영자(CEO)는 구매력 기준으로 보면 중국 경제가 이미 미국을 추월했다고 말한다. 구매력

(purchasing power)은 말 그대로 상품과 서비스를 소비할 능력이다. 물가 수준을 감안하면 중국의 소비력이 이미 미국을 앞섰음을 뜻한다. 중국 인구는 14억명에 달한다. 3억2천만명 가량인 미국의 4배가 넘는다. 중국의 최대 전자상거래업체인 알리바바의 마윈(馬雲) 회장에 따르면 중국 중산층은 2017년 기준으로 3억명에 달한다. 미국 전체 인구에 육박하는 수준이다. 마윈은 중국 중산층이 향후 5년 이내에 5억명을 넘길 것으로 전망했다. 중국 중산층이 미국 전체 인구의 1.5배를 넘어설 것이라는 예측이다. 실로 엄청난 소비력이자 경제력이다. 참고로 세계 3대 경제국인 일본의 GDP는 2016년 기준으로 4조9천억달러다. 미국 경제의 4분의 1 수준이다. 한국은 1조4천억달러를 기록했다. 미국이 중국을 두려워하는 데에는 이유가 있다.

경제력은 곧 군사력으로 이어진다. 중국은 본격적인 군사굴기에 나섰다. 영국의 국제전략문제연구소(IISS)가 매년 발간하는 세계 군사력 보고서에 따르면 중국의 국방비 지출액은 2016년 기준으로 1,450억달러다. 여전히 미국과는 게임이 안 된다. 미국이 2016년에 지출한 국방비는 중국의 4배가 넘는 6,045억달러다. 그렇다고 중국을 무시할 수는 없다. 여전히 세계 2위의 국방비를 쓰고 있고 2015년까지만 해도 두 자릿수의 증가율을 기록했다. 또 세계 3대 국방비 지출국인 러시아의 2.5배에 달하는 돈을 썼고 한국과 일본을 합친 금액의 1.8배를 군비확장에 들이부었다. 증가 속도도 여전히 빠르다. 2017년 중국의 국방예산은 전년대비 7% 늘었다. 최근까지 두 자릿수 증가율을 기록

하던 것과 비교하면 낮아 보인다. 하지만 중국 정부가 제시한 경제성장률 목표치인 6.5%를 웃돈다. 경제 성장보다는 국방비 지출이 더 빠르게 늘어나는 셈이다.

중국의 국방비 증가율은 언제든지 두 자릿수로 돌아갈 수 있다. 중국의 GDP대비 국방예산은 1.3% 수준이다. 미국의 3.3%와 비교하면 훨씬 낮다. 미국과 비교했을 때 중국은 국방예산을 확대할 여유가 충분하다. 미국은 그렇지 않다. 트럼프는 2018년 회계연도(2017년 10월부터 2018년 9월)에 적용될 국방예산을 10% 증액하겠다고 발표했다. 이런 속도의 국방비 증액은 지속할 수 없다. 미국 경제는 재정적자와 무역적자라는 쌍둥이 적자에 시달리고 있다. 2008년 금융위기를 거치면서 장기 저성장의 기로에 들어섰다. 국방비 증액은 필연적으로 복지와 사회·경제 분야의 예산 삭감을 수반한다. 미국인들의 불만이 폭발할 수 있다. 2008년 금융위기는 외교사적으로도 큰 기폭제가 됐다. 금융위기로 미국 경제가 쇠퇴하면서 중국의 부상이 상대적으로 증폭된 측면이 있다. 이제 중국은 전 세계의 그 누구도 G2라고 부르는 데 주저하지 않는다.

강력한 경제력과 국방력을 바탕으로 중국의 굴기는 박차를 가할 것이다. 중국의 부상은 주변국을, 그리고 세계를 두려움에 떨게 한다. 하지만 두려워할 필요는 없다. 두려움은 불확실에서 오는 경우가 많다. 상대방을 잘 알지 못할 때 두려움은 극대화되는 경향이 있다. 그래서 중국을 알아야 한다. 중국의 1인자 시진핑을 알 필요가 있다. 물론 국가 지도자 중심으로 역사를 보는 시각에 동조하지는 않는다. 한 시대는 그 시대를 살아낸 민초들의 것이지 소수의 지도자가 이뤄낸 것이 아니다. 시진핑을 중심으로 지금의 중국을 설명하려는 이유는 시진핑이 중국 현대사를 온 몸으로 겪었기 때문이다. 그의 일생을 되짚어 보면 시진핑 뿐 아니라 중국의 오늘을 엿볼 수 있다. 시진핑은 중국 현대사의 맥락 속에서 봐야 한다. 중국은 생각보다 예측가능한 사회다. 1장은 시진핑이 지닌 상징성을 중심으로 오늘의 중국을 짚어보겠다.

― 시진핑은 공식 직함만 4개. 이게 뭔 소리여?

시진핑에게 주어진 공식 직함은 총 4개다. 〈신화통신사〉 홈페이지에 소개된 시진핑의 공식 직함은 중국 공산당 중앙위원회 총서기, 중국 공산당 중앙군사위원회 주석, 중화인민공화국 주석, 중화인민공화국 중앙군사위원회 주석이다. 이게 무슨 말인가? 우선 너무 길다. 너무 길어서 귀에 잘 들어 오지 않는다. 한국인이기 때문에 그런 것은 아니다. 정치에 무관심한 중국인에게도 생소하기는 마찬가지다. 이런 직함들을 반드시 알아야 하는 것은 아니다. 중국식 사회주의 체제를 설명하기 위한 편리성 때문에 소개한다. 그렇다면 중국식 사회주의는 왜 이해해야 하나? 시진핑을 알려면 중국이라는 나라를 이해해야 한다. 중국은 공산당이 지배하는 사회주의 국가다.

중국식 사회주의는 과거 '쌍팔년도' 시절에 한국인이 이해하던 공산주의와는 다르다. 투철한 반공정신으로 무장한 채 중국 공산당을 바라본다면 중국식 사회주의를 제대로 볼 수 없다.

예를 들어보자. 시진핑 사상이라 불리는 '중국 특색의 사회주의(中國特色社會主義)' 건설은 개혁·개방의 기수 덩샤오핑(鄧小平)이 이미 1982년에 제시했다. 시진핑은 여기에 '신시대(新時代)'라는 단어를 추가해 '신시대 중국 특색의 사회주의' 건설을 선언했다. 당시 덩샤오핑은 개혁·개방에 따른 서구 문물의 급격한 유입을 걱정했다. 덩샤오핑 이전의 중국은 30여년간 폐쇄된 사회였기 때문이다. 덩샤오핑은 개혁·개방의 기조를 유지하면서 사회주의 노선도 지키기 위해 '중국 특색'이라는 슬로건을 끌어왔다. '우리 것이 좋은 것이여!'를 외친 셈이다. 개혁·개방을 유지하려는 시진핑도 비슷한 걱정을 한다. 정치적으로 사회주의 노선을 지키면서 자신만의 고유한 색깔도 담아내야 한다. 그래서 신시대를 추가한 것이다. 이렇듯 시진핑은 역사적 맥락 속에서 짚어야 한다. 그래야 더 잘 보인다. 우선은 앞서 언급한 직함들이 뜻하는 바를 이해해보자.

중국 공산당 중앙위원회 총서기와 중국 공산당 중앙군사위원회 주석이 지닌 공통어는 공산당이다. 시진핑은 공산당의 1인자이므로 이 직함들이 주어졌다. 중화인민공화국 주석을 포함한 세 직책을 중국인들은 3위일체라 부른다. 그만큼 중요하다. 또 다른 시진핑의 직함인 중화인민공화국 주석과 중화인민공화국 중앙군사위원회 주석의 공통어는 중화인민공화국이다. 이 둘은 국가 수반과 군 최고 통수권자를 의미한다. 하지만 의전적인 성격이 강하다. 이유는 무엇인가? 중국에서는 공산당이 국정을 운영한다. 또 공산당이 인민해방군을 통솔한다. 공산당의 1인자는 국가의 최고 결정권자이자 군의 최고 통수권자가 된다. 그래서 정권보다 당권을 잡는 게 중요하다. 실질적으로는 군권을 잡는 게 더욱 중요하지만 이는 차후에 설명하기로 한다. 이런 상황을 한국에 대입하면 여당인 더불어민주당의 대표가 국정을 운영하고 군을 통솔한다는 뜻이 된다. 지금은 상상할 수 없는 일이지만 과거 한국에서도 비슷한 일이 있었다. 한때 한국에서는 국가수반인 대통령이 여당 총재를 겸임한 적이 있다.

물론 선후관계는 다르다. 여기에 핵심이 있다. 중국에서는 공산당 총서기가 곧 국가주석이다. 당 대표가 되면 자동적으로 대통령이 된다. 시진핑은 2012년 11월 열린 제18차 전국대표대회(이하 18차 당대회)를 통해 공산당 중앙위원회 총서기와 공산당 중앙군사위원회 주석직을 승계했다. 이때 당권과 군 통수권을 얻었다. 이듬해인 2013년 3월 열린 중화인민공화국 전국인민대표대회(이하 전인대)와 중국인민정치협상회의(이하 정협)을 통해 국가주석이 됐다. 공식적으로 국가원수가 된 것은 이때다. 당권을 잡으면 정권을 잡는 구조다. 당권을 잡고 이듬해에 전인대와 정협을 통해 최종 승인을 받아야 국가원수가 된다. 하지만 전인대와 정협은 형식적인 절차에 불과하다.

공산당 중앙위원회 총서기는 일종의 당 대표다. 공산당이 군을 통솔

하고 국가기능까지 수행하는 중국식 사회주의 체제에서 공산당의 1인자는 당권과 정권 뿐 아니라 군권(軍權)도 갖는다. 물론 당 총서기에게 군권이 곧바로 넘어간 사례는 매우 드물다. 이 역시 추후에 살펴보겠다. 공산당 총서기가 되는 일이 중요한 이유는 또 있다. 중국에는 실질적으로 정당이 하나 밖에 없다. 허울만 존재하는 정당은 몇 있다. 이 정당에 가입할 수도 있다. 하지만 가입 요건이 상당히 까다롭다. 일반 중국인은 공산당을 제외한 정당 가입이 사실상 불가능하다고 봐도 무방하다. 물론 공산당에 입당하는 일도 쉽지는 않다. 하지만 그리 어려운 일도 아니다. 중국 공산당원은 9천만명에 이른다. 2016년 기준으로 중국 인구가 약 13억8천만명인 점을 감안하면 거의 15명에 한 명 꼴이다. 중국에서 공산당 입당은 그리 대단한 일은 아니다. 실질적 정당은 공산당 뿐이지만 중국을 공산당 1당 독재 체제로 보는 시각은 지나치다. 중국은 공산당 내에서 계파간 견제를 통해 힘의 균형을 찾아간다. 집권자의 출신과 성향에 따라 힘의 균형추가 기울 수는 있지만 오래가지는 않는다. 이는 지난 수십 년간 중국의 권력구도 변화를 보면 알 수 있다.

  한국에서 특정 정당의 대표가 '자동적으로' 국가원수가 되는 일은 없다. 중국과는 정치 구조가 근본적으로 다르다. 당 대표이든 당 대표가 아니든 경선을 통해 대통령 후보로 선출된 후 대선에서 최종 승리해야 국가원수가 된다. 한국에서 국가원수는 선거를 통해 국민이 직접 뽑는다. 삼척동자도 다 아는 내용이다. 이를 왜 반복하는가? 한국 정치를 보던 눈으로 중국을 보면 시진핑이 잘 안 보인다. 중국인의 눈으로 시진핑을 보는 시도를 하려면 이런 구조가 왜 생겼는지를 먼저 고민해 봐야 한다.

一 시진핑, 국가통치의 알파이자 오메가

중국은 공산당이 국가를 통치한다. 공산당 1인자인 시진핑(習近平)이 국정을 운영하고 군을 통솔한다. 시진핑이 곧 국가통치의 알파이자 오메가, 즉 처음이자 끝인 셈이다. 중국인들은 집단지도체제를 믿는다. 공산당 서열 1위에서 7위에 해당하는 최고 권력자들이 모여 각 지역과 각 세력의 이해관계를 반영해 주요 의사결정을 한다고 생각한다. 이 최고 권력자들의 숫자는 시진핑의 전임자인 후진타오(胡錦濤) 집권기에 9명이었다. 신속한 의사결정을 위해 시진핑 집권기에 7명으로 줄었다고 한다. 이들은 만장일치에 따른 의사결정을 추구한다. 하지만 누가 알겠나? 이 회의에 들어가 본 사람은 이 7명밖에 없다. 추정은 할 수 있다. 한국에 대입하면 대통령은 여당과 야당, 시민단체, 참모들의 견해 등을 종합적으로 반영해 의사결정을 한다. 하지만 최종 결정은 대통령의 정치적 결단에 의해 이뤄진다. 중국이 집단지도체제를 따른다 해도 최종 결정은 시진핑의 결단에 따라 이뤄질 가능성이 높다. 시진핑의 영향력이 가장 크다는 사실은 부정할 수 없다. 게다가 시진핑의 위상은 그의 전임자들을 능가한다. 최소한 전임자인 후진타오보다는 강력한 권한을 갖고 집권했다. 이 부분은 시진핑의 권력 이양 과정을 보면 알 수 있다. 차후에 설명하겠다.

중국은 공산당이 국가를 통치한다고 했다. 이런 구조가 자리잡은 역사적 배경이 있다. 중국은 정부보다 당이 먼저 출범했다. 중국의 국부 마오쩌둥(毛澤東)이 톈안먼(天安門) 망루에 서서 중화인민공화국 수립을 선포했던 때가 1949년이다. 중국 공산당은 1921년 1차 당대회를 통해 출범했다. 약 30여년의 격차가 있다. 이 30여년동안 중국 공산당이 일본 제국주의를 상대로 독립운동을 벌였고 국민당과 내전을 치렀다. 공산당이 군대를 조직해 싸웠고 결국 현재의 중국 정부를 수립했다. 이런 역사를 배경으로 공산당이 국정을 운영하는 구조가 생겼다.

2021년은 공산당 창당 100주년이고 2049년은 정부 수립 100주년이다. 시진핑은 2017년 10월 열린 중국 공산당 제19차 전국대표대회(이하 19차 당대회)를 통해 집권 2기를 맞았다. 19차 당대회 개막연설에서 시진핑은 2021년에 '샤오캉(小康)' 사회를 이룩하고 2049년께에는 '중궈멍(中國夢)'을 실현한다는 목표를 확인했다. 샤오캉 사회와 중궈멍은 '두 개의 100년(兩個百年)' 목표로 불린다. 샤오캉 사회는 공산당의 100년 목표이고 중궈멍은 중화인민공화국의 100년 목표이다. 2021년은 시진핑 집권 2기에 도래한다. 그래서 샤오캉 사회는 시진핑이 달성 가능하다고 생각하는 목표다. 샤오캉 사회는 모든 사람이 잘 먹고 잘 사는 나라다. 한편, 2049년은 시진핑에게 먼 나라 얘기다. 2049년이 되면 시진핑은 100세에 가까운 고령이 된다. 시진핑은 1953년 6월생이다. 그래서 중궈멍은 시진핑이 후세에 남기고 싶은 목표다. 자신이 토대를 쌓고 차세대 지도부가 달성하기를 바라는 목표다. 시진핑의 표현을 빌리면 중궈멍은 '중화민족의 위대한 부흥'이며 '역사적 사명'이다. 중국이 강성했던 과거의 영광을 되찾자는 의미다.

이 2개의 100년 목표는 2012년 11월 열린 제18차 전국대표대회(이하 18차 당대회)에서 시진핑이 이미 제시했다. 시진핑이 권력을 잡으면서 내놓은 국가 비전이 바로 샤오캉과 중궈멍이다. 이들을 반복적으로 언급하는 이유는 시진핑의 생각을 엿볼 수 있기 때문이다. 샤오캉 사회는 성장의 속도보다는 질과 맞물린다. 부의 분배나 환경과 연계돼 있다. 또 자신의 임기 이내에 달성 가능하다고 생각하는 단기적 목표다. 반면 중궈멍은 장기 국가전략이다. 과거의 영광을 되찾자는 구호는 나라 안보다는 나라 밖을 향해 있다. 추상적이긴 하지만 말의 뜻 자체가 중국의 꿈이다. 중국이 꾸는 꿈은 무엇일까? 분명한 점은 대국굴기(大國堀起)의 연장선 상에 있다는 것이다. 시진핑은 샤오캉 사회를 통해 경제 성장의 질을 먼저 다듬을 것이다. 내부가 다져질수록 중국은 대륙을 벗어나 세계를 향해 꿈을 꿀 것이다.

시진핑은 18차 당대회에서 공산당 중앙위원회 총서기직과 공산당 중앙군사위원회 주석직을 승계하면서 권력의 정점에 올랐다. 두 직책의 공통 단어는 공산당이라고 했다. 당대회, 즉 전국대표대회는 중국 공산당의 전당대회다. 5년마다 한 번씩 열린다. 당대회가 중요한 이유는 당대회에서 새로운 공산당 지도부가 선출되기 때문이다. 한국에서 대통령 선거와 같은 무게감을 지닌다. 공산당이 국가통치의 출발점인 중국에서 당대회는 가장 중요한 정치행사다. 5년 후 열린 19차 당대회에서 시진핑은 집권 2기를 맞았다. 시진핑과 리커창(李克强) 총리를 제외한 지도부 대부분이 교체됐다. 중국은 대통령 5년 연임제로 보면 된다. 시진핑은 19차 당대회를 통해 연임에 성공했고 새 지도부를 구성했다. 이듬해인 2018년 초에 열리는 중화인민공화국 전국인민대표대회(이하 전인대)와 중국인민 정치협상회의(이하 정협)를 통해 시진핑과 리커창을 포함한 새 지도부가 공식적으로 추인 된다.

5년마다 한 번씩 열리는 당대회와 함께 매년 초에 열리는 전인대와 정협도 중요한 정치행사다. 전인대와 정협은 양회(兩會)로 불린다. 당대회에서는 향후 5년간 당을 이끌어갈 새 지도부를 구성하고 국가 비전을 제시한다. 당대회에서 뼈대를 세우면 양회에서는 살을 붙인다. 즉, 구체적인 방안을 제시한다. 양회에서는 매년 국무원과 지방정부의 지도부 인사를 단행한다. 또 정부 정책 및 경제성장률 목표치를 제시하며 국무원 업무보고와 예산안 승인 등이 이뤄진다. 한국 국회의 대정부질문과 국정감사, 예산결산특별위원회를 합쳐 놓은 모습이지만 이와는 판이하다. 전인대와 정협은 실질적인 권한이 없기 때문이다. 따라서 국정을 운영하는 공산당을 견제할 수 없다. 당 지도부에서 결정한 내용을 형식적으로 추인할 뿐이다.

왜 형식적인가? 인적 구성을 보면 알 수 있다. 전인대 상무위원장과 정협 주석은 통상 공산당 서열 3위와 4위에 해당하는 인물이 맡는다. 아닌 경우도 있지만 통상 최고위급 지도부가 맡는다. 반면 10명이 넘는 전인대 상무위원회 부위원장과 20명이 넘는 정협 부주석은 당에서 실권이 없는 상징적 인물들로 채워진다. 부위원장과 부주석이면 상당한 권력자처럼 들리지만 실상은 그렇지 않다. 전인대는 입법권을 행사한다는 점에서 한국의 국회와 비슷하다. 중국 헌법은 전인대를 최고 권력기관으로 규정한다. 정협은 명칭에서 알 수 있듯이 각 정치세력간 협상을 진행하는 곳이다. 실제 전인대와 정협을 통해 정책을 제안하기도 한다. 하지만 전인대와 정협은 공산당을 제외한 8개 정당(중국에서는 당외 정당이라 부른다)의 대표와 소수민족 대표를 비롯해 경제, 문화, 스포츠 분야의 상징적 인물들로 채워진다. 또 전인대 상무위원장과 정협 주석을 제외하면 부위원장과 부주석 중 공산당 중앙정치국에 소속된 인물은 매우 드물다.

중국의 최고 권력기관은 공산당 중앙정치국이다. 정치국원 25명으로 구성된다. 중국의 모든 권력이 이곳으로 수렴한다. 구성 방법은 이렇다. 9천만명에 이르는 공산당원 중에서 2,200여명을 뽑아 5년에 한 번씩 당대회를 개최한다. 이 가운데 400여명을 뽑아 공산당 최고 조직인 중앙위원회를 구성한다. 이 중 25명만이 정치국에 입성한다. 복잡해 보이지만 피라미드 방식의 승진 구조다. 상위 직급일수록 숫자가 적다. 정치국원 25명 중 7명만 정치국 상무위원이 된다. 공산당 서열 1위와 2위인 시진핑과 리커창은 정치국원이면서 상무위원이기도 하다. 상무위원이 공산당 서열 1위에서 7위를 차지한다. 이들에 의한 의사결정시스템이 집단지도체제라 불린다. 정치국원은 차기 당대회에서 상무위원으로 승진할 자격이 있다. 통상 상무위원 중에서 차기 지도자가 나온다. 시진핑은 19차 당대회에서 차기 지도자를 내정하지 않았다. 이는 아주 복잡한 문제다. 추후에 살펴보기로 하자.

공산당 중앙위원회는 최고 권력기관인 중앙정치국과 시진핑 총서기를 보좌하는 중앙서기처, 인민해방군을 통솔하는 중앙군사위원회, 당의 부정부패를 감시하는 중앙기율검사위원회가 있다. 중앙기율검사위원회는 당의 부정부패를 관리하는 곳이다. 중국에도 검찰이 따로 있지만 힘은 이곳이 더 세다. 모든 권력이 당에 집중된 중국에서 당의 부정부패를 관리하는 기관은 이곳이기 때문이다. 중앙기율검사위원회는 시진핑 집권 1기에 반부패 사정 드라이브를 주도했다. 한국에서 추진 중인 고위공직자 비리수사처(공수처)에 비유할 수 있겠다. 중앙서기처와 중앙군사위원회, 중앙기율검사위원회의 주요 보직은 모두 정치국원 25명이 차지한다. 한국의 내각에 해당하는 국무원의 수장은 리커창 총리다. 국무위원 중 일부는 정치국원이라는 점에서 국무원은 실권이 있는 조직이다.

설명이 길었다. 이렇게 길게 설명해야 할 정도로 중국의 정치체제는 한국인에게 낯설다. 한국식으로 한번 풀어보겠다. 집권당인 더불어민주당이 있다. 전당대회를 통해 문재인이 당 대표(총서기)가 됐다. 당 대표는 곧 대통령이므로 문재인이 국가 최고 지도자(국가주석)이다. 전당대회를 통해 당의 최고위원(정치국 상무위원) 7명도 함께 선출했다. 문재인은 최고위원이기도 하다. 중진 의원(정치국원) 25명도 전당대회에서 선출했다. 이 25명 중 7명은 차기 전당대회를 통해 최고위원에 오를 수 있다. 문재인을 제외한 최고위원은 차기 전당대회에서 당 대표 후보다. 문재인은 5년 연임이 가능하다.

 이렇게 비교하면 이해하기가 쉬울지 모르겠다. 아니면 더 헷갈릴 수도 있겠다. 핵심은 중국에서는 공산당이 국가를 통치한다는 점이다. 역사적 배경이 있다고 했다. 중국에서는 공산당이 먼저 출범했고, 중화인민공화국은 30여년 뒤에 수립됐다. 공산당이 군을 조직해 일제에 항거했으며 국민당과 국공내전을 벌였고 결국 승리해 정부를 수립했다. 임시정부를 수립해 독립운동을 벌이고 항일무장단체를 조직해 일제에 항거했던 한국과는 출발선이 다르다. 한국에서는 정권이 당권을 앞선다. 당권이 정권을 앞서는 중국과 다르다. 이 점을 이해해야 한다. 중국인의 눈으로 시진핑을 보려면 이러한 체제의 차이를 먼저 머리에 장착해야 한다.

 중국은 선거를 통해 최고 지도자를 결정하지 않는다. 국민이 지도자 선택에 참여할 수 없다. 선거를 통해 국민이 대통령을 선출하는 한국과 다르다. 다르다는 말을 반복하는 이유는 중국의 지도자 선출 방식이 한국이나 서구와는 다르다고 해서 '후지다'고 할 수 있을까? 이 질문을 하는 것이다. 단지 역사적 배경이 달랐을 뿐이다. 그래서 지도자를 선택하는 방식도 다르다. 직선제를 선택하지 않았을 뿐이다. 중국이 직선제로 지도자를 선출하지 않는다고 해서 검증시스템이 직선제보다 느슨하다고 생각하면 오산이다. 오히려 선거보다 더 까다로울 수 있다. 이는 시진핑이 1인자가 되는 과정을 보면 알 수 있다.

'단발성 게임'인 직선제가 항상 최선의 결과를 낳는 것도 아니다. 히틀러의 나치당은 독일 총선에서 상당한 지지를 얻었고 2차대전이 발발하는 시발점이 됐다. 한국은 박근혜를 대통령으로 배출했고 국정농단이라는 사상 초유의 사태를 빚었다. 물론 촛불혁명을 통해 잘못된 지도자는 언제든지 끌어내릴 수 있다는 민주주의의 작동원리를 증명했다. 그렇다고 해도 직선제가 항상 정답이 아닐 수 있다는 사실에는 변함이 없다. 중국의 어용 학자들은 이러한 점을 강조한다.

중국에 선거가 없는 것은 아니다. 일반인도 선거에 참여한다. 만 18세 이상인 중국의 성인 남녀는 투표할 수 있는 권리인 선거권과 출마할 수 있는 권리인 피선거권을 갖는다. 선거 운동도 한다. 후보자는 각 가정을 방문해 한 표를 호소하기도 하고 공개적인 자리에서 연설도 한다. 하지만 자기 동네의 장(長)을 뽑는 수준에 그친다. 기초 행정구역인 현(縣)과 향(鄕)급의 소위 '인민대표'는 직선제로 선출한다. 여기서 뽑힌 인민대표가 한국의 도(道)에 해당하는 성(省)급의 인민대표를 선출한다. 성급 대표가 전국 단위의 전인대 대표를 선출한다. 피라미드 방식의 간접선거다. 한국에 대입하면 자신이 사는 동(洞)이나 구(區)의 대표를 선출하면 이들이 도(道)의 대표를 선출하고 도의 대표가 전국 대표를 뽑는 방식이다. 19차 당대회에 참가한 2,287명의 당 대표도 중국 전역에서 선거를 통해 뽑았다. 이들이 공산당 중앙위원회를 구성한 376명의 중앙위원과 중앙후보위원을 선출했다. 중앙위원과 중앙후보위원들이 시진핑이 포함된 정치국원 25명을 뽑았다. 역시 피라미드 방식이다.

  인민대표는 인민대표대회의 구성원이다. 중국의 독특한 행정 구조인데 각 지역은 공산당 조직인 인민대표대회와 행정기관인 인민정부로 구성된다. 인민대표대회는 정치인 집단이다. 전인대, 즉 전국인민대표대회는 한국의 국회에 해당한다고 했다. 인민정부는 행정 기능을 수행한다. 중앙인민정부가 한국의 내각에 해당하는 국무원이다. 공산당이 국가의 행정기능도 수행하므로 이런 '이중 구조'가 생겼다. 예를 들어 대학교에 총장이 있다면 총장에 해당하는 당 서기가 있다. 각 성(省)에는 성장(省長)과 성급 당 서기가 있고, 시(市)에는 시장(市長)과 시급 당 서기가 함께 있다. 중국 사회 전체가 이런 식이다. 서열은 당 서기가 높다. 당 서기가 재벌 총수라면 성장이나 시장 등 행정 책임자는 CEO에 해당한다. 이런 행정 구조가 독특하지만 이상할 것은 없다. 내각제 요소가 혼합된 형태로 볼 수 있다. 내각제에서는 집권 여당이 내각을 구성하고 여당 국회의원이 장관직을 수행한다. 대통령제에서도 국회의원이 장관에 임명되는 사례는 부지기수다.

  중국의 선거는 제한적 직선제다. 지도부급 인사에 대한 투표가 불가능하다. 입후보도 자유롭지 않다. 공산당의 추천, 당외 정당의 추천, 인민단체의 추천, 주민 10명 이상의 서명에 따른 추천을 받으면 인민대표에 출마할 수 있지만 공산당 추천이 아니면 사실상 당선이 불가능하다. 공산당 지도부가 진정 투표를 통해 선출되는지는 여전히 의심스럽다. 이미 내정된 인물들이 선거라는 형식을 통해 추인 받는 수준에 불과한 것으로 보인다. 하지만 공산당의 1인자가 거저 되지는 않는다. 아래로부터 하나하나 단계를 밟고 올라와야 한다. 시진핑도 그랬다. 금수저를 물고 태어난 혁명원로의 아들이지만 철저한 검증 시스템을 거쳤다. 인생 전체가 시험이었다. 물론 운도 따랐다.

  중국인들은 자신도 선거를 한다는 인식을 갖고 있다. 하지만 지도부를 자신의 손으로 뽑지 못하기 때문에 대체로 정치에 무관심하다. 무관심을 넘어서 전혀 다른 세상의 일로 간주한다. 분명한 점은 형식적이지만 대의 민주주의의 요소가 존재한다는 것이다. 이 민주적 요소는 시간이 지나면서 확대될 것이다. 먹고 사는 문제가 나아지면 정치에 눈을 돌릴 여유도 생기는 법이다.

一 시진핑, 도련님에서 국가원수로

시진핑(習近平)은 2007년 10월 열린 중국 공산당 제17차 전국대표대회(이하 17차 당대회)에서 정치국 상무위원에 선출됐다. 정치국 상무위원회는 중국식 집단지도체제를 상징하는 중국 공산당의 최고 권력기관이다. 중국은 공산당이 군을 통솔하고 국가 기능도 수행한다. 중국식 사회주의 체제에서 상무위원에 선출되는 일은 1인자를 꿈꾸는 시진핑에게 무엇보다도 중요했다. 당시 후진타오(胡錦濤)를 위시한 중국의 최고 권력자 9명이 회의장에 들어설 때 시진핑의 모습은 후진타오의 바로 뒤편에 보였다. 시진핑의 바로 옆에 있던 인물이 현재 중국 공산당의 2인자 리커창(李克强) 총리다. 17차 당대회의 과거 사진들을 들춰보면 시진핑과 리커창의 묘한 경쟁 심리가 엿보인다.

과거 9인이었던 정치국 상무위원회는 시진핑 집권 이후 7인으로 줄었다. 만장일치를 추구하는 중국식 집단지도체제에서 의사결정의 신속성을 담보하고자 인원을 줄였다고 한다. 최소한 중국인들은 그렇게 믿고 있다. 하지만 진실은 누가 알겠나? 후진타오 역시 상무위원회의 정원수를 7인으로 줄이려고 했다. 하지만 전임자인 장쩌민(江澤民)의 방해로 실패했다는 설이 있다. 인원이 줄면 장쩌민이 자기 사람을 끼워 넣기가 어려워진다. 이듬해인 2008년 3월 시진핑은 국가 부주석에 올랐고 5년 후 예정대로 국가 주석직을 승계하면서 권력의 정점에 섰다. 이때부터 정치국 상무위원회도 7인으로 줄었다.

시진핑의 권력은 실질적이고 막강했다. 전임자인 후진타오와 비교했을 때 그렇다. 후진타오는 공산당 1인자가 된 후에도 제대로 된 권한을 행사하지 못했다. 그의 전임자 장쩌민이 퇴임 후에도 군권(軍權)을 2년이나 내려놓지 않았기 때문이다. 마오쩌둥(毛澤東)과 덩샤오핑(鄧小平)도 그랬다. 죽기 직전 또는 거의 직전까지 각자의 방식으로 군권을 내려놓지 않았고 막후에서 실력을 행사했다. 마오쩌둥은 '권력은 총구에서 나온다'는 유명한 말도 남겼다. 17차 당대회가 열린 2007년 10월은 후진타오가 집권 2기를 맞이하던 시점이다. 1기 지도부 구성에는 통상 전임자의 입김이 크게 작용한다. 2기 지도부야말로 후진타오의 사람으로 꾸려진 그의 지도부가 된다. 물론 여기에 동조할 사람은 거의 없다. 장쩌민이 퇴임 2년 후 공식적으로 군권을 내려놨지만 이후에도 측근을 통해 군에 영향력을 행사했다는 설이 많다. 후진타오는 임기 내내 전임자의 그늘 탓에 운신의 폭이 좁았던 것으로 알려졌다.

자신의 트라우마 때문일까? 후진타오는 2012년 10월 열린 18차 당대회에서 '뤄투이(裸退)'라는 퇴진 방식을 선택한다. 뤄투이는 '벌거벗은 퇴진'을 뜻하며 서방 언론도 'naked retirement'라는 말로 해석해 사용한다. 후진타오는 그랬다. 깨끗하게 모든 자리에서 물러났다. 당시 후진타오는 공산당 총서기직과 공산당 중앙군사위원회 주석직을 한꺼번에 내려놨다. 당의 '알짜배기' 권력인 군권을 내려놓은 것이다. 이 덕분에 시진핑은 당권과 군권을 온전하게 손에 쥐고 집권 1기를 맞이했다. 후진타오의 벌거벗은 퇴진 덕분에 장쩌민도 막후에서 '훈수 두기'가 껄끄러워졌다.

시진핑이 집권 1기부터 막강한 권한을 손에 쥔 배경에는 이런 내막이 있다. 시진핑이 한 일은 하나도 없어 보인다. 단지 운이 좋아서, 또는 역사가 시진핑에게 유리하게 흘러서 지금에 이른 것으로 보일 수 있다. 단연코 행운만으로 시진핑이 지금의 자리에 오른 것은 아니다.

시진핑은 중국 나름의 까다로운 검증시스템을 거쳐 최고 지도자에 올랐다. 인생 전체가 시험이었다. 민주주의 사회에서 대통령 선거를 통해 한 정치인의 인생을 검증하듯이 시진핑도 인생을 통틀어 그런 검증을 겪었다.

시진핑은 남들보다 덜 혹독한 검증을 거쳐도 되는 도련님 출신이다. 중국의 혁명원로 시중쉰(習仲勛)의 아들인데 양반가문 중에서도 최상위 가문에서 태어났다. 물론 중국의 혁명원로인 아버지의 후광이 작용했다. 하지만 아버지의 그 후광 탓에 젊은 시절 시진핑은 많은 고초를 겪었다. 공산당 입당부터 녹록치 않았다. 혁명원로의 자식임에도 지방의 하급관리로 출발해 하나하나 단계를 밟아야 했다. 시진핑 인생의 굴곡은 아버지의 그것과 맞닿아 있다. 그래서 시중쉰을 짚어보면 시진핑이 보인다.

시중쉰의 고향은 대륙 중앙에 위치한 산시성(陝西省)이다. 시진핑은 베이징(北京) 태생이지만 아버지의 고향을 따라서 자신을 산시성 출신이라고 한다. 산시성은 중국 공산혁명의 메카다. 마오쩌둥의 공산당 군대 홍군(紅軍)은 장정(長征)을 산시성에서 마쳤다. 산시성 북부에 위치한 옌안(延安)은 공산혁명의 기반이 됐다. 홍군은 10,000 킬로미터에 가까운 거리를 1년여에 걸쳐 걸었다. 이 길고 긴 '도발이'를 끝내 준 장소가 옌안이다. 옌안에서 마오쩌둥을 맞이한 인물이 시중쉰이다. 1913년생인 시중쉰은 당시 약관의 나이 22살이었다. 20대 초반의 나이에 중원(中原)의 공산혁명을 이끌던 시중쉰을 보고 마오쩌둥은 큰 감명을 받았다고 한다. 마오쩌둥 입장에서 시중쉰이 얼마나 고마웠겠는가? 길고 긴 장정이 옌안에서 비로소 끝났으니 말이다. 하지만 시중쉰에게도 마오쩌둥은 은인이었다. 당시 국민당에 의해 구금 중이던 시중쉰은 마오쩌둥이 조금만 늦게 도착했다면 목숨을 잃었을 수 있다.

시중쉰은 13살에 공산당원을 양성하는 청년조직인 공산주의청년단(공청단)에 가입했고 15살에 공산당에 입당했다. 마오쩌둥을 만난 지 10년이 지난 1945년, 32살의 시중쉰은 서북(西北) 지역에서 공산당 총책임자가 된다. 마오쩌둥은 국민당과 대결하기 위해 중국 전역을 서북국(西北局), 서남국(西南局), 동북국(東北局), 화동국(華東局), 중남국(中南局) 등 다섯 권역으로 나눴다. 서남 지역의 총책임자는 덩샤오핑이었다. 당시 시중쉰은 9살 위인 덩샤오핑과 같은 급이었다. 1949년 공산당 주도의 정부 수립에 핵심적인 역할을 한 인물이 시중쉰이다. 시중쉰을 중국의 8대 혁명원로 중 한 명으로 꼽는 이유는 여기에 있다.

1952년 시중쉰은 베이징으로 향한다. 다섯 권역에 할거(割據)하는 실력자들을 두려워한 마오쩌둥이 이들을 베이징으로 불러들인다. 이른바 오마진경(五馬進京). '다섯 마리의 말이 수도에 간다'는 뜻이다. 시중쉰이 베이징으로 불려간 이듬해에 시진핑이 태어났다. 그래서 이름을 진핑으로 지었다고 한다. 당시 베이징은 베이핑(北平)으로 불렸다. 시진핑보다 3살 아래인 동생 시위안핑(習遠平)의 이름에도 '핑(平)'자가 들어간다. 시진핑은 늦둥이다. 시진핑이 태어나던 해 시중쉰의 나이는 40살이었다. 얼마나 귀여웠겠는가? 시진핑은 금수저를 물고 태어났다. 시진핑이 태어나던 해 시중쉰은 장관급인 공산당 중앙선전부장이었다. 공산당에서는 선전부와 조직부를 핵심 부서로 여긴다. 6년 후 시중쉰은 한국의 내각에 해당하는 국무원의 부총리로 승진했다. 이때까지 시진핑 도련님의 앞날은 밝아 보였다.

시진핑의 시련은 아버지의 실각과 함께 찾아온다. 시중쉰은 1962년 반당분자(反黨分子)로 몰려 사형에 처해질 뻔 했다. 총리이던 저우언라이(周恩來)의 구명으로 목숨은 건졌으나 이후 16년간 가택연금 속에 지낸다. 당시는 대약진 운동의 후폭풍이 거센 시기였다. 대약진 운동의 실패로 수천만 명의 아사자(餓死者)가 발생했고 마오쩌둥은 정치적으로 최대 위기에 봉착한다. 희생양이 필요했다. 시중쉰도 희생양 중 하나가 됐다. 이때 시진핑의 나이는 9살. 아버지가 반당분자로 몰린 상황을 감당할 수 있는 9살은 없다. 반당분자는 국가 전복을 시도했음을 뜻한다. 반당분자의 가족이라는 꼬리표는 어린 시진핑에게 큰 상처로 남았을 것이다. 학교에서도 왕따를 당했을 것이다. 마오쩌둥의 공산당이 미쳐 돌아갈 즈음에 시진핑의 인생도 꼬이기 시작했다.

시중쉰이 실각한지 4년이 지난 후 문화혁명(文化革命)이 찾아온다. 대약진 운동과 함께 마오쩌둥의 최대 실책으로 꼽히는 이 '문화 파괴 혁명'은 마오쩌둥이 사망하는 1976년까지 10년 간 지속됐다. 마오쩌둥은 위기를 기회로 만들려고 했다. 청년들을 동원해 자신을 신격화하고 이들을 이용했다. 홍위병으로 불리던 이들은 마오쩌둥을 신으로 모셨다. 홍위병은 대약진 운동의 '패악(悖惡)'을 지적하는 마오쩌둥의 정적과 지식인들을 제거했다. 하지만 마오쩌둥은 위기감을 느낀다. 폭력을 일삼고 심지어 살인까지 저지르는 홍위병의 칼끝이 자신을 향할까 봐 두려웠다. 마오쩌둥은 상산하향(上山下鄕)이라는 '묘수'를 찾아낸다. 도시 혁명을 마쳤으니 산으로 들로 농촌으로 가서 혁명을 완수하라는 지침이었다. 순진한 청년들은 산골 벽지로 향했다. 마오쩌둥의 칼이 되어 정적을 제거해 준 홍위병들은 이렇게 버려졌다. 이때 16살의 시진핑도 하방(下放) 생활을 시작한다.

시진핑은 1969년 옌촨(延川)현 량자허(梁家河)촌으로 쫓겨갔다. 이 마을은 공산혁명의 성지인 산시성 옌안에서 불과 수십 킬로미터 떨어져 있다. 아버지 시중쉰이 약관의 나이에 공산혁명을 이끌던 곳에서 시진핑은 하방을 통해 인생의 밑바닥을 경험한다. 하방은 마오쩌둥 사상의 핵심으로 여겨진다. 일종의 사상 교육인데 부패하거나 불순한 이들을 농촌이나 공장으로 보내 육체 노동을 하게 했다. 당과 군, 정부의 관료 및 지식인이 하방의 대상이었다. 시진핑이 쫓겨간 량자허촌은 황토 산골이었다. 황토 산비탈을 깎아 만든 3평 남짓한 토굴에서 시진핑은 7년을 지낸다. 초기에는 토굴 생활을 견디지 못하고 도망친 적이 있다고 한다. 당연하다. 시진핑은 사춘기 소년이었다. 또 손에 흙 묻힐 일이 없던 명문가 도련님이었다. 항일 독립운동을 벌였던 이모부의 꾸지람을 듣고 토굴로 돌아갔으나 도련님에게 토굴 생활은 녹록치 않았다.

토굴 생활 첫 2년 동안은 생존을 위한 사투를 벌였다고 한다. 벼룩이 온 몸을 물어서 잠을 청할 수 없었다. 산골의 거친 음식도 입에 맞지 않았다. 육체 노동을 해 본 경험이 없어서 농사 일도 어설펐다. 무엇보다 절망이라는 감정과 싸우는 일이 가장 힘들었을 것으로 보인다. 아버지는 국가 전복 혐의로 가택연금을 당했다. 가족들은 뿔뿔이 흩어졌다. 언제 이 생활이 끝날지 모르는 불안감. 앞날은 캄캄했을 것이다. 하지만 시진핑은 생존해야 했고 결국 살아남았다. 그리고 강해졌다. 18살의 시진핑은 벼룩이 물어도 잠을 잘 잤고, 쌀밥보다는 잡곡이 입에 더 맞았다. 또 100근(60킬로그램)의 밀을 어깨에 짊어지고 10리(4킬로미터)에 이르는 길을 단숨에 걸어갔다.

  하방은 시진핑 인생에서 가장 중요한 전환점이다. 명문가 도련님에서 농촌 촌부로의 신분 변화는 자신의 의지나 처신과는 상관없었다. 파벌싸움의 희생양이 된 아버지 시중쉰에게서 물려 받았다. 그것이 옳고 그름을 떠나서 시진핑의 책임은 아니라는 말이다. 하지만 시진핑은 온전히 자신의 인내와 의지로 이를 극복했다. 자신의 힘으로 역경을 이겨낸 경험은 고령의 노인도 갖지 못할 수 있다. 시진핑은 이 경험을 10대의 사춘기 소년일 때 했다. 고관의 자제로 편안한 인생을 살았다면 얻지 못했을 소중한 경험이다. 이를 통해 시진핑은 자신감을 얻었다. 또 민초들의 고단한 삶을 체득했다. 그러면서 성장했다. 이런 경험은 향후 시진핑에게 커다란 정치적 자산이 된다.

  토굴 생활에 적응한 시진핑은 공산당 입당을 결심한다. 정치 명문가의 옛 영광을 되찾으려면 그 길 밖에 없었을 것이다. 아버지의 명예를 되찾는 길이라고 생각했을지도 모른다. 입당 전에 공산당 청년조직인 공청단 가입을 먼저 시도한다. 물론 실패의 연속이었다. 반당분자의 아들을 호락호락 받아줄 리가 없다. 시진핑의 끈기와 저력은 여기서 발휘된다. 8번의 거절 끝에 공청단 가입에 성공하고 10번의 거절 끝에 마침내 1974년 공산당 입성에 성공한다. 21살의 시진핑이 정치인으로 첫 발을 뗀 순간이다. 공산당 입당 후 자신이 하방 생활을 하던 량자허에서 서기직을 맡는다. 량자허촌의 이장 정도가 된 거다. 피라미드 방식의 공산당 권력 구조에서 최하층 직위다. 그렇게 시진핑은 중국의 1인자가 되기 위한 첫 계단을 밟았다.

공산당에 입성하면서 토굴 생활을 끝낼 시간도 다가온다. 시진핑은 1975년 칭화(清華)대학교 입학 허가를 받는다. 량자허가 자리한 옌촨현에 2장의 입학 허가서가 배당됐는데 그 중 하나가 시진핑에게 갔다. 칭화대는 베이징(北京)대학교와 나란히 중국 최고의 명문대로 꼽힌다. 시진핑의 전임자 후진타오는 칭화대 동문이다. 베이징대는 인문사회계열 학과들이 유명하고 칭화대는 자연계를 알아준다. 시진핑은 칭화대 화학공학과에 '늦깎이' 학생으로 입학한다.

시진핑이 대학에 들어간 후 문화혁명은 운명을 다한다. 1976년 마오쩌둥이 사망하면서 하방도 역사속으로 사라진다. 바야흐로 덩샤오핑의 시대가 열렸다. 새 시대가 도래했고 시진핑에게도 새로운 기회가 열렸다. 덩샤오핑이 아버지 시중쉰을 현직에 복귀시키면서 그랬다. 덩샤오핑은 시중쉰을 중용했다. 시중쉰은 1978년 광둥(廣東)성 2서기로 복귀해 같은 해 1서기로 승진하고 다음해에 광둥성 성장이 된다. 광둥성이 어디인가? 중국 문호 개방의 첫 관문이다. 실용주의 노선을 선택한 덩샤오핑이 개혁·개방 정책을 관철하고자 심혈을 기울였던 지역이다. 시중쉰은 광둥성의 해안도시 선전(深圳)을 경제특구로 지정하고 덩샤오핑의 개혁·개방을 최전선에서 진두지휘했다. 선전, 주하이(珠海), 광저우(廣州) 등 광둥성에서 시작된 변화의 바람은 연안을 타고 상하이(上海)를 향해 북쪽으로 올라갔다. 광둥성은 1989년 이래로 국내총생산(GDP) 1등 자리를 다른 성(省)에 내준 적이 없다.

아버지가 문호 개방과 경제 발전에 열을 올리던 1979년 시진핑은 칭화대를 졸업한다. 졸업 후 아버지의 후광 덕에 탄탄대로를 걷기 시작한다. 시진핑은 군의 실세인 겅뱌오(耿飚)의 비서가 된다. 당시 겅뱌오는 당 중앙군사위원회 비서장, 즉 사무총장을 지내고 있었다. 겅뱌오는 시중쉰과 함께 항일 무장투쟁을 한 전우다. 시중쉰의 직접적인 부탁이 없었더라도 겅뱌오의 배려가 작용했을 가능성은 농후하다. 시진핑은 비서직 수행을 위해 인민해방군에 입대한다. 현역으로 복무하던 3년간 군에 대한 이해도가 깊어진 것으로 보인다. 전임자인 후진타오나 장쩌민과는 다른 점이다. 이들은 현역 경험이 없다. 시진핑은 이후에도 당의 직책을 맡으면서 그에 상응하는 군의 직책도 함께 맡았다. 시진핑은 군의 중요성을 누구보다도 잘 알았을 것이다. 시진핑이 1인자에 오른 후 군에 대한 대대적인 개혁을 착수하는 데 있어 당시의 경험이 밑거름이 된 것으로 추정된다.

　군 복무를 마친 시진핑은 지방행을 자청한다. 1982년 29살의 시진핑은 허베이(河北)성 스자좡(石家庄)시 정딩(正定)현의 부서기로 옮겨 간다. 왜 편한 길을 놔두고 지방행을 택했을까? 잘 나가는 아버지 덕에 중앙정치 무대에서 얼마든지 클 기회는 있었다. 하지만 시진핑에게 아버지의 후광이라는 옷은 불편했을 수 있다. 시진핑은 산간 벽지에서 자신의 힘으로 하방을 겪어냈다. 또 공산당 입당과 명문 칭화대 졸업이라는 간판도 자신의 노력으로 따냈다. 자신감이 더한 시진핑은 지방에서 새로운 길을 모색하려 했을 수 있다. 또 시진핑은 하방을 통해 민초들의 삶을 체득했다. 정치의 근본이 민초들에 있음을 깨닫고 지방업무를 자처했을 수 있다. 마지막으로 시진핑의 트라우마가 작용했을 수 있다. 시진핑은 어린 나이에 아버지가 파벌싸움의 희생양이 되는 일을 겪었다. 일순간에 집안은 몰락했고 평지풍파가 일었다. 중앙정치 무대가 지닌 화려함의 이면에 날카로운 칼이 숨겨져 있음을 시진핑은 알았을 것이다.

　덩샤오핑 시대에 개혁·개방이 속도를 내면서 시진핑도 여기에 동참한다. 32살의 시진핑은 1985년 푸젠(福建)성 샤먼(廈門)시 부시장으로 승진한다. 샤먼시는 당시 푸젠성에서 유일한 경제특구로 지정된 곳이다. 하지만 개혁·개방은 혼란을 야기했다. 시장경제가 도입되면서 물가는 춤을 췄다. 국가가 통제하던 계획가격이 시장에 맡겨지면서 생필품 가격이 치솟은 것이다. 당 간부들의 부패는 극심했다. 복지가 축소되자 이를 만회하고자 부패를 저지르고 민중의 고혈을 짜냈다. 공산당 입장에서 가장 심각했던 문제는 민중의 자각이다. 개방된 자유의 공기를 접한 대학생들이 먼저 일어났다. 1986년 대학생 시위가 전국적으로 일어났고 3년 후에는 이보다 더 심각한 톈안먼(天安門) 사태가 발발했다. 이에 관해서는 차후 추가로 설명하겠다.

이 정치적 격변기에 35살의 시진핑은 푸젠성 닝더(寧德)지구의 당 서기로 자리를 옮긴다. 1988년 당시 이 지역은 푸젠성에서 낙후지역으로 꼽히던 곳이다. 이곳에서 시진핑은 새로운 정치적 모색을 한다. 바로 반부패 운동이다. 개혁·개방의 부작용으로 당 간부들의 부패가 야기됐다. 이에 대한 불만이 고조되던 시점에 반부패 운동은 지역 주민의 지지를 얻었고 인민일보에도 소개됐다. 당시 성공의 경험은 훗날 시진핑이 중국의 1인자에 올랐을 때 반부패 사정 드라이브를 거는 촉매제가 된 것으로 추정된다. 이에 대해서도 차후 추가로 설명하겠다.

시진핑은 30대와 40대의 대부분을 푸젠성에서 보냈다. 신체적으로나 정신적으로 가장 왕성한 활동을 한 푸젠성을 정치적 고향으로 여길 법하다. 하지만 시진핑은 그렇게 생각하지 않는 것 같다. 시진핑은 30대의 마지막 해와 40대의 첫 번째 해에 산시성을 방문했다. 1992년 량자허촌을 방문했고 이듬해에 다시 찾아갔다. 량자허촌은 시진핑이 과거 7년간 토굴 생활을 한 곳이다. 푸젠성 상무위원이자 푸저우(福州)시의 당 서기가 되어 이곳을 방문했을 때 시진핑의 감회는 남달랐을 것이다. 물론 정치적으로 이용하려는 목적이 있을 수 있다. 산시성은 공산혁명의 메카다. 자신이 공산혁명의 성지에서 정치 생활을 시작했으며 민중과 고난을 함께 했다는 사실은 정치인으로서 큰 자산이다. 시진핑은 국가주석에 취임하고 2년이 지난 2015년에도 량자허촌을 방문했다. 정치적 목적을 배제하더라도 1993년은 시진핑에게 초심이 필요한 시기였다. 정치적 보호막 역할을 했을 아버지 시중쉰이 5년 임기의 전인대 상무위원회 부위원장직을 끝으로 퇴임했기 때문이다.

시진핑은 '가방 끈'을 늘리기로 결심한다. 정치인에게 화학공학과는 부족하다고 생각했을 수 있다. 1998년 45살의 '만학도' 시진핑은 칭화대 인문사회과학원에 들어간다. 여기서 마르크스주의 이론과 이데올로기 및 정치교육을 전공하고 2002년 법학박사 학위를 취득한다. 당시 시진핑은 푸젠성의 당 부서기이자 성장이었다.

2002년은 정치인 시진핑에게 큰 전환점이 된다. 가방 끈 때문이 아니다. 그해 5월 아버지 시중쉰이 향년 89세의 나이로 생을 마감했기 때문이다. 시중쉰의 죽음은 시진핑에게 천운이었다. 혁명원로인 시중쉰의 장례식에 장쩌민과 후진타오를 비롯한 공산당 지도부가 총출동했을 것이기 때문이다. 이때 시진핑은 지도부에 눈도장을 확실히 찍었을 것이고 궁금히 여긴 지도부는 시진핑을 눈여겨봤을 것이다. 검소한 생활과 신중한 처신, 튀지 않는 개혁에 업무처리도 곤잘 했다. 시진핑은 수수한 차림에 검소한 생활을 한 것으로 알려졌다. 고급 관용차나 호화 관저 등 화려한 의전을 멀리 했고 무엇보다도 부패 스캔들에 연루된 적이 없었다. 반부패 운동을 주도한 바 있으며 지방행을 자청하는 등 튀지 않는 처신을 했다. 이런 모습은 아버지 시중쉰을 떠올렸을 것이다. 시중쉰은 화려한 직책을 맡지는 않았지만 존경받는 당 원로 중 한 명이었고 강직하고 겸손한 인물로 알려졌다. 한 마디로 주변에 적이 없었다는 뜻이다.

'장례식 효과'는 즉시 나타났다. 수개월 후 시진핑은 푸젠성 북쪽에 인접한 저장(浙江)성의 당 부서기로 이동했다. 이듬해인 2003년 저장성의 당 서기로 승진한다. 초고속 승진은 계속된다. 2007년 초 상하이 당 서기로 옮겨간 후 그 해 말 17차 당대회를 통해 정치국 상무위원에 선출된다. 이듬해인 2008년 국가 부주석, 2년 뒤인 2010년 중앙군사위원회 부주석을 겸임해 군권 승계를 예약한다. 2012년 말 18차 당대회를 통해 당 총서기 겸 당 중앙군사위원회 주석이 되면서 공산당의 1인자로 올라선다. 다음해인 2013년 초 국가 주석직과 국가 중앙군사위원회 주석직을 승계하면서 명실상부한 국가원수가 된다.

一 시진핑은 제2의 마오? 시황제? 아니면 곰돌이 푸?

시진핑(習近平)이 중국의 1인자로 올라서고 3년이 조금 지난 2016년 3월, 미국의 시사 주간지 〈타임〉은 시진핑 특집기사를 실었다. 표지부터 심상치 않았다. 표지에는 시진핑의 모습을 벗겨내니 마오쩌둥(毛澤東)의 모습이 나타나는 그래픽이 실렸다. 내용은 신랄한 비판으로 가득했다. 시진핑에게 모든 권력이 집중되고 있으며 이는 마오쩌둥 사후에는 없었던 일이라고 지적했다. 또 시진핑에 대한 '개인 숭배(personality cult)'를 비판하면서 이를 문화혁명 시기의 홍위병에 비유했다. 비판은 계속된다. 중국의 경제발전은 집단지도체제의 힘에서 기인하는데, 시진핑이 마오쩌둥처럼 신격화되면서 문화혁명과 같은 파국을 불러올 것이라고 경고했다. 또 마오쩌둥처럼 폐쇄적인 대외정책으로 회귀할 것으로 전망했다. 얼마 후 중국에서 〈타임〉의 인터넷 홈페이지 접속은 차단됐다고 한다. 비슷한 시기에 시진핑 '숭배(cult)'를 비판한 영국의 시사주간지 〈이코노미스트〉도 인터넷 접속이 차단됐다.

　서구 언론은 시진핑을 마오쩌둥에 곧잘 비유한다. 또 '시황제(Emperor Xi)'라고 부르며 권력집중화에 대해 우려한다. 한국의 많은 언론도 이러한 시각에서 크게 벗어나지 않는다. 2017년 11월 중국을 방문한 도널드 트럼프 미국 대통령을 시진핑이 자금성에 영접한 것을 두고 '황제 의전'이라고 표현했다. 앞서 열린 제19차 전국대표대회(이하 19차 당대회)를 통해 위상과 기반을 황제 수준으로 끌어올렸기 때문에 가능한 일이라고 평가한다. 많은 내외신이 19차 당대회를 시진핑의 '황제 대관식'에 비유했다.

　과연 그럴까? 시진핑을 황제에 비유하려면 전제 조건이 필요하다. 황제는 임기 제한이 없다. 죽을 때까지 한다. 마오쩌둥도 그랬다. 시진핑이 19차 당대회에서 후계자를 지목하지 않은 것은 자신이 한번 더 연임을 하거나 장기 집권을 하기 위한 포석이라는 국내외 언론의 분석이 많다. 여기에 대해서는 차후에 알아보자. 이 문제는 생각만큼 간단하지 않다. 그렇다면 시진핑은 중국에서 신격화된 존재인가? 문화혁명 당시의 마오쩌둥이나 북한의 김정은처럼 개인 숭배의 대상이 됐는가?

물론 아니다. 현대판 황제나 제2의 마오쩌둥, 중국판 김정은 등 얼마든지 이름을 갖다 붙일 수 있다. 서방의 시각에서 보면 중국은 충분히 '후져' 보인다. 시진핑이 서구식 대선을 겪은 것도 아니다. 하지만 황제로 볼 수는 없다. 마오쩌둥조차도 자기 자식에게 권력을 물려주려고 하지는 않았다. 오히려 한국의 대기업 총수일가를 황제로 부르는 게 더 적절한 비유다. 더구나 직선제가 항상 정답일 수는 없다. 박근혜와 히틀러도 선거를 거쳐 탄생했다. 중국의 많은 어용학자들이 이렇게 주장한다. 일리 있는 주장이다. 시진핑 숭배에 대한 비판도 너무 나갔다. 마오쩌둥은 대약진 운동으로 인한 경제 파탄과 정치적 책임을 회피하고자 '문화 파괴혁명'이라는 패악을 저질렀다. 정적들을 제거하고자 '홍위병'이라 불리던 청년들을 사이비 신도로 만들었다. 문화혁명 당시 마오쩌둥은 종교였다. 김정은도 종교다. 지금 시진핑을 전지전능한 신처럼 보는 중국인은 없다. 단지 훌륭한 지도자로 보고 있을 뿐이다.

중국에서 시진핑의 인기는 높다. 시진핑의 지지율을 주간단위로 집계하지는 않지만 높다. 높을 것으로 추정된다가 아니라 높다고 단정할 만한 이유가 있다. 굳이 여론조사를 하지 않아도 1인자가 된 이후에 보여준 말과 행동, 정책과 비전을 보면 알 수 있다. 한국에서도 문재인 대통령의 지지율이 취임 6개월이 지나도록 70%를 웃돈 이유는 무엇인가? '촛불혁명'으로 탄생했다는 역사적 의미도 있지만 인간 문재인이 살아온 인생, 대통령 취임 후에 보여준 감동적인 연설과 행보 등 말과 행동에 있었다. 과거 한국의 어느 대통령이 화산 폭발로 발이 묶인 자국민을 위해 인도네시아로 전세기를 띄운 적이 있는가? 과거 한국의 어느 대통령이 포항 학생의 지진 피해가 염려돼 수능을 연기한 적이 있는가? '사람이 먼저다'라는 슬로건을 말과 행동으로 보였다. 통치는 말과 행동으로 한다. 시진핑도 그랬다.

시진핑에 대한 중국인의 기대는 취임 전부터 높았다. 후진타오(胡錦濤)의 집권 2기에 국가 부주석에 올라 안정적으로 관리된 측면을 무시할 수는 없다. 하지만 시진핑이 걸어온 인생이 끼친 영향은 크다. 시진핑은 혁명원로의 아들이지만 최하급 관리부터 시작해 1인자의 자리에 올랐다. 지방행을 자청해 공직생활의 대부분을 지방에서 보냈고 산골벽지에서 민중과 함께 하방(下放)을 겪었다. 취임 후에도 친(親)서민 행보를 보였다. 취임 첫 해인 2013년 12월28일, 새해를 앞두고 베이징 시내의 한 만두가게를 예고 없이 찾아갔다. 아무렇지 않게 다른 손님들 뒤에 서서 25위안(4,500원 가량)을 내고 만두를 사 먹었다. 2015년 1월에는 첫 지방시찰지로 윈난(雲南)성의 지진피해 현장을 찾았다. 피해 지역의 당 간부들에게 "나도 당신들처럼 괴롭다"며 위로한다. 이런 행보는 정치적 연출로도 볼 수 있다. 정치적 목적이 왜 없겠는가?

당연히 있다. 하지만 이를 꼭 나쁘게 볼 필요는 없다. 통치는 말과 행동으로 한다. 이런 행보는 국민들에게 '메시지'를 전한다. '어렵고 소외된 사람들과 함께 한다'는 메시지. 관료들에게도 '시그널'을 준다. 국가원수가 피해지역을 방문하면 관료들이 신경을 안 쓸 수가 없다. 한 마디로 난리가 난다. 그래서 지도자의 말과 행보는 중요하다.

시진핑의 행동은 중국 사회에서 파격적인 것에 해당한다. 최소한 줄을 서서 만두를 사 먹는 일은 지금까지 중국 지도자에게서 볼 수 없던 탈(脫)권위적인 모습이다. 이 일화는 중국 사회에서 유명하다. 중국인들이 시진핑을 '시다다(習大大, 시씨 아저씨)'라는 애칭으로 부르는 것은 정치인 시진핑이 지닌 이미지를 보여준다. 시진핑은 '푸근한 옆집 아저씨'라는 이미지를 구축했다. 계급사회의 제일 꼭대기에 있는 외계인 별종이 아니라 길거리에서 흔히 볼 수 있는 평범한 중년의 이미지다.

시진핑은 한때 만화영화 캐릭터 '곰돌이 푸'에 비유됐다. 시진핑에 비유됐다는 이유로 푸의 인터넷 검색은 웨이보(Weibo) 등에서 차단됐지만 이는 중국의 젊은이들이 시진핑을 바라보는 시각을 나타낸다. 이들은 마오쩌둥 시대의 홍위병처럼 시진핑을 신봉하는 게 아니다. 자발적으로 시진핑을 푸에 비유하는 '정치적 놀이'를 한 것이다. 중국의 젊은이들은 시진핑을 그런 이미지로 보고 있다. 이들이 중국 언론에 세뇌돼 있어서 또는 중국 언론이 조작을 잘해서 그렇다고 치부하는 것은 상식적이지 않다. 이들은 얼마든지 외부 세계에 노출될 수 있다. 언제든지 해외 여행을 할 수 있고 언제든지 어학연수 등의 목적으로 외국에 나갈 수 있다. 단지 이들은 태어나고 자란 중국식 사회주의에 익숙할 뿐이다. 하지만 중국 정부의 인터넷과 언로(言路) 통제에 대한 불만이 없지는 않다. 앞서 언급한 대로 먹고 살기가 나아지면 민주화에 대한 열망은 자라날 것이다.

모든 사람이 잘 먹고 잘 사는 사회는 시진핑이 이루고 싶은 목표다. 시진핑은 이를 '샤오캉(小康)' 사회라고 표현했다. 샤오캉은 '중귀멍(中國夢)'과 함께 시진핑이 제시한 국가 비전이다. '두 개의 100년(兩個百年)' 목표로 불린다. 샤오캉 사회는 공산당 창당 100주년인 2021년에 달성하는 게 목표다. 2021년은 시진핑 집권 2기 이내에 도래한다. 그래서 시진핑이 달성하고 싶은 목표라고 앞서 언급했다. 실제로 시진핑은 샤오캉의 실현을 대단히 강조한다. 중국 공산당 간부들은 이것 때문에 미치려고 한다. 이것은 빈곤 퇴치다. 시진핑은 과거처럼 가난한 지역이 존재하면 전면적인 샤오캉이라고 할 수 없다고 말한다. 2020년까지 4,000만명에 이르는 중국의 빈곤층 모두를 빈곤에서 벗어나게 만들겠다는 포부가 샤오캉이다. 샤오캉은 곧 빈곤이 없는 사회다. 빈곤 퇴치는 전 세계적인 숙제다. 그만큼 달성하기 어려운 목표다. 중국 경제의 고속 성장을 감안하더라도 달성이 쉽지 않은 이유다.

덩샤오핑(鄧小平)의 개혁·개방은 선부(先富)론을 표방했다. 먼저 경제 전체의 부를 키우고 이후 사회 저변으로 그 부를 확산시키자는 개념이다. 일종의 낙수효과(落水效果)에 해당한다. 반면 시진핑은 전면적인 샤오캉의 실현을 말한다. 이제 파이가 커졌으니 한 사람도 빠짐없이 최소한 한 입이라도 먹어야 한다고 말한다. 이런 비전은 하방에서 유래한 것으로 보인다. 청년 시진핑은 산골 마을에서 가난한 민초들과 함께 지냈다. 빈곤 퇴치의 중요성을 이때 인식했을 것이다. 2015년 2월 집권 3년차에 들어선 시진핑은 과거 7년간 토굴 생활을 한 산골 마을을 다시 찾았다. 22년 만의 방문이다. 이런 행보를 통해 시진핑이 던지는 메시지는 명확하다. 모든 정책을 민중의 눈높이에서 실행하겠다는 것이다. 시진핑에 대한 중국인의 지지는 허구가 아니다. 이는 그의 행보들이 증명한다.

시진핑에 대한 국민적 지지를 급속도로 끌어올린 요소는 '부패와의 전쟁'이다. 시진핑은 집권 초반부터 반(反)부패 정책을 강하게 밀어 부쳤다. 혹자는 시진핑이 반부패를 핑계로 정적들을 제거했다고 말한다. 부패를 청산한다는 핑계로 자신에게 적대적인 세력을 제거했다는 것이다. 일리 있는 분석이고 그럴듯해 보인다. 하지만 놓치는 면이 있다. 정적 제거가 목적이라면 특정 세력과 그 주변을 목표로 삼아야 한다. 그리고 일회성에 그쳐야 한다. 시진핑의 반부패 사정 드라이브는 세력을 가리지 않았고 일회성에 그치지 않았다.

시진핑은 타호박승(打虎拍蠅)을 말했다. 호랑이이든 파리이든 가리지 않고 전부 때려 잡겠다는 뜻이다. 호랑이는 당과 정부, 군의 고위직을 뜻하고 파리는 하위 관료를 가리킨다. 소위 4대 호랑이로 불리는 보시라이(薄熙來), 저우융캉(周永康), 쉬차이허우(徐才厚), 링지화(令計劃)가 제거된 때만 해도 권력교체기에 나타나는 일회성 '쇼'로 보였다.

보시라이는 시진핑과 같은 혁명원로의 아들이다. 시진핑과 더불어 대권에 근접했지만 부패사건에 연루돼 당에서 제명됐다. 사건은 시진핑 집권 이전에 발각됐지만 사법절차는 시진핑 집권 이후에 마무리됐다. 보시라이는 무기징역을 복역 중이다. 저우융캉은 장쩌민(江澤民)의 사람으로 알려져 있다. 후진타오 집권기에 공산당 중앙정법위원회 서기를 지냈다. 정법위 서기는 막강한 자리다. 한국에 비유하면 경찰청장과 검찰총장, 대법원장, 국정원장을 휘하엔 둔 사정라인의 최고 지위다. 한국에는 없는 직책이다. 뇌물수수와 국가기밀 누설죄 등으로 무기징역을 선고 받았다. 쉬차이허우는 '군(軍) 비리의 전형'으로 일컬어진다. 후진타오 집권기에 공산당 중앙군사위원회 부주석을 지냈다. 쉬차이허우의 일화는 중국에서 유명하다. 그의 호화 주택을 압수 수색하는 과정에서 1톤이 넘는 현금이 나왔고 각종 골동품과 사치품이 발견됐다. 그의 현금과 보물을 옮기는 데에만 군용 트럭 10대가 동원됐다고 한다. 쉬차이허우는 2015년 3월 암으로 사망해 공소 절차가 중단됐다. 링지화는 후진타오의 사람이다. 공산당 중앙판공청 주임을 지냈는데 한 마디로 후진타오의 비서실장이었다. 링지화의 아들이 2012년 3월 '페라리'를 운전하다 사고를 내 즉사했다. 이때 나체상태로 발견됐고 동승했던 여대생 2명도 나체 상태였다. 이 사건이 중국 전역에 대서특필되면서 조사가 시작됐고 링지화는 현재 뇌물수수 등으로 무기징역을 복역 중이다.

이들 4대 호랑이 숙청에 정적 제거의 목적이 있을 수 있다. 하지만 시진핑의 반부패 전쟁은 단순한 권력 투쟁의 수준을 넘어섰다. 2017년 말 기준으로 부정부패 조사대상에 오른 전현직 장차관급 이상 공산당 고위관료와 중단장급 이상 군 장성은 400명을 웃돈다. 이중 120여 명이 사법당국에 넘겨져 재판이 진행 중이다. 법적 처벌을 받은 관료 중 중앙위원회급 인물은 40여명에 이른다. 중앙위원회는 공산당 최고의 조직이다. 중앙위원회를 구성하는 중앙위원과 중앙후보위원의 숫자는 400명이 채 안 된다. 당의 하위 간부를 포함하면 무려 130만명 이상이 부정부패로 처벌을 받았다.

시진핑은 종엄치당(從嚴治黨)을 말한다. 종엄치당은 당을 엄격하게 관리하겠다는 뜻이다. 시진핑은 지위고하를 막론하고 연고와 소속을 떠나서 부정부패가 발견되면 모조리 처벌했다. 당 간부를 비롯해 군 장성과 국유기업 경영진까지 반부패 사정의 칼날이 미치지 않은 곳이 없다. 일종의 '적폐청산'이 진행 중이다. 국민적 지지가 높지 않을 수 없다. 시진핑이 정치적 반대세력을 청산하려는 의도를 품었을 수 있다. 사람의 속을 누가 알겠는가? 그렇다고 해도 잘못된 것은 없다. 증거를 조작한 것도 아니고 부정부패가 발견돼 처벌하는 데 누가 뭐라고 하겠나? 중국인들은 정치 투쟁에 크게 개의치 않는다. 우선 자신들에게 먼 나라의 얘기다. 또 세계 어디에도 파벌 싸움이 없는 나라는 없다. 시진핑의 반부패 전쟁이 성공한 이유는 크게 두 가지다. 단호하고 일관된 시행이 그 하나이고, 이를 신뢰하는 국민적 지지가 다른 하나다. 한국의 적폐 청산도 이와 같아야 성공하지 않을까?

서방 언론이 지닌 편견 중 하나는 중국의 폐쇄성이다. 일견 맞는 말이다. 중국에서 구글과 페이스북, 인스타그램 등에 대한 통제는 여전하다. 하지만 이를 두고 현재의 중국을 마오쩌둥 시대의 폐쇄적 사회와 동일시하는 시각은 지나치다. 너무 편협한 해석이다. 최소한 시진핑은 개방의 문을 다시 닫을 생각이 없다. 근거는 있다. 다시 한번 과거로 돌아가보자.

시진핑의 아버지 시중쉰(習仲勳)은 덩샤오핑이 중용했다. 1978년 광둥(廣東)성의 총책임자로 복귀시키고 개혁·개방을 진두지휘하게 했다. 시진핑도 동참했다. 1985년 푸젠(福建)성의 유일한 경제특구인 샤먼(廈門)시 부시장으로 임명됐다. 하지만 개혁·개방은 물가 급등과 당의 부패와 같은 부작용을 야기했다. 민중의 자각으로 1986년 전국적인 대학생 시위, 1989년 톈안먼(天安門) 사태로 발전했다. 이 정치적 격변기에 시진핑은 1988년 푸젠성 닝더(寧德)지구로 자리를 옮겨 반부패 정책을 시행한다. 결과는 성공이었고 주민의 지지를 얻었다. 반부패 정책은 성공의 경험이다. 시진핑이 집권 후 반부패 사정 드라이브를 강하게 건 것은 이런 경험에 바탕을 두고 있다. 동시에 개혁·개방에 따른 트라우마도 얻었다. 시진핑의 입장에서 보면 급격한 개혁·개방은 톈안먼 사태와 같은 민주화 시위를 불러올 수 있다. 사회주의 체제 유지를 원하는 시진핑은 개혁·개방을 지속하되 속도 조절은 필요하다고 생각할 것이다. 시진핑은 개혁·개방으로 중국이 부유해졌다고 말했다. 또 개혁·개방 40주년인 2018년을 중요한 해로 꼽았다.

시진핑의 아버지 시중쉰은 1978년 개혁·개방의 선두에 있었다. 시진핑에게 개혁·개방은 덩샤오핑의 정신을 받드는 일인 동시에 아버지의 유지를 받드는 일이기도 하다. 중국이 폐쇄적 사회로 회귀하는 일은 불가능에 가깝다. 다만 완전한 개방으로 가는 데 시간이 필요할 뿐이다. 중국은 서서히 변할 것이다. 먹고 살기가 나아지면서 의식도 자라날 것이다. 종국에는 중국 사회도 전면적 개방으로 나아갈 수밖에 없다.

一 시진핑, 장기 집권의 길로 들어서나?

2017년 10월 열린 제19차 전국대표대회(이하 19차 당 대회)를 바라보는 내외신의 시각은 비슷했다. 시진핑(習近平)을 황제에 비유하거나 당 대회를 황제 대관식으로 묘사하거나 시진핑이 마오쩌둥(毛澤東)의 반열에 올랐다고 평가했다. 공통분모는 시진핑이 명·청왕조의 황제나 문화혁명 시기의 마오쩌둥과 같은 절대 권력을 거머쥐었다는 점이다. 그렇기 때문에 시진핑이 5년 후 한번 더 연임을 하거나 장기 집권에 나설 것으로 예측한다. 이런 예측의 근거는 다양하다. 단순하게는 전임자들인 장쩌민(江澤民)과 후진타오(胡錦濤)를 자리에 앉혀 놓고 당 대회에서 무려 3시간 반의 연설을 했다는 점이 꼽힌다. 독재 권력이 공고해졌기 때문에 가능하다는 식이다. 정치국 상무위원회에 새로 입성한 5인방이 시진핑의 사람들이라는 점도 꼽힌다. 2기 지도부가 시진핑의 측근들로 채워졌다는 것이다.

　이런 근거에 관심을 둘 필요는 없다. 2기 지도부를 시진핑의 사람으로 채우는 것은 너무도 당연하다. 생각해보면 1기 지도부 구성에는 전임자의 입김이 작용할 수밖에 없다. 피라미드 모양의 중국식 권력구조에서 10년가량 집권을 하면 자기 사람이 많아질 수밖에 없다. 시진핑 1기 지도부를 선정할 때 중국의 1인자는 후진타오였다. 집권 2기야말로 시진핑 사람으로 채워진 시진핑의 지도부가 된다. 실제 시진핑의 사람으로 채워진 것도 아니다. 이번에 상무위원에 오른 한정(韓正)은 상하이시 당 서기 출신으로 장쩌민의 측근으로 통한다. 또 다른 상무위원인 왕양(汪洋)은 광둥(廣東)성 서기 출신으로 후진타오가 발탁한 인사로 알려졌다. 2기 지도부 구성에서 전임자들을 배려했다고 볼 수 있다. 한편 장시간의 연설은 할 말이 많았다고 생각하면 그만이다. 시진핑이 독재자였다면 연설도중 장쩌민이 하품을 하거나 꾸벅꾸벅 졸 수가 있었겠나? 고모부 장성택을 처형한 북한의 김정은을 떠올려 보시라. 이런 인간이 진정한 독재자다.

　시진핑의 장기 집권을 예상하는 근거로 자주 거론되는 단어가 있다. 바로 격대지정(隔代指定)이다. 많은 국내 언론은 시진핑이 격대지정을 지키지 않았다며 이를 장기 집권의 포석으로 해석한다. 그렇다면 격대지정은 무엇인가? 격대지정을 직역하면 '대(代)를 걸러서 지정한다'이다. 여기서 지정의 대상은 국가원수다. 현 지도자가 한 세대를 걸러 차

차기 지도자를 지명한다는 뜻으로 쓰인다. 이 말이 어디에서 유래했는지는 분명치 않다. 중국에서는 이런 말을 쓰지 않는다. 중국 공산당의 명문화된 법이나 규칙이 아니다. 그래서 국내 언론도 격대지정을 불문율이나 전통이라고 표현한다.

현 지도자가 차차기 지도자를 지명하는 게 중국 공산당의 오랜 전통 내지는 불문율인가? 격대지정의 첫 사례로 꼽히는 덩샤오핑 집권기로 돌아가보자. 마오쩌둥 사후 최고의 실력자로 떠오른 덩샤오핑은 중국 공산당 2세대 지도부의 핵심 인물이다. 하지만 전면에 나서기보다는 군권(軍權)만 유지한 채 막후에서 실력을 행사했다. 1980년 그의 측근인 후야오방(胡耀邦)을 당 총서기로 내세우고 자신은 1983년부터 중앙군사위원회 주석직만 유지했다. 덩샤오핑은 전면적인 개혁·개방을 실시했다. 하지만 개혁·개방은 혼란을 야기했다. 시장경제를 도입하면서 물가가 폭등했고 축소된 복지를 만회하려는 당 간부의 부패는 극심했다. 서방의 자유를 접한 대학생들은 1986년 말 전국적으로 시위를 일으킨다. 이듬해 1월 덩샤오핑은 사태 진정을 위해 후야오방을 해임시키고 그 자리에 자오쯔양(趙紫陽)을 앉혔다. 1989년 4월 후야오방이 심근경색으로 사망하자 그의 추모를 이유로 대학생과 시민들이 톈안먼(天安門) 광장에 모였다. 반(反)정부, 반부패 시위는 한 달 넘게 이어졌다. 덩샤오핑은 군대를 동원해 민간인들을 잔인하게 진압했다. 이후 자오쯔양을 해임하는 것으로 사태를 무마하려 했다.

후야오방과 자오쯔양이 실각한 후 덩샤오핑은 장쩌민을 전격 발탁

한다. 당시 장쩌민은 개혁·개방의 최대 수혜 도시 상하이(上海)의 당 서기였다. 또 전형적인 '공돌이' 출신이다. 공대를 졸업했고 전자공업부장(전자공업부 장관)을 지냈다. 덩샤오핑은 장쩌민을 내세우면 개혁·개방의 기치가 유지될 것으로 믿었다. 장쩌민은 1989년 6월 당 총서기에 선출됐고 그해 11월 덩샤오핑의 중앙군사위원회 주석직도 넘겨받았다. 하지만 덩샤오핑은 조건을 달았다. 차기 권력은 반드시 후진타오에게 물려주라는 조건이었다. 차차기 지도자를 지정하는 격대지정은 이것이 첫 사례다. 덩샤오핑이 왜 차차기 지도자를 내정했는지는 알 수 없다. 개혁·개방을 완성하려면 최소 20년은 자신의 후계자가 집권해야 한다고 생각했을 수 있다. 장쩌민의 권력욕이 지나치다고 생각해 차차기 후계자를 지정했을 수 있다. 아니면 자신이 내쳤던 후야오방에 대한 사죄의 의미였는지도 모른다. 후진타오는 후야오방이 아끼던 인물이다. 그것도 아니면 인간 본성에 대한 불신이 원인일 수 있다. 덩샤오핑은 마오쩌둥의 문화혁명을 겪었다. 공산혁명을 이끌던 마오쩌둥이 권좌를 지키고자 미쳐가는 모습을 보면서 격대지정의 필요성을 느꼈을 수 있다.

   격대지정은 덩샤오핑의 사례가 유일하다. 자신이 내세운 측근들이 낙마하자 장쩌민을 서둘러 발탁했고 후진타오를 차차기 지도자로 지정했다. 일정 시간을 두고 후계자를 키우는 것은 공산당의 오랜 전통이다. 덩샤오핑도 그랬고 마오쩌둥도 그랬다. 하지만 마오쩌둥이 차차기를 지명한 사례는 없다. 마오쩌둥은 린뱌오(林彪)를 후계자로 지명한 바 있다. 린뱌오는 마오쩌둥 시대에 2인자의 자리까지 올랐다가 실각해 1971년 비행기 추락사고로 사망한 인물이다.

덩샤오핑 이후에도 격대지정이 전통으로 남으려면 시진핑은 장쩌민이 지정했어야 한다. 장쩌민의 차기는 후진타오이고 차차기는 시진핑이기 때문이다. 장쩌민이 시진핑을 차차기로 지정했나? 지정했다는 증거는 없다. 알려진 바도 없다. 그도 그런 것이 시진핑의 등장 자체가 대단히 의외의 사건이었다. 시진핑은 2007년 17차 당 대회에서 정치국 상무위원에 선출되기 전까지 대권과는 거리가 먼 인물이었다. 2002년 아버지 시중쉰의 사망 후 고속 승진 코스를 거쳐 2002년 저장(浙江)성 당 부(副)서기, 이듬해 저장성 당 서기, 2007년 상하이 당 서기 그리고 같은 해 정치국 상무위원에 올랐다. 2008년 국가 부주석에 오르면서 시진핑을 후진타오의 차기로 인식하기 시작했다. 시진핑이 상하이 당 서기를 거쳤다는 이유로 장쩌민이 시진핑을 밀었다는 설이 있다. 후진타오는 리커창(李克强)을 밀었다고 한다. 설은 설일 뿐이다. 중국 권력 투쟁의 내막이 알려지려면 많은 시간이 필요하다. 최근의 권력 투쟁은 오직 추정만이 가능할 뿐이다.

시진핑의 등장은 계파 간 견제와 균형이 작동한 결과로 봐야 한다. 덩샤오핑은 현재 권력인 장쩌민과 미래 권력인 후진타오를 동시에 지명했다. 현재 권력인 장쩌민의 힘이 막강했지만 미래 권력인 후진타오에 줄을 대려는 세력도 있었을 것이다. 치열한 권력 투쟁이 막후에서 일어났을 가능성은 농후하다. 장쩌민의 견제로 후진타오는 집권 후에도 기를 펴지 못한 것으로 알려졌다. 하지만 후진타오는 '뤄투이(裸退)'라는 퇴진 방식을 선택해 군권을 포함한 모든 권력을 깨끗이 내려놨다. 이 덕분에 장쩌민이 막후에서 영향력을 행사할 길이 사라졌다. 후진타오도 훈수를 안 두는 데 장쩌민이 어떻게 두겠나? 결국 둘이 싸우다가 시진핑만 좋은 일 시켜준 셈이다.

시진핑은 19차 당대회에서 후계자를 지명하지 않았다. 그렇다고 이를 장기 집권의 신호탄으로 해석하는 것은 성급하다. 시진핑의 임기는 2023년 초에 끝난다. 아직 5년은 더 남았다. 5년 안에 후계자를 지명할 시간은 충분하다. 후계자를 빨리 지명하는 데 따른 부작용도 있다. 장쩌민과 후진타오의 사례에서 봤듯이 미래 권력이 생기면 여기저기서 줄을 대려고 할 것이다. 부패의 근원이 된다. 또 계파 갈등이 고조될 수 있다. 중국의 관영매체들은 시진핑 2기 지도부 7명이 모두 1949년 이후 출생자임을 강조한다. 1949년은 중화인민공화국이 출범한 해이다. 시진핑 2기 지도부가 새로운 세대임을 강조한 것이다. 시진핑은 차세대 지도부에 대한 구상이 있을 것이다. 아직은 알 수 없지만 적절한 때가 되면 내놓을 것이다. 차기 지도자 물망에 오르던 후춘화(胡春華) 전 광둥성 서기와 천민얼(陳敏爾) 충칭시 서기도 정치국원 25명에 포함됐다. 시진핑은 이 두 주자의 경쟁을 지켜볼 수도 있고 전혀 뜻밖의 인물을 발탁할 수도 있다. 물론 시진핑이 장기 집권에 나설 가능성을 전혀 배제할 수는 없다. 시진핑도 인간인지라 권력욕이 생길 수 있다. 또 부패와의 전쟁을 거치면서 원한을 많이 샀고 그로 인한 보복을 걱정할 수 있다. 하지만 시진핑이 지금까지 보여준 행보에서는 장기 집권의 실마리를 찾을 수 없다.

시진핑의 장기 집권을 예측하는 근거로 거론되는 또 다른 단어는 '시진핑 사상'이다. 이른바 '시진핑 신시대 중국 특색 사회주의 사상'의 약자다. 한자로 무려 16자나 된다. 너무 기니까 시진핑 사상으로 줄여서 부른다. 시진핑이 19차 당대회에서 이를 천명했고 당장(黨章)에 삽입됐다. 당장은 당의 헌법, 즉 당헌이다. 지도자의 통치 철학이 당장에 삽입되는 일은 별다를 게 없다. 마오쩌둥 사상, 덩샤오핑 이론, 3개 대표론, 과학발전관은 각각 마오쩌둥과 덩샤오핑, 장쩌민, 후진타오가 내세운 개념이었다. 차이점은 지도자의 이름이 포함됐는지 여부다. 장쩌민과 후진타오의 통치 철학에는 이름이 안 들어갔는데 시진핑 사상에는 이름이 들어갔으니 시진핑은 마오쩌둥과 덩샤오핑에 비견된다는 것이다. 시진핑의 위상이 장쩌민이나 후진타오에 비해 높은 것은 사실이다. 일부 중국인은 시진핑의 위상이 마오쩌둥 반열에 올랐다고 말한다. 하지만 이를 독재나 장기 집권의 신호로 보는 것은 성급하다. 위상이 마오쩌둥 수준으로 올랐다고 해서 마오쩌둥처럼 장기 집권을 하라는 법은 없다. 물론 하지 말라는 법도 없지만 문제는 이런 판단이 성급하다는 점이다. 이런 성급함은 시진핑과 그가 이끄는 중국을 제대로 보지 못하게 할 수 있다. 장쩌민과 후진타오는 덩샤오핑의 설계대로 1인자에 올랐다. 시진핑은 계파 간 견제와 균형의 결과물로 지금의 자리에 올랐다. 시진핑 입장에서는 고진감래(苦盡甘來)를 떠올릴 수 있다. '개고생'을 하다가 1인자에 올랐고 국민적 지지도 얻고 있다. 시진 핑 사상은 시진핑의 자신감이 반영된 결과물이 아닐까 싶다. 위상이 높아졌으니 주변의 부추김도 작용했을 듯하다.

신시대 중국 특색 사회주의는 무엇인가? 신시대 중국 특색 사회주의를 말 그대로 풀어보면 정치, 경제, 사회, 문화 등 모든 방면에서 새로운 시대에 걸맞은 중국 특색의 사회주의를 건설하자는 거다. 그렇다면 중국 특색 사회주의는 무엇인가? '중국 특색의 사회주의(中國特色社會主義)'는 덩샤오핑이 1982년 12차 당대회 개막사에서 이미 제시했다. 덩샤오핑은 개혁·개방에 따른 서구 문물의 급격한 유입을 우려했다. 마오쩌둥이 집권한 30여년간 중국은 폐쇄된 사회였기 때문이다. 덩샤오핑은 개혁·개방의 기조를 유지하면서 사회주의 노선도 지키기를 원했다. 그래서 '중국 특색'이라는 슬로건을 끌어왔다. '우리 것이 좋은 것이여!'를 외친 셈이다. 개혁·개방을 유지 또는 가속화하려는 시진핑도 비슷한 걱정을 한다. 사회주의 노선을 지키면서 자신만의 고유한 색깔도 담아내야 한다. 그래서 '신시대(新時代)'를 추가한 것이다. 또한 덩샤오핑은 정경분리를 주장했다. 경제적으로 시장경제를 받아들이지만 정치적으로는 사회주의 노선을 유지하겠다는 거다. 시진핑은 이 노선을 따르겠다는 뜻이다. 하지만 시대가 바뀌었다. 그래서 새 시대에 걸맞은 '신시대 중국 특색의 사회주의'가 필요하다고 천명한 것이다.

새 시대에 걸맞은 중국식 사회주의는 무엇인가? 눈에 띄는 부분은

"미려(美麗)"한 사회주의를 언급했다는 점이다. 미려는 중국어로 '아름다운'을 뜻하는 형용사다. 아름다움은 곧 환경을 뜻한다. 또 경제 성장에서 속도보다는 질에 중점을 두는 것이다. 신시대 사회주의 국가는 환경을 중시하는 나라다. 중국 관영매체의 시진핑 사상에 대한 소개를 보면 생태문명에 대한 내용이 많다. 신시대 사회주의는 자연을 보호하고 자원을 절약하며 자연과 조화를 이루면서 아름답게 공생하는 사회라고 말한다. 또 경제 발전은 녹색 발전이어야 하고 환경 보호를 고려해야 한다고 말한다. 시진핑은 환경의 중요성을 누차 강조했다. 자연을 파괴하면서 고속 성장을 해서는 안 된다는 것이다. 시진핑 집권 초기에 베이징(北京)을 방문했던 사람이 다시 베이징을 방문한다면 달라진 공기에 감탄할 것이다. 베이징의 대기오염은 불과 3-4년에 걸쳐 눈에 띄게 줄었다. 이 또한 시진핑에 대한 대중적 지지를 끌어올린 원인 중 하나다.

19차 당대회와 관련해 자주 언급된 단어 중 하나는 '7상8하(七上八下)'다. 많은 국내 언론이 7상8하를 중국 공산당의 불문율 혹은 원칙으로 설명한다. 7상8하는 67세 이하는 정계에 머물고 68세 이상은 퇴임한다는 뜻으로 쓰인다. 세대교체를 위해 이런 원칙이 적용된다는 것이다. 시진핑 2기 지도부 구성에서 7상8하의 원칙이 깨졌다는 등 말이 많았다. 그렇다면 이런 원칙은 존재하나? 중국어를 공부해 본 사람은 알겠지만 7상8하는 심리적 '불안'을 뜻하는 관용어다. 중국 정치권에서는 일종의 '미신'처럼 회자된다. 숫자 7은 행운을 뜻하고 8은 불운을 의미하기 때문에 그렇다. 국내 언론에서 강조하는 것처럼 반드시 지켜져야 하는 원칙이나 불문율은 아니다. 이런 말이 어떻게 언론에서 쓰이게 됐는지도 분명치 않다. 앞서 언급한대로 중국 관영매체들은 시진핑 2기 상무위원 7명이 모두 1949년 이후 출생자임을 강조한다. 67세와 68세는 단지 1살 차이다. 지도자급 인물을 기용하는데 1살 차이에 큰 의미를 부여할 필요가 있을까? 능력이 있고 체력만 된다면 나라를 위해 일할 수 있다. 정년이나 법적 은퇴연령과는 차원이 다른 얘기다.

중국 정치를 설명하면서 국내 언론에서 많이 회자되는 말 중에 태자당(太子黨), 상하이방(上海幇), 공산주의청년단(이하 공청단) 등이 있다. 중국 공산당 내 계파를 설명하는 용어로 사용된다. 이를 테면 시진핑이 태자당 출신이고 장쩌민은 상하이방의 수장이며 후진타오와 리커창(李克强)은 공청단 계열이라는 식이다. 태자당은 혁명원로의 자제나 중국 건국에 기여한 원로의 후손을 가리킨다. 비슷한 말로 홍이대(紅二代)라는 말도 쓰인다. 상하이방은 장쩌민을 주축으로 한 상하이 출신 관료를 가리킨다. 출신지역에 따라 산시방(陝西幇), 푸젠방(福建幇), 산둥방(山東幇) 등이 있다. 방은 집단이나 조직, 무리를 뜻한다. 공청단은 공산당 입당 전에 활동하는 청년 조직이다. 공청단 출신은 단파(團派)라고 부른다. 이런 세력 구분을 진지하게 받아들일 필요는 없다. 권력 투쟁은 세계 어느 나라에나 있는 일이고 중국에도 있다. 하지만 오늘의 적이 내일의 동지가 되는 게 정치의 세계다. 정치 세력이 영원히 지속하는 일은 없다. 세력을 명확하게 구분하는 일도 사실상 불가능하다. 시진핑은 태자당으로 분류되지만 상하이 관료 출신이므로 상하이 방도 된다. 보도의 편의를 위해서 또는 설명의 편의를 위해서 사용하는 정도로 이해하면 된다. 한국에 적용해 보면 과거 친(親)박근혜 계파를 '친박'이라고 불렀다. 권력의 서슬이 시퍼럴 때는 많은 정치인이 친박으로 분류되기를 원했다. 과거 새누리당에서는 그랬다. 지금은 어떠한가? 친박으로 분류되는 자유한국당 국회의원은 극소수다. 친박이 영원히 지속될 수도 없다. 인물 중심으로 모이는 계파는 그 인물이 사라지면 소멸하기 마련이다. 중국도 마찬가지라고 보면 된다.

Xi Jinping
★
Donald Trump

Part 2

트럼프,
오늘만 사는 남자

트럼프의 정신건강이 전 세계 화제.
트럼프는 과연 미쳤나?
트럼프를 미친 자에 묘사하지만,
실상은 그렇지 않다. 미친 척하는 것이다.
트럼프는 미국 역사에서 특이한 인물.
그의 어법과 행동을 중심으로 살펴야 한다.

"니들은 내일만 보고 살지. 내일만 사는 놈은 오늘만 사는 놈한테 죽는다. 난 오늘만 산다. 그게 얼마나 X같은 건지 내가 보여 줄게." 어디서 들어 본 대사 아닌가? 영화 '아저씨'에서 원빈이 한 명대사 중 하나다. 원빈은 자신을 오늘만 사는 사람이라고 했다. 원빈은 이 대사를 던지고 조직폭력배 일당을 홀로 박살낸다. 오늘만 사는 사람은 두렵다. 잃을 게 없기 때문이다. 결과를 생각하지 않고 앞만 보고 내달린다. 목숨까지 건다. 그래서 이 대사는 무시무시한 협박이자 선전포고다. 조폭의 두목은 원빈의 협박을 협박으로 받아들이지 않는다. 원빈이 특수부대 출신인 것을 미처 몰랐기 때문이다. 원빈의 얼굴과 이미지를 떠올리면 이런 대사가 협박으로 들릴 리 없다. 아무리 싸움을 잘 하는 특수부대 요원이라고 해도 혼자서 조폭 일당을 제압하는 일이 가능한지는 모르겠다. 영화에서 원빈은 그 대단한 일을 해냈다.

갑자기 영화 얘기는 왜 꺼냈나? 트럼프를 생각하다가 이 영화가 문득 떠올랐다. 트럼프는 오늘만 사는 사람처럼 말한다. 잃을 게 없는 사람처럼 말한다. 인종차별 발언을 서슴없이 하고 성차별 발언도 주저하지 않는다. 불법 이민을 막기 위해 미국과 멕시코 국경에 장벽을 설치하겠다고 으름장을 놓고는 비용은 멕시코가 대라고 생떼를 부린다. 낙태를 반대하며 심지어 처벌을 주장한다. 동성결혼에 반대하고 화석연료의 부활을 지지한다. 대선기간 트럼프는 석탄산업의 부활을 약속했다. 허언이 될 가능성은 120%다. 세계적인 친환경 추세 속에서 미국만 거꾸로 갈 수는 없다. 석탄업계 노동자를 겨냥한 선심성 발언이다. 낙태와 동성혼에 대한 엇갈린 견해는 보수와 진보 간 해묵은 이슈다. 해묵었다고 해서 중요하지 않다는 의미가 아니라 좀처럼 일치된 결론에 도달하지 못한다는 뜻이다. 낙태와 동성혼에 대한 반대는 공화당의 정체성과도 일치한다. 미국과 멕시코 국경에 장벽을 설치한다는 발언은 너무 어이가 없어서 웃어넘길 수 있다. 멕시코 정부가 장벽 설치에 돈을 댈 리도 만무하다.

여기부터가 심각한데 장벽 설치 발언은 히스패닉의 분노를 샀다. 히스패닉은 스페인어권 국가 출신의 이주자와 그 후손을 일컫는다. 미국에서 히스패닉의 인구비중은 15%가 넘는다. 백인에 이어 두 번째로 인구비중이 높다. 트럼프는 멕시코 불법이민자를 마약범과 강간범에 비유하기도 했다. 더 심각한 것은 여성비하 발언이다. 트럼프는 TV 토론에서 자신의 여성비하 발언을 물고 늘어지던 〈폭스뉴스〉의 한 여성 앵커를 "빔보(bimbo)"라고 부른 적이 있다. 이 말은 외모가 매력적이지만 머리가 빈 여성을 칭하는 비속어다. 여성비하에 대한 문제제기를 여성비하로 맞받아쳤다. 그러면서 이 앵커가 월경 때문에 예민해져서 자신을 공격했다는 취지의 발언을 했다. 성차별과 인종차별은 '정치적 자살행위'에 해당한다. 인구의 절반은 여자다. 여성비하는 유권자의 절반을 적으로 돌리는 행위다. 인종차별도 수많은 유권자가 등을 돌리게 한다. 미국은 '멜팅팟(melting pot)'으로 불린다. 여러 인종과 문화가 융합돼 한 국가를 이루었다. 히스패닉의 지지를 얻지 못하면 당선이 어렵다. 미국의 주류 정치권은 소위 '정치적 올바름(political correctness)'을 표방한다. 속으로 어떤 생각을 할지 알 수 없으나 미국의 주류 정치인은 트럼프처럼 말하지 않는다. 성차별과 인종차별은 미국 사회에서 금기에 속한다. 최소한 표면적으로는 그렇다. 주류 정치인에게는 더더욱 그렇다.

　트럼프는 북한과의 전쟁도 불사하겠다고 했다. 전쟁이 나도 한반도에서 나고 사람이 죽어도 한반도에서 죽는 것이지 미국 땅에서 죽는 게 아니라고 말했다. 이 발언은 트럼프가 공개적으로 하지는 않았다. 미국 공화당의 중진 의원인 린지 그레이엄 상원의원에게 이렇게 말했다고 한다. 그레이엄 상원의원이 트럼프의 이 발언을 언론에 흘렸다. 트럼프의 이런 발언은 얼마나 이기적이고 무서운가? 트럼프가 말하는 "미국 우선주의(America First)"가 어떤 모습인지 잘 보여준다. 북한과 전쟁을 일으키는 주체는 미국이다. 하지만 사람은 한반도에서 죽는다.

자국이 벌이는 전쟁이지만 미국에서 사람이 죽지 않으니 전쟁도 상관 없다는 논리다. 극단적 이기주의의 전형이다. 이 발언은 무시무시한 협박이다. 트럼프가 미국의 대통령이기 때문이다. 원빈의 협박이 협박처럼 들리지 않았던 이유는 원빈의 곱상한 이미지 때문이다. 또 원빈이 특수부대 출신이라는 사실을 영화 속 조폭들이 알지 못했기 때문이다. 트럼프가 곱상한 이미지는 아니다. 트럼프는 북한과의 전쟁도 불사할 것 같은 이미지를 지녔다. 실제로 트럼프는 그럴 힘도 있다. 트럼프는 세계 최강의 군대를 보유한 미국의 대통령이다. 미국이 보유한 수천 개의 핵탄두는 트럼프의 명령이 떨어지면 지구 어디로든 날아갈 수 있다.

트럼프는 과연 제정신인가? 사람들은 궁금해하기 시작했다. 미국인만 그런 것은 아니다. 트럼프의 정신 건강은 전 세계적인 화두가 됐다. 트럼프에게 핵 단추를 맡겨도 되는지 전 세계가 의구심을 품기 시작했다. 이런 의구심은 트럼프가 대통령에 당선되기 전부터 제기됐다. 대선 레이스가 한창이던 2016년 여름, 〈뉴욕타임스〉는 트럼프에게 핵 단추를 맡겨도 되는지 의문이 일고 있다고 보도했다. 미국 대통령이 핵 단추를 누르겠다고 결심하면 이를 막을 장치가 없다는 것이 골자다. 미국에서 전면전 개시 권한은 의회가 갖고 있다. 하지만 핵무기 발사 권한은 대통령에게 주어졌다. 이유는 간단하다. 미국이 적국으로 상정하는 중국과 러시아에서 대륙간 탄도미사일을 쏘면 미국 본토에 도달하는 데 30분 가량이 소요된다. 잠수함에서 발사된 핵미사일이 워싱턴에 도달하는 데 걸리는 시간은 10분 남짓이다. 의회에 허가 받을 시간이 없다. 대통령이 신속히 판단해 핵미사일 발사를 명령해야 한다. 그래야 '공포의 균형(balance of terror)'을 이룰 수 있다. 공포의 균형은 한마디로 서로 무서워서 핵을 사용하지 못하는 상태를 뜻한다. 핵보유국이 핵무기를 사용하면 다른 핵보유국도 핵무기를 사용할 것이다. 그 공포 때문에 핵보유국 중 누구도 핵을 사용하지 않고 핵전쟁을 억제하게 된다. 이 상태를 균형이라고 부른다. 이 개념의 기본전제는 신속한 대응이다. 그래서 미국 대통령은 '핵 가방(Nuclear Football)'으로 불리는 검은색 가방을 항상 지니고 다닌다. 이 안에는 핵미사일 발사와 관련한 암호 및 발사명령 절차 등이 적힌 서류가 들어있다고 한다.

문제는 방어적 차원의 핵미사일 발사가 아니다. 공포의 균형에 따르면 핵보유국끼리 핵전쟁을 개시할 이유는 없다. 결과는 공멸이기 때문이다. 지구의 종말로 이어질 수도 있다. 하지만 트럼프가 이슬람 테러 집단을 상대로 핵무기를 사용하면 어떻게 하나? 트럼프는 2016년 3월 〈MSNBC〉와의 인터뷰에서 이슬람국가(IS)가 미국 본토를 타격하면 핵 반격 등 어떤 카드도 배제하지 않을 것이라고 말했다. 이 또한 본토 타격에 따른 반격용이라고 치자. 충동적이고 공격적인 성향의 트럼프가 북한을 상대로 선제 핵공격에 나서면 어떻게 하나? 중국과 러시아가 강 건너 불 구경하듯 하지는 않을 것이다. 이는 3차대전으로 이어질 수 있다. 물론 미국이 북한을 상대로 핵공격을 감행할 가능성은 지극히 낮다. 핵을 뺀 재래식 전력에서 북한은 미국에 게임이 안 된다. 굳이 핵무기를 사용할 요인이 없다는 의미다. 문제는 트럼프다. 트럼프가 북한의 핵시설을 선제 타격하겠다는 위협을 계속하면 어떻게 되나? 북한이 상황을 오판해 국지전 상황에서 핵미사일을 미국 본토로 날린다면 어떻게 되나? 미국은 당연히 핵 반격에 나설 것이다. 북한 땅에 핵이 떨어지면 한반도는 그날로 끝이다. 중국과 러시아는 가만히 있겠나?

말도 안 되는 소리처럼 들리는 이런 가상의 시나리오에 대한 우려가 실제로 제기됐다. 북한이 아니라 트럼프가 오판할 가능성을 우려한 것이다. 주도는 공화당이 했다. 2017년 11월 미국 상원 외교위원회는 트럼프에게 핵 가방을 맡겨도 되는지에 대한 청문회를 열었다. 이 청문회는 공화당의 밥 코커 외교위원장이 주도했다. 밥 코커는 트럼프가 3차대전을 일으킬 수 있다고 비판한 인물이다. 민주당의 한 의원은 트럼프를 돈키호테에 비유했다. 한마디로 정신이상자일 수 있다는 조롱이다. 다른 민주당 의원은 트럼프가 의회와 상의 없이 북한에 선제 핵 공격을 가하는 것은 위헌이라고 주장했다. 군부도 우려를 드러냈다. 청문회에 출석한 현직 전략사령관은 핵 공격 지시가 위법이라면 대통령의 지시를 거부하겠다고 말했다. 전직 전략사령관도 군대가 대통령의 명령을 무조건 따르지는 않는다고 밝혔다. 전략사령부는 핵무기를 포함한 대량살상무기를 총괄하는 곳이다.

다시 과거로 돌아가보자. 미국 대선을 100일도 채 남기지 않은

2016년 여름, 트럼프의 정신감정이 필요하다는 주장이 잇따라 제기됐다. 당시는 트럼프가 무슬림 가정을 비하했다는 논란이 한창이던 때다. 논란은 이렇다. 이라크전에서 아들을 잃은 한 무슬림 부부가 민주당 전당대회에서 찬조연설을 했다. 이들은 민주당 지지자였고 트럼프를 비판했다. 이에 발끈한 트럼프가 이들 부부를 비꼬았다. 전당대회에서 남편은 발언을 하고 아내는 하지 않았는데 이것은 이슬람교에서 여성에게 발언권을 주지 않기 때문이라고 말했다. 비판이 쏟아졌다. 종교차별이라는 것이다. '같은 편'인 공화당 의원들도 일제히 트럼프를 비난했다. 미국에서는 전사자를 예우하는 문화가 강하다. 이런 문화는 전통 보수인 공화당에서 더 강하다. 자식 잃은 부모를 조롱했으니 후폭풍이 거셀 수밖에 없다. 게다가 이라크전은 공화당 출신 대통령인 조지 부시가 일으켰다. 이 일로 공화당의 1인자인 폴 라이언 하원의장과 갈등이 증폭됐다. 폴 라이언은 트럼프에게 "백지 수표(blank check)"를 위임한 것은 아니라면서 지지 철회 가능성을 내비쳤다. 한 공화당 하원의원은 상대 후보인 힐러리 클린턴을 지지하겠다는 입장을 공개적으로 밝히기도 했다.

무슬림 가정 비하 논란으로 트럼프의 정신감정을 의뢰하는 온라인 청원 운동이 시작됐다. 이라크전의 정당성을 떠나서 전장에서 자식을 잃은 부모를 상대로 한 트럼프의 발언은 용납되지 않았다. 제정신이면 할 수 없는 발언으로 여겨졌다. 트럼프의 정신 상태에 대한 심리학 보고서도 나왔다. 트럼프의 정신 상태를 놓고 심리학 교수들이 모여 진지하게 토론하고 분석한 것이다. 이런 논란은 트럼프 당선 이후에도 계속됐다. 트럼프의 대선 승리 후 미국의 정신과 전문의 3명은 버락 오바마 대통령에게 서한을 보내 트럼프의 정신 안정에 대한 중대한 우려를 표명했다. 일부 심리학자는 트럼프의 발언과 제스처를 바탕으로 트럼프를 자기애성 인격장애(NPD)로 진단했다. NPD는 'Narcissistic Personality Disorder'의 약자다. NPD의 증상은 자신이 중요한 인물이라고 확신하고 다른 사람의 평가에 민감하게 반응한다. 나르시시스트의 전형적인 모습이다. 현대인은 모두 나르시시스트의 성향이 있다고 하지만 트럼프는 과하다는 게 이들의 진단이다. 트위터에 집착하는 트럼프를 보면 설득력이 있다. 많은 연예인과 정치인도 나르시시스트 성향이 있다고 한다. 또 다른 증상은 자신이 중요하기 때문에 남을 이용하는 데 죄책감이 없다. 타인의 고통이나 슬픔을 이해하지 못하기 때문에 공감 능력이 결여된다는 특징이 있다. 북한과의 전쟁도 불사하겠다는 발언이나 전사자 아들의 부모를 상대로 한 발언을 보면 설득력이 있다.

트럼프의 발언은 '이 구역의 미친 놈은 나다'로 요약할 수 있다. '나는 극단적 행동도 서슴지 않으니 조심하라'는 경고다. 이런 경고는 누가 날리나? 겁 많은 사람이 날린다. 자신이 무서우니까 그게 들키기 싫어서 더 센 척 한다. 일반적으로 센 척하는 사람이 겁도 많다. 이런 일반론은 트럼프에게도 적용된다. 타인의 비판을 싫어하는 수준을 넘어서 무서워하는 것으로 보인다. 작은 비난도 그냥 넘기지 못한다. 트럼프의 막말은 성동격서(聲東擊西)의 성격도 있다. 불리한 상황에서 여론의 관심을 전혀 엉뚱한 곳으로 쏠리게 한다. 그 방식이 과격하다. 하지만 과격하기 때문에 이런 방식이 통한다. 한편 트럼프를 정신이상자로 의심하는 사람은 적지 않다. 사이코패스 또는 소시오패스라는 주장도 나온다. 이 책은 트럼프가 정신이상자는 아니라는 데 한 표를 던진다. 실제 미친 게 아니라 미친 척하는 것으로 본다. 그게 자신에게 이익이 된다고 판단하기 때문이다. 이익이 된다면 기존 입장을 손바닥 뒤집듯이 바꾸곤 한다. 이런 특성은 장사꾼 기질과 연결된다. 물론 그때그때 기분에 따라 기존 입장을 번복하는 경우도 의심된다. 트럼프는 아웃사이더(outsider) 기질도 있다. 연예인 병도 있고 포퓰리스트(populist)의 모습도 엿보인다. 이런 특성들은 트럼프를 오늘만 사는 남자로 보이게 만들었다. 이 책은 트럼프의 생애와 대선 전후의 행보를 짚어보면서 그가 어찌하여 오늘에 이르게 됐는지 살펴보겠다.

一 아웃사이더에서
포퓰리스트로

트럼프를 설명할 때 자주 등장하는 수식어는 아웃사이더(outsider)다. 아웃사이더는 본래 가치중립적 단어다. 기존의 틀에서 벗어나 행동하거나 생각하는 사람이 아웃사이더다. 아웃사이더가 세상을 바꾼다. 기존의 틀에서 벗어나야 새로운 무언가를 만들 수 있다. 하지만 아웃사이더가 바꾸는 세상이 항상 좋을 수는 없다. 오히려 아웃사이더가 세상을 망칠 수 있다. 그래서 아웃사이더가 항상 가치중립적 단어는 아니다. 트럼프를 수식하는 아웃사이더는 어느 쪽일까? 트럼프의 과거로 돌아가보자. 트럼프는 유년시절부터 아웃사이더 기질이 강했던 것으로 보인다. 초등학생과 중학생 시절에 말썽을 많이 부렸다고 한다. 말썽이 심한 아이를 아웃사이더라고 부르지는 않는다. 독특한 일화가 있다. 트럼프는 유년시절 음악 선생님을 때려서 눈을 멍들게 한 적이 있다. 음악 선생님이 음악에 대한 지식이 없어서 그랬다고 한다. 정말로 그 이유 때문인지는 의구심이 든다. 부잣집 도련님이 버르장머리가 없어서 벌어진 해프닝일 수 있다. 트럼프의 아버지는 뉴욕의 부동산 갑부였다. 이유가 무엇이든 기존의 상식에서 벗어난 인물임에는 틀림없다. 어렸을 때부터 싹수가 보였다.

이 일을 계기로 트럼프의 부모는 트럼프를 뉴욕군사학교(New York Military Academy)에 강제로 입학시켰다. 이름은 군사학교지만 졸업 후 장교로 임관하는 사관학교는 아니다. 군대식 기숙생활을 접목한 사립학교다. 군복과 비슷한 교복을 입고 아침부터 밤 늦게까지 일정에 따라 군인처럼 생활한다. 트럼프는 이 군대식 학교에서 중·고교시절을 보낸 후 무사히 졸업했다. 놀라운 점은 트럼프가 이 생활을 견뎌냈다는 사실이다. 그것도 특별한 사고 없이 버텼다. 교실의 절대 권위자인 선생님을 때리던 문제아가 기숙학교에 들어가 정신을 차린 것일까? 군대 제대하면 정신 차린다는 그런 사례인가? 그런 사례는 아닌 듯하다. 뉴욕군사학교의 졸업은 트럼프의 특정 성향을 잘 드러낸다. 트럼프에게는 아웃사이더 기질이 있지만 자신이 처한 상황에 따라 유연하게 적응하는 능력도 있는 듯하다. 아니면 이런 성향이 뉴욕군사학교 시절에 길러진 것인지도 모른다. 이런 성향은 훗날 장사꾼 기질로 발전한다. 뉴욕의 부동산 갑부인 아버지의 영향도 컸을 것으로 추정된다. 선후관계가 어찌됐든 트럼프는 '외골수 아웃사이더'는 아니다. 때로는 자신의 기득권을 인정하고 때로는 이를 거부하며 아웃사이더처럼 행동한다.

트럼프는 뉴욕군사학교 졸업 후 예수회 학교인 포덤 대학교에 진학한다. 이곳에서 2년을 다닌 후 펜실베이니아 대학 와튼스쿨로 편입했다. 와튼스쿨은 세계적 명성을 지닌 경영대학원이다. 이곳에서 경영학 석사(MBA)를 얻은 것은 아니지만 경영학 학사를 따고 1968년 졸업했다. 펜실베이니아 대학은 아이비리그(Ivy League)에 속하는 명문대다. 아이비리그는 미국 북동부에 위치한 8개의 명문 사립대학을 칭한다. 트럼프가 왜 편입을 했을까? 학구열 때문은 아닌 것 같다. 명문대 간판이 필요했던 것으로 추정된다. 트럼프는 때때로 자신이 아이비리그 출신임을 강조한다. 자신이 똑똑한 사람인데 언론에 의해 왜곡된다고 불평한다. 트럼프가 공부를 잘 했는지는 분명치 않다. 펜실베이니아 대학은 기부금 입학을 허용한다. 부모가 돈이 많으면 들어갈 수 있다. 트럼프가 공부를 잘 했는지 여부도 중요치 않다. 학창시절 성적이 대통령 업무 수행에 도움이 되는지도 모르겠다. 트럼프의 대학 편입이 드러낸 바는 청년 트럼프의 인식이다. 청년 트럼프는 대학 간판을 중시했다. 부모의 강요가 있었을 수 있다. 물론 출신 대학은 중요하다. 현실은 현실이기 때문이다. 하지만 청년 트럼프는 최소한 출신 대학 따위에 신경 쓰지 않는 아웃사이더는 아니었다. 트럼프는 이미 아웃사이더에서 멀어져 있었다.

트럼프는 이후 뉴욕의 유명한 부동산 재벌이 됐다. 10년이 넘게 유명 리얼리티 TV쇼의 진행자이기도 했다. 하지만 아웃사이더라는 수식어는 여전히 그를 따라 다닌다. 왜 여전히 아웃사이더인가? 단순하게는 주류 정치권에서 떨어져 있던 인물이기 때문이다. 트럼프는 공직 경험이 전무했다. 상하원 의원은 물론이고 자치단체장 경력도 없다. 트럼프의 첫 공직이 대통령이다. 정치 이력을 떠나서 트럼프의 말과 행보도 주류 정치권의 그것과는 거리가 멀었다. 대선기간 '같은 편'인 공화당 의원들과 막말을 주고 받는 등 내부 총질도 마다하지 않는다. '적군'인 민주당과의 설전은 말할 필요도 없다. 피아식별, 즉 적군과 아군의 구분이 없는 것처럼 보인다. 일종의 '양비론'이자 '모두 까기' 전략이다. 나아가 인종차별과 성차별 발언을 서슴지 않는다. 유권자를 적으로 돌리는 후보가 있었던가? 이러고도 당선이 가능한가? 트럼프는 모두의 예상을 깨고 그 대단한 일을 해냈다.

아웃사이더의 반란이었다. 누구도 예상하지 못했다. 미국 유수의 여론조사기관과 언론사들이 문을 닫아야 할 판이다. 어디 미국뿐이겠는가? 트럼프의 당선은 세계를 놀라게 했다. 결과론적인 해석이지만 트럼프의 승리는 이미 예견된 것인지도 모른다. 아웃사이더의 반란은 미국만의 일이 아니었다. 2017년 5월 열린 프랑스 대선에서 극우의 상징인 마린 르 펜은 대선 승리의 문턱까지 갔다. 민주주의의 요람인 프랑스에서 극우정당의 대선 후보가 35% 가량의 득표율을 얻었다. 가히 충격이 아닐 수 없다. 이런 현상은 왜 일어났나? 우선 아웃사이더이기에 가능했다. 달리 말해 주류 정치권 출신이 아니었기에 가능했다. '모두 까기'를 하면서 기득권층과 타협하지 않는 이미지를 심었다. 역설적이게도 트럼프는 기득권층이다. 트럼프의 아버지는 부동산 갑부였고 자신도 부동산 재벌이다. 하지만 정치 이력을 봤을 때 트럼프는 아웃사이더다. 그래서 트럼프와 르 펜의 공통점은 아웃사이더다. 주류 정치권에 대한 환멸이 극에 달한 미국과 프랑스의 유권자들은 이들을 지지했다. 장고 끝에 악수를 둔 셈이다.

　우경화 흐름도 한몫 했다. 트럼프가 미국과 멕시코 국경에 장벽을 설치하자고 했을 때 적지 않은 미국인이 환호했을 것이다. 미국의 안전을 위해 무슬림 입국을 제한하자고 했을 때도 그렇고 각종 인종차별 발언을 했을 때도 그렇다. 중국이 빼앗아간 일자리를 되찾아 오자고 했을 때도 그렇고 성차별 발언을 했을 때도 마찬가지다. 트럼프의 당선은 미국 사회의 적나라한 현 주소를 드러낸다. 미국인들이 실제 그렇게 믿지만 겉으로 드러내지 못하는 집단적인 무의식을 자극했다. '히스패닉 인구는 급증하는데 백인 인구는 줄어든다. 백인의 설 자리가 사라질까 두렵다.' '이슬람 테러리스트와 같은 인종이고 같은 종교인 무슬림이 무섭고 싫다. 이들의 입국 금지를 주장하는 트럼프가 믿음직스럽다.' '내 일자리가 없는 것은 중국인이 모두 빼앗았기 때문이다.' 트럼프의 음담패설 녹음파일이 선거일 한달 여 전에 공개됐지만 대세에는 큰 지장이 없었다. 적지 않은 미국 남성의 무의식을 드러냈기 때문일 수 있다. 트럼프에 대한 윤리적 기대치가 낮았던 원인도 있겠다. 기대치가 워낙 낮으니 실망도 덜 하다. 트럼프 지지자에게 트럼프는 다르게 보였을 것이다. 주류 정치인은 '정치적 올바름(political correctness)'을 표방하지만 실상은 각종 비리를 저지르고 성추문을 일으킨다. 트럼프는 대놓고 한다. 최소한 말은 그렇게 한다. 그게 자랑거리는 아니지만 지지자 중 일부는 그의 이런 면모를 동경했을 수 있다.

그렇다면 트럼프는 당선되고 르 펜은 떨어진 결정적인 차이는 어디에 있나? 트럼프는 아웃사이더에 머물지 않았다. 르 펜처럼 극우주의자에 머물지도 않았다. 트럼프는 포퓰리스트(populist)였다. 철저하게 포퓰리스트였다. 왜 포퓰리스트인가? 일반적으로 포퓰리스트는 인기에 영합한다. 유권자의 반응을 중시한다. 정치인이 유권자의 반응을 중요시하는 것은 당연하다. 문제는 여기에만 집착한다는 데 있다. 연예인도 인기에 영합한다. 밥줄이라고 생각하기 때문이다. 트럼프도 그렇다. 그런데 이게 과하다. 이런 특성은 나르시시스트의 성향과 연결된다. 자신을 과대평가하고 다른 사람의 반응에 민감하게 반응한다. 트럼프는 자신에 대한 작은 비난도 그냥 넘기지 못한다. 하지만 트럼프를 전통적인 포퓰리스트로 보긴 어렵다. 포퓰리스트는 통상 인기가 높다. 트럼프는 지지율이 낮기도 하지만 '안티'가 너무 많다. 일반적인 포퓰리즘과 결이 다르다. 결정적 차이는 트럼프를 움직이는 동력이다. 트럼프는 이익에 따라 움직인다. 계산기를 두드리는 게 일이다. 정치적 명분은 중요치 않다. 일반적으로 정치인은 명분과 이익에 따라 움직인다. 트럼프를 움직이는 동력은 이익이다. 당장 손해를 보더라도 명분을 위해 물러서는 일 따위는 없다. 끝없는 전진과 성장만이 있을 뿐이다. 전형적인 '기업가 마인드'이며 트럼프의 장사꾼 기질과 연결된다. 트럼프는 타고난 포퓰리스트다. 포퓰리스트로 태어나는 사람이야 없겠지만 트럼프는 일찍이 이런 성향을 보였다.

　트럼프의 포퓰리스트 성향은 장사꾼 기질과 연결된다. 이를 드러내는 사례는 많다. 트럼프는 애초부터 특별한 정치적 성향이 없었던 것으로 추정된다. 장사꾼이기 때문이다. 트럼프는 2001년부터 2009년까지 민주당 소속이었다. 이 때 민주당 성향을 보이기도 했다. 트럼프가 원래 민주당 성향이라고 볼 수도 없다. 그 전에는 민주당에서 공화당으로 당적을 옮긴 바 있다. 이후에도 트럼프는 필요에 따라 당적을 여러 번 옮겼다. 2009년 민주당에서 공화당으로 소속을 옮겼으나 이후 탈당해 무소속이 됐고 2012년에 다시 공화당으로 돌아왔다. 왜 이렇게 자주 바꿨나? 트럼프는 뉴욕의 부동산 갑부다. 뉴욕은 전통적으로 민주당의 텃밭이다. 민주당 출신의 정치인들과 좋은 관계를 유지해야 한다. 부동산시장은 기본적으로 정부 정책에 좌우되기 때문이다.

그래서 민주당 성향으로 출발했다. 이후 공화당으로 갈아탔다가 다시 민주당으로 돌아왔으나 결국 공화당 후부로 대통령에 당선됐다. 트럼프는 과거 민주당과 공화당 후보 모두에게 선거 자금을 기부했다고 한다. 장사꾼에게 영원한 아군과 적군이 어디 있겠냐? 이익이 된다면 모두 우리 편이다. 정치판도 마찬가지다. 장사꾼 기질이 정치권에서 발휘된 형태가 포퓰리스트라는 게 이 책의 주장이다. 장사꾼 기질이 본질이므로 주류 정치인과 다른 행태를 보인다.

이익이 트럼프의 포퓰리스트 성향을 이끄는 동력이다. 여기서 이익은 경제적 이득과 정치적 이득을 모두 포함한다. 트럼프는 그때그때 상황에 맞게 자신에게 이익이 되는 입장을 취하고 그 입장을 아무렇지 않게 뒤집는다. 그리고 오리발을 내민다. 이익이 된다면 상반된 입장을 동시에 취하기도 한다. 예를 들어 공화당 경선이 한창이던 2016년 3월, 트럼프는 낙태에 관한 질문을 받는다. 질문과 답이 돌고 돌다가 결국 트럼프는 낙태에 대한 처벌을 주장한다. 논란이 커지자 주정부의 판단에 맡겨야 한다는 입장을 내놓는다. 얼마 후 다시 입장을 바꿔 여성이 아니라 의사를 처벌해야 한다고 주장한다. 그러면서 내 입장은 변하지 않았다고 오리발을 내민다. 이 해프닝은 모두 하루 안에 벌어졌다. 오전에 한 말과 오후에 한 말이 다르다. 미국의 보수층 유권자는 낙태를 반대한다. 표를 의식한 발언이라고 밖에 볼 수 없다.

동성결혼에 대한 입장 변화를 살펴보자. 트럼프는 대선기간 동성혼에 반대하는 입장을 유지했다. 자신이 당선되면 대법원의 동성혼 합헌

결정을 뒤집을 대법관을 임명하겠다고 호언장담했다. 미국 대법원은 2015년 6월 동성혼을 합헌으로 판결했고 미국 전역에서 동성혼이 허용됐다. 이를 언급한 것이다. 기독교 신자들의 표를 의식한 발언이다. 하지만 대통령 당선인 시절인 2016년 11월, 한 시사프로그램에 출연해 동성혼은 이미 대법원에서 결론이 난 것이라고 말했다. 이는 기존의 반대 입장과 미묘한 차이가 있다. 동성혼을 반대하는 게 아니라 동성혼을 찬성한 대법원의 판결을 따를 수밖에 없다는 식이다. 아무리 선거가 끝났다고 해도 기존 입장을 번복해서 특별히 이득을 볼 일도 없다. 왜 이런 발언을 했는지는 명확하지 않다. 그때그때 기분에 따라 입장을 정하는 트럼프의 성향이 드러난 게 아닌지 의심된다. 이런 성향이 트럼프를 정의 내리기 어렵게 만든다.

    트럼프의 장사꾼 기질에 대해 조금 더 살펴보자. 트럼프는 대선기간 인종 및 종교차별 발언을 많이 했다. 보수층 유권자를 겨냥한 전략이었다. 취임 직후 중동과 아프리카 7개국 국민의 미국 입국을 일시적으로 금지하는 행정명령을 내렸다. 이란, 이라크, 시리아 등 무슬림이 대다수인 나라들이다. 종교차별 논란이 일었지만 트럼프에게는 중요치 않았다. 이런 논란을 거치면서 소위 '앵그리 화이트(화가 난 백인들)'의 지지를 얻었기 때문이다. 언론의 비판을 받았지만 트럼프는 언론의 왜곡을 지적했다. 단지 테러로부터 미국을 보호하기 위한 조치라고 해명했다. 이런 입장이 이익에 따라 180도 바뀐다. 첫 해외 순방지인 사우디아라비아를 방문한 2017년 5월, 트럼프는 이슬람교를 "위대한 신앙"이라고 극찬했다. 그리고는 사우디에서 '무기 장사'를 했다. 사우디 방문 첫날 120조원 상당의 무기판매 계약을 체결했다. 무기 팔아 일자리를 창출한다는 트럼프의 '국정운영 방향'에 딱 들어맞는다. 첫날 열린 만찬에서 트럼프는 사우디의 전통 칼춤을 추는 무용수들과 어울려 춤을 추기도 했다. 한 나라의 정상이 순방국 문화를 존중하는 차원에서 이런 제스처를 취할 수 있다. 이 또한 외교다. 하지만 미국에 거주하는 무슬림들은 트럼프가 이슬람 문화에 이렇게까지 호의적인지 미처 몰랐을 것이다.

북한도 '장사'의 대상이다. 트럼프는 북한을 인질로 삼아 한국에서 무기 장사를 했다. 트럼프가 한국을 국빈방문한 2017년 11월로 돌아가보자. 11월 초 트럼프는 취임 후 첫 아시아 순방에 나섰다. 여기에는 한국 국빈방문 일정도 포함됐다. 순방에 나서기 전 미국의 핵추진 항공모함 3개 전단이 한반도 주변에 전개됐다. 항공모함 1개 전단에는 수십 척의 전투기를 비롯해 구축함과 순양함, 핵추진 잠수함 등 어마어마한 화력이 함께 한다. 항공모함 1개 전단은 웬만한 국가의 공군력과 맞먹는다. 미국은 10척의 항공모함을 보유하고 있다. 이 중 3척이 한반도에 전개됐다. 대단히 이례적인 일이다. 이렇게 군사적 긴장을 한층 고조시킨 후 한국을 방문해 무기 장사를 하고 갔다. 트럼프는 문재인 대통령과 정상회담에서 한국이 미국 무기를 많이 구입할 것이라며 감사를 표했다. 이는 미국의 무역 적자를 줄이는 데 도움이 된다고 밝혔다. 미국 무기가 세계 최고 수준이라며 홍보 대사의 역할도 잊지 않았다. 어차피 한국은 미국 무기를 사야 한다. 한미동맹이 대북 억제력의 기반이니 어쩔 수 없다. 한국군과 미군이 같은 무기를 써야 상호운용성(interoperability)이 높아지고 대북 억제력도 강화된다. 이런 논리는 수조 원의 무기구매 입찰에서 미국 무기를 선택할 때 늘 등장한다. 어차피 사야 할 무기를 생색내면서 사주고 트럼프의 호전적 언행을 막을 수 있다면 한국 입장에서도 손해 보는 장사는 아니다.

문제는 트럼프가 만족할 줄 모른다는 데 있다. 트럼프의 장사는 계속 된다. 2017년 12월 렉스 틸러슨 미국 국무장관이 북한과 조건 없는 대화를 할 수 있다고 밝혔다. 바로 다음날 트럼프의 백악관은 지금은 대화할 시간이 아니라고 선을 그었다. 일종의 '투 트랙' 전략이다. 상반된 입장을 동시에 쥐고 간다. 트럼프가 배드캅(bad cop, 나쁜 경찰), 틸러슨이 굿캅(good cop, 좋은 경찰) 역할을 하거나 트럼프가 굿캅 역할을 할 수도 있다. 트럼프는 패를 양손에 쥐고 상대를 혼란스럽게 만든다. 이런 상황을 지속하다가 결정적인 순간에 원하는 것을 얻는다. 일종의 성동격서(聲東擊西) 전략이다. 대화의 문과 군사 충돌의 문은 모두 열려 있으니 한국과 중국이 이를 감안하라는 신호. 당시는 문재인 대통령이 중국을 국빈방문해 시진핑 국가주석과 정상회담을 앞둔 시기였다.

북한은 트럼프가 양손에 상반된 패를 쥐고 가는 대표적 대상이다. 예를 들어 트럼프는 2016년 6월 김정은과 햄버거를 먹으면서 핵협상을 하겠다고 밝혔다. 이전에는 김정은을 미치광이로 불렀고 김정은을 사라지게 만들겠다고도 했다. 북한이 5차 핵실험을 한 2016년 9월에도 김정은을 미치광이로 묘사했다. 핵실험 전이나 후나 별다른 차이가 없다. 북한의 핵이 김정은에 대한 트럼프의 평가에 영향을 미치는지 의구심이 든다. 취임 후에도 오락가락 행보는 계속된다. 2017년 5월에는 김정은을 만날 용의가 있다고 했다가 3개월 후에는 대화가 답이 아니라고 말했다. 그 유명한 2017년 9월 유엔 연설에서는 북한을 완전 파괴하겠다고 경고했다. 물론 이런 경고는 북한의 6차 핵실험 직후 나왔다. 화가 난 김정은은 트럼프를 "mentally deranged U.S. dotard"라고 불렀다. "정신 나간 미국의 늙다리" 정도로 해석할 수 있겠다. 영어권에서 잘 쓰지 않는 "dotard"라는 단어가 한 때 화제가 되기도 했다. 김정은과 트럼프 간 말싸움은 전 세계 언론의 주목을 받았다. 언론의 관심에 목말라 하는 트럼프와 김정은의 이해관계가 일치했을 수 있다. 하지만 트럼프의 발언은 애초부터 오락가락했다. 북한이 핵과 미사일 도발을 하든 하지 않든 큰 상관이 없었다. 트럼프가 오락가락하는 이유는 다양하다. 정치적 어려움에 처했을 때 언론의 관심을 북한으로 돌리기 위한 목적이 있다. 북한과의 핵 협상을 성공적으로 이끌어 자신의 협상력을 과시하고 싶은 욕심도 있다. 트럼프는 자신을 대단한 협상가로 여긴다. 트럼프의 오락가락에는 여러 원인이 있다. 이 책은 트럼프의 이익에 주목한다.

― 장사꾼 트럼프, 셀럽 트럼프

트럼프 앞에 붙은 수식어 중 빼놓을 수 없는 단어는 장사꾼이다. 그렇다. 트럼프는 뉴욕의 부동산 재벌이다. 그것도 뉴욕 맨해튼 중심가에 위치한 부동산 기업의 총수다. 미국의 경제전문지 〈포브스〉에 따르면 2017년 3월 기준으로 트럼프의 재산은 약 35억달러다. 한국 돈으로 대략 4조원에 이른다. 뉴욕의 부동산 시장 침체로 재산 가치가 감소했다고 하지만 여전히 엄청난 갑부다. 트럼프는 아버지에게 종자돈을 받아서 현재의 트럼프 그룹을 일궜다고 주장한다. 2015년 10월 한 유세에서 아버지에게 100만달러를 빌려서 뉴욕 브루클린에서 사업을 시작했고 이후 맨해튼으로 사업을 확장해 성공했다고 밝혔다. 그러면서 100만달러를 "푼돈(small loan)"이라고 말했다. 트럼프는 1946년생이다. 1968년에 대학을 졸업했으니 100만달러를 빌린 것은 그 후의 일이다. 트럼프는 돈을 빌린 시기에 대해 명확하게 밝히지 않았다. 돈을 빌린 시기가 1970년 전후라고 봤을 때 100만달러를 현재가치로 환산하면 700만달러 가량이 된다고 한다. 한국 돈으로 대략 80억원에 이른다. 80억원은 큰 돈이다. 일반인 대부분은 평생 이런 돈을 만져볼 수도 없다. 아버지에게 사업자금으로 이 돈을 빌릴 수 있는 사람이 전 세계에 몇이나 되겠나?

그렇다면 트럼프는 왜 이 돈을 소액이라고 했나? 그의 면모를 엿볼 수 있다. 자신은 대단한 사업가이며 현재의 부는 모두 자력으로 이뤘다는 평가를 받고 싶은 것이다. 트럼프도 자신이 금수저임을 안다. 트럼프는 금수저를 물고 태어난 게 맞다. 하지만 이런 배경이 자신의 업적을 훼손하면 용납하지 않는다. 트럼프는 작은 비난도 넘기지 못한다. 앞서 언급한 바 있다. 바로 나르시시스트의 모습이다. 청년 트럼프에게 100만달러만 있었던 것은 아니다. 트럼프는 1971년 아버지의 사업을 물려받아 회사명을 트럼프 그룹으로 바꾼 것으로 알려졌다. 당시 나이는 25세다. 회사를 운영하기에는 이른 나이일 수 있다. 트럼프에게는 장남인 형도 있었다. 트럼프는 3남2녀 중 넷째로 태어났다. 트럼프의 형은 사업에 취미가 없었다. 이 때문에 아버지와 잦은 마찰이 있었다고 한다. 트럼프의 형은 1981년 알코올 중독으로 사망했다. 트럼프가 차남인 데다 20대 중반임에도 아버지의 사업을 물려받은 데는 이유가 있을 것이다. 아버지의 안목이 작용했을 수 있다. 이유가 무엇이든 트럼프의 사업 수완은 인정하지 않을 수 없다. 뉴욕 근교에서 서민용 임대주택 사업을 하던 아버지와 달리 트럼프는 뉴욕의 중심 맨해튼으로 진출해 성공을 거뒀다.

   트럼프의 아버지는 뉴욕 브루클린과 퀸스에서 주택임대 사업을 했다. 트럼프는 퀸스에서 자랐다. 같은 뉴욕이지만 퀸스와 맨해튼은 하늘과 땅 차이다. 뉴욕시는 중심가인 맨해튼과 브루클린, 퀸스, 브롱크스, 스테이튼 아일랜드 등 5개의 구(borough)로 구성돼 있다. 맨해튼은 서울로 치면 강남구에 해당한다. 맨해튼과 같은 중심가에서 사업을 해야 진짜 성공한 것으로 청년 트럼프는 여긴 듯하다. 뉴욕 근교에서 나온 임대료 수익은 트럼프에게 '푼돈'으로 보였을 수 있다. 트럼프는 1971년 맨해튼에서 아파트를 임대하면서 거점을 마련했다. 트럼프를 맨해튼의 성공한 사업가로 만든 계기가 있다. 맨해튼의 부동산 경기가 불황이던 1978년, 32세의 트럼프는 26층짜리 코모도르 호텔을 매입해 34층의 호화로운 그랜드 하얏트 호텔로 재건축했다. 대박이 났다. 1980년 호텔 개장 후 숙박객이 몰렸고 뉴욕의 명소가 됐다. 여세를 몰아 1979년 58층짜리 주상복합아파트인 트럼프타워 건설에 착수했고 1983년 11월 완공했다. 이후 트럼프타워는 맨해튼의 관광명소가 될 정도로 성공적이었다. 성공의 열쇠는 과시적 소비 욕구를 자극한 데 있다. 그랜드 하얏트 호텔의 숙박료는 주변과 비교가 안 될 정도로 비쌌지만 숙박객은 오히려 몰렸다. 트럼프타워는 주변과 비교가 안 될 정도로 입주가격이 높았지만 물건이 없어서 못 파는 지경이었다고 한다. 트럼프는 사람들의 속물 근성을 잘 파악했던 것으로 보인다. 자신이 속물이어서 그런 게 잘 보였을 수 있다. 하지만 이 당시 성공의 경험은 머지않아 부메랑이 되어 날아온다.

트럼프 그룹은 호텔과 카지노, 골프장 등을 운영하는 거대기업으로 성장했다. 트럼프의 성공 스토리를 보자면 그가 대단한 사업가로 보인다. 사업 수완과 안목이 대단한 것처럼 보인다. 20대에 부푼 꿈을 안고 맨해튼에 진출해 30대 초반에 대박을 터뜨렸다. 현대를 살아가는 청년들에게 모범이 되지 않을까? 그렇지 않다. 주식투자에서 고(高)수익에는 항상 고(高)위험이 따르듯이 모든 대박의 이면에는 어두운 구석이 있다. 트럼프타워를 지을 때 폴란드인 인부 수백 명이 고용됐다. 이들은 일반 노동자 월급의 3분의 1만 받고 일했다. 트럼프는 이들이 불법 이주자였던 점을 악용했다. 근로환경도 형편 없었다고 한다. 빠른 준공을 위해 휴일도 제대로 보장하지 않았다. 역설적으로 트럼프는 독일계 이민자의 후손이다. 할아버지가 독일계 이민자다. 어머니도 스코틀랜드 출신이다. 이민자의 후손이면서 불법 이주자들을 등쳐 먹는다. 트럼프의 사업 수완이라는 게 이런 것일 수 있다. 트럼프는 대선기간 불법 이민자 모두를 적으로 돌리면서 당선됐다. 자신의 정체성 따위는 상관없다. 동병상련(同病相憐)의 마음 따위는 애초부터 없다. 타인의 고통이나 아픔을 공감하는 능력이 결여돼 있다. 오직 이익의 관점에서 세상을 바라본다. 약자라 하더라도 이익이 된다면 두드려 팬다. 이런 기질이 대선기간 드러났고 당선 후에도 지속되고 있다.

트럼프의 중요한 특성 중 다른 하나는 '연예인 병'이다. 트럼프 앞에 붙은 수식어 중 가장 유명한 두 가지는 부동산 재벌과 연예인이다. 트럼프의 연예인 병은 장사꾼 기질과 관련이 있다. 트럼프는 자신의 이름을 브랜드로 만드는 게 이익이 된다는 점을 일찌감치 간파했다. 아버지의 사업을 인수해 트럼프그룹으로 사명을 변경한 것도 그렇고 트럼프타워에 자신의 이름을 넣은 것도 그렇다. 혹은 자신을 드러내기를 즐기는 성향이 작용했을 수 있다. 트럼프는 다른 사람의 관심을 받기를 원한다. 나르시시스트의 성향이다. 타자의 반응이 트럼프를 구성한다. 그만큼 자존감이 떨어진다고 볼 수 있다. 이유야 어떻든 트럼프는 자신을 브랜드로 만들었다. 사업이 승승장구하면서 트럼프는 뉴욕의 유명인사가 됐다. 〈뉴욕타임스〉와 같은 유수 언론에서 트럼프를 대서특필했고 늘 언론의 관심을 받았다. 1987년 출간한 '거래의 기술(The Art of the Deal)'은 선풍적인 인기를 누렸다. 이 책은 〈뉴욕타임스〉 논픽션 부문에서 7개월 넘게 베스트셀러 1위를 차지했다고 한다.

유명세를 타면서 트럼프의 사업은 점점 대담해졌다. 젊은 나이에 성공 가도를 달리던 트럼프에게 거칠 것은 없었다. 자신의 판단에 대한 믿음도 커져갔다. 가장 잘 나갈 때 조심하라고 했던가? 중년의 트럼프도 그랬다. 40대에 접어든 트럼프는 인생에서 뼈아픈 실패의 경험을 겪는다. 트럼프는 1988년 보잉 727기 21대를 사들여 트럼프 항공사를 차렸다. 항공 사업에도 고급화 전략을 썼다. 항공기 내부를 초호화 내장재로 단장했다. 결과는 실패였다. 당시는 블랙 먼데이의 후폭풍이 지속되던 시기다. 1987년 10월19일 월요일, 뉴욕증권시장에서 일어난 주가 대폭락은 경기를 얼어붙게 했고 저가 항공에 대한 수요를 늘렸다. 부동산업을 통해 얻은 성공의 경험이 항공업에서 그대로 적용되지는 않았다. 트럼프 항공사는 4년 후 문을 닫았다. 트럼프는 카지노 사업도 시작했다. 뉴욕 남쪽에 인접한 뉴저지주 애틀랜틱 시티에서 1977년 도박이 합법화됐고 이 기회를 잡으려고 했다. 1980년대 자신의 이름이 붙은 카지노 2곳을 개장했고 1988년에는 타지마할 카지노를 인수했다. 1990년 재건축을 통해 탄생한 타지마할 카지노는 거대하고 화려했다. 역시 고급화 전략이다. 하지만 이 전략은 이번에도 먹히지 않았다. 개장한 지 두 달도 채 안 돼 심각한 재정위기에 빠졌고 결국 트럼프는 1991년 파산신청을 했다.

　트럼프는 이후에도 2009년까지 총 3차례의 도산을 추가로 겪었다. 그러면서 깨달은 바가 있는 듯하다. 큰 돈을 투자해 위험 부담을 직접 떠안는 것보다 자신의 이름을 빌려주고 대가를 받는 게 이득이 된다고 느낀 듯하다. 미국 전역에 있는 트럼프 이름이 붙은 건물들은 대부분 트럼프의 소유가 아니다. 트럼프가 브랜드를 빌려 준 것이다. 한국에서도 대우건설이 트럼프의 이름을 빌려서 트럼프월드라는 브랜드를 사용한 바 있다. 트럼프는 애초부터 자신을 브랜드로 만들었다. 그의 이런 행동은 이익의 관점에서 볼 수 있다. 유명세가 이익이 되니까 자신을 브랜드로 만들었다. 하지만 모든 재벌이 자신의 이름을 브랜드로 만들지는 않는다. 은둔의 경영을 하는 재벌 총수도 많다. 트럼프에게는 남다른 성향이 있다. 바로 '연예인 병'이다. 트럼프는 청년시절부터 유명해지고 싶었던 듯하다. 아버지의 사업기반인 퀸스에서 벗어나 맨해튼으로 진출했고 성공을 거뒀다. 부동산업을 하면서 유명해졌고 그 유명세를 이용해 사업을 키웠다. 특이한 점은 위기의 순간에도 그 유명세를 이용해 돌파했다는 점이다. 결혼도 그 수단 중 하나였다.

　트럼프는 1977년 31살의 나이에 첫 결혼을 했다. 상대는 3살 연하인 체코 출신의 모델 이바나 젤니치코바이다. 트럼프의 장녀 이방카 트럼프의 친모다. 첫 결혼생활의 위기는 13년 후에 찾아온다. 트럼프는 1990년 17살 연하의 여배우와 바람을 피웠고 트럼프의 외도는 타블로이드 언론에 연일 대서특필됐다. 당시는 트럼프가 타지마할 카지노의 재정위기로 곤욕을 치를 때다. 하지만 여배우와의 염문설은 트럼프에게 오히려 기회였다. 그가 채권자들과 협상하는 장소에는 늘 기자들이 대기했다. 채권자들은 이에 상당한 부담을 느꼈을 것으로 추정된다. 트럼프의 성격상 언론을 이용해 자신들을 바보로 만들 수 있었기 때문이다. 트럼프는 채무조정 협상에서 고자세를 유지했고 협상은 트럼프에게 유리하게 흘러갔다. 이렇게 트럼프는 자신의 외도를 보도한 언론을 이용했다. 트럼프는 2009년까지 총 4차례의 도산을 거치면서도 큰 규모의 재산 피해를 보지는 않은 것으로 알려졌다. 염문설을 뿌렸던 여배우와는 1993년부터 두 번째 결혼생활을 시작했다. 하지만 오래 가지는 않았다. 몇 년 후 현재의 부인인 멜라니아 트럼프와 교제 사실이 언론에 보도됐고 결국 1999년 두 번째 결혼생활을 마감했다. 멜라니아는 슬로베니아 출신 모델로 트럼프보다 24살이 어리다. 두 사람은 2004년에 약혼을 하고 이듬해 1월 결혼했다.

50대에 접어든 트럼프는 미인대회를 통해 유명세를 키우려고 했다. 1996년 '미스 USA' 조직위원회와 '미스 유니버스' 조직위원회를 인수했다. 인수 당시 미인대회는 대중의 관심을 받지 못했다. 특유의 수완과 능력을 발휘해 미인대회를 전국적인 행사로 끌어올렸다. 트럼프는 2015년까지 미인대회를 소유했다. 1999년에는 외국 모델을 영입해 모델 매니지먼트 회사를 세우기도 했다. 트럼프가 여성편력 때문에 미인대회와 모델사업에 진출했다고 보지는 않는다. 물론 일정한 역할을 했겠지만 여성편력 때문만은 아니다. 스스로 만들고 싶은 이미지가 있었던 듯하다. 트럼프는 미인대회와는 정반대 성격의 레슬매니아에도 관여했다. 1980년대 후반 미국프로레슬링엔터테인먼트(WWE)의 레슬매니아 대회를 후원했고 2011년에는 레슬매니아에 직접 출연하기도 했다. 트럼프가 상상한 이미지는 이런 것으로 추정된다. 미인들에 둘러싸인 수컷 냄새가 물씬 풍기는 마초(macho). 그 마초는 성공한 부동산 재벌이다. 이런 상상을 하면서 흐뭇한 미소를 짓지 않았을까? 트럼프의 속마음을 알 수는 없지만 한 번 상상을 해 봤다.

트럼프의 연예인 병에는 나름의 철학이 있다. 그는 '거래의 기술'에서 이렇게 말했다. "좋은 평판은 나쁜 평판보다 낫다. 그러나 나쁜 평판은 때때로 평판이 전혀 없는 것보다 낫다." 트럼프도 좋은 평판이 낫다는 것을 안다. 좋은 평판을 얻기 위한 노력도 했을 것이다. 하지만 부동산 개발사업을 하면서 늘 좋은 소리를 들을 수는 없다. 개발 이익을 누리는 사람은 항상 소수에 불과하기 때문이다. 그래서 좋은 평판은 포기하고 유명세만을 추구한 것으로 보인다. 그리고는 평판이 없는 것보다 나쁜 평판이 낫다며 스스로를 위로한다. 나쁜 평판이 낫다고 하지만 트럼프가 나쁜 평판에 무관심한 비범한 인물도 아니다. 자신에 대한 작은 비난도 넘기지 못한다. 트럼프는 단지 유명세가 필요했다. 자신의 유명세를 사업에 이용했고 실제 이익으로 연결했다. 트럼프는 '거래의 기술'에서 언론을 이용하라고 충고하기도 했다. '거래의 기술'은 1987년에 출간됐다. 트럼프의 나이 41세의 일이다. 트럼프는 일찌감치 이런 생각을 지녔다. 자신을 브랜드로 만들었고 유명해지는 데 집착했다. 트럼프의 젊은 시절 언론인터뷰 영상을 보면 지금의 모습과는 사뭇 다르다. 차분해 보이기까지 한다. 좋은 평판을 얻고 싶은 사람의 자세다. 이런 모습은 시간이 지나면서 바뀌어 갔다.

트럼프는 골프 사업에도 손을 뻗친다. 1999년 첫 골프장을 개장하면서 골프 사업을 시작했다. 이후 미국을 비롯해 두바이, 아일랜드, 스코틀랜드까지 진출해 골프장을 18개로 늘렸다. 2017년 기준으로 인도네시아에도 공사 중인 골프장이 있다. 골프 사업에서도 유명세를 이익으로 연결하려 했다. 유명한 일화가 있다. 2016년 6월 트럼프가 스코틀랜드를 방문했을 때의 일이다. 방문 목적은 골프장 개장식 참석이다. 물론 자신이 소유한 골프장의 개장식이다. 시기가 문제였다. 당시는 미국의 대선 레이스가 한창이던 때다. 공화당 대선 후보가 대선 기간에 자신의 골프장 홍보를 하러 스코틀랜드에 날아갔다. 상식적으로 이해가 가나? 또한 당시는 영국에서 '브렉시트(Brexit)'에 대한 국민투표 결과가 나온 직후였다. 영국 국민은 유럽연합(EU) 탈퇴를 뜻하는 브렉시트에 찬성하는 투표를 했다. 영국이 EU 탈퇴를 결정하면서 파운드화 가치가 급락했다. 개장식에 참석한 트럼프는 파운드화 가치가 떨어지면 영국에 여행 오는 사람이 늘어나고 자신의 골프장 사업도 잘 될 것이라고 말했다. 트럼프의 비범함은 이 발언을 스코틀랜드에서 했다는 점이다. 스코틀랜드는 EU 탈퇴에 반대했다. 반대 투표율이 62%에 이르렀다. EU 탈퇴를 반대하는 스코틀랜드에 가서 EU 탈퇴로 인해 골프장 장사가 잘될 것이라고 좋아했다. 더군다나 당시는 미국의 대선 기간이었다. 미국 대통령이 될 수도 있는 공화당 대선 후보가 대선 기간에 스코틀랜드까지 날아가서 자신의 골프장 홍보를 했다. 트럼프다운 비범함이다. 이익에 대한 비범한 집착이다.

트럼프의 이런 면모는 한국인에게도 낯설지 않다. 트럼프는 한국에 와서도 자신의 골프장 자랑을 하고 갔다. 트럼프는 2017년 11월 취임 후 처음으로 한국을 국빈방문 했다. 당시 국회 본회의장에서 연설을 했는데 연설도중 뜬금없이 자신이 소유한 골프장 자랑을 했다. 요약하면 이렇다. 그 해 7월 미국여자프로골프(LPGA) US오픈이 열렸는데 이 대회가 자신의 골프장에서 열렸다는 것이다. 한국 여성 골프선수들의 활약이 대단하다고 칭찬했는데 단순히 '끼워팔기' 차원인 듯하다. 트럼프의 이런 발언을 선의로만 해석하기에는 그의 전적이 너무 화려하다. 그의 이런 행동을 보면 사업 홍보를 위해 대통령이 된 것은 아닌지 의구심이 든다. 미국 대통령이라는 자리 자체가 대단한 홍보 수단이다. 트럼프가 굳이 자신의 사업을 홍보하지 않아도 사람들이 궁금해서라도 찾아갈 판이다. 사업 홍보를 위해 대통령이 됐는지는 알 수 없으나 최소한 자신의 지위를 마음껏 이용하고 있다는 점은 확실하다.

트럼프는 임기 중 많은 시간을 자신이 소유한 부동산에 머물렀다. 트럼프는 취임 첫해 추수감사절 연휴를 '마라라고 리조트'에서 보냈다. 마라라고는 트럼프 소유의 리조트로 플로리다에 소재해 있다. 트럼프가 이곳에서 연휴를 보낸다는 사실은 미국 언론을 비롯해 전 세계 언론이 보도한다. 그 자체로 엄청난 홍보효과다. 앞서 2월 아베 신조 일본 총리도 마라라고를 방문했다. 미일 정상회담 후 트럼프의 초대로 방문한다는 형식이었다. 아베가 마라라고에서 환대를 받았다고 하는데 트럼프의 사업 홍보에 이용당한 것은 아닌지 의구심이 든다. 아베가 얻은 게 있는지도 모르겠다. 주목할 점은 트럼프의 꼼꼼함이다. 임기 중 자신의 부동산에 머물면 모든 비용은 미국 정부가 댄다. 트럼프는 미국의 대통령이기 때문이다. 아베를 초대했을 때도 비용은 미국 정부가 댔다. 홍보 효과를 노리면서도 매출도 늘린다. 이익에 관한 한 대단히 꼼꼼하지 않은가? 필자가 아는 한국의 어느 대통령과 닮은 구석이 참 많다.

유명해지려는 트럼프의 여정은 계속된다. 트럼프는 스스로를 방송에 지속적으로 노출시켜야 했다. 그래야 트럼프라는 브랜드의 인지도가 높아지기 때문이다. 2000년 미국 대선을 앞둔 1999년 10월, 트럼프는 개혁당(Reform Party)의 후보로 대선에 출마할 의사를 밝혔다. 결과는 실패였다. 개혁당 경선에서 밀려 중도 하차했다. 여론의 주목을 받은 것도 아니다. 하지만 자신을 알리는 홍보 수단으로 대선을 활용하려는 의지는 일찌감치 있었던 것으로 보인다. 트럼프는 방송과 영화, 광고에도 적극적으로 출연했다. 1990년 한 할리우드 영화에 카메오로 출연했다가 최악의 조연으로 꼽혔다. 1992년에는 한국에서도 유명한 '나홀로 집에 2'에 카메오로 출연해 주인공에게 길을 안내하는 호텔 투숙객 역할을 했다. 영화의 배경이 된 뉴욕 플라자호텔은 당시 트럼프 소유였다. 이익에 관한 한 참으로 꼼꼼한 사람이다. 트럼프는 각종 광고에 출연했고 TV프로그램에도 자주 등장했다. 자신의 사업을 홍보하는 광고에 직접 출연하기도 했다.

뜻밖의 행운이 찾아온다. 이 행운은 트럼프를 진정한 '셀럽(Celeb)'으로 격상시킨다. 셀럽은 셀러브러티(Celebrity)의 약자로 유명 인사를 뜻한다. 트럼프는 2004년 미국 NBC 방송의 리얼리티 TV쇼 '어프렌티스(Apprentice)'의 진행을 맡았다. 어프렌티스는 오디션 프로그램이다. 말 그대로 회사에 갓 입사한 견습생(apprentice)들이 트럼프 앞에서 오디션을 펼친다. 매회마다 1명씩 탈락한다. 트럼프가 탈락자에게 "너는 해고야(You're fired)"라는 '돌직구'를 날린다. 이 말은 유행어가 됐다. 최종 우승자는 트럼프 소유의 계열사 중 한 곳을 1년간 경영할 수 있다. 연봉도 세다. 무려 25만달러다. 한국 돈으로 환산하면 대략 2억8천만원에 이른다. 이 프로그램은 미국에서 선풍적 인기를 끌었다. 2015년까지 무려 14시즌을 방영했다. 대단한 인기다. 첫 시즌에서 회당 5만달러였던 트럼프의 출연료는 두 번째 시즌부터 300만달러로 치솟았다. 11년에 걸쳐 트럼프가 어프렌티스 출연료로 벌어들인 돈은 2억달러가 넘는다. 한국 돈으로 2천억원이 넘는 돈이다. 트럼프는 이 프로그램으로 실제로 연예인이 됐다. 2007년에는 할리우드 명예의 거리(Walk of Fame)에 이름을 올렸다. 이 프로그램은 트럼프를 대중 속으로 깊이 각인시켰다.

一 트럼프는
대통령 공부 중

트럼프는 2017년 1월 미국 대통령에 취임했다. 1946년생이니 당시 나이 71세다. 역대 최고령으로 취임한 미국 대통령이다. 70년 인생 동안 어떠한 공직도 맡아본 적이 없다. 상하원 의원을 비롯해 주지사 등 지방자치단체장 경력도 없다. 첫 공직이 대통령이다. 정치 경력이 전무하다. 인생을 통틀어 장사꾼이자 연예인이었다. 사업가 출신이 대통령에 당선된 선례는 있다. 연예인 출신이 대통령을 하지 못한다는 법도 없다. 오히려 정치권에 신선한 바람을 불어넣을 수도 있다. 대통령 자격을 논하는 게 아니다. 국민이면 누구나 각 나라의 대통령이 될 수 있다. 하지만 인생 전체를 검증 받아야 한다. 그래서 선거기간이 있다. 선거운동 기간 동안 인생 전체를 검증 받는다. 트럼프는 진지한 검증보다는 막말과 기행으로 당선됐다. 막말을 던져서 여론의 관심을 엉뚱한 곳으로 돌렸고 기행을 통해 비난을 분산시켰다. 멕시코와 중국이 일자리를 빼앗아 갔다며 외부의 적을 만들었다. 한국과 일본이 안보 무임승차를 하고 있다며 주한미군과 주일미군을 위한 방위비를 더 내라고 압박했다. 이 역시 외부의 적이다. 무역적자의 원인을 불공정한 무역협정 탓으로 돌렸고 무슬림의 입국금지를 주장했다. 테러용의자를 물고문해야 한다고 주장하기도 했다.

트럼프의 막말은 술자리에서나 할 법한 이야기다. 화가 나니까 할 수 있는 이야기들이고 심정적으로는 이해할 수 있다. 하지만 이런 막말은 대선후보가 공개적으로 할 이야기는 아니다. 술자리에서나 할 법한 이야기가 실제 정책으로 연결되면 나라 꼴이 어찌 되겠나? 트럼프는 자신이 장사꾼으로, 그리고 연예인으로 살아오면서 써먹었던 방식을 대선에서 사용했을 뿐이다. 이런 방식이 여론의 주목을 끌었고 지지율을 끌어올렸다. 이 방식으로 결국 대통령에도 당선됐다. 트럼프는 자신의 저서 '불구가 된 미국(Crippled America)'에서 이런 방식을 소개했다. "언론이 나를 이용하듯이 나도 언론을 이용한다. 일단 주목 받으면 내게 유리한 방향으로 이용할 수 있다." '불구가 된 미국'에 나온 유명한 구절이다. 이 책은 2015년 11월에 출간됐다. 일종의 대선 출사표로 간주된다. 총 17장으로 구성된 이 책에는 다양한 정치적 이슈에 대한 트럼프의 생각이 담겨 있다. 미국과 멕시코 국경에 1,600km에 이르는 장벽을 세우겠다는 공약도 이 책에 나온다.

트럼프는 엽기적 공약과 막말로 대통령에 당선됐다. 이런 방식으로 당선은 됐지만 이 방식을 고수하기는 쉽지 않다. 대선후보일 때와 현직 대통령일 때는 차원이 다르다. 후보일 때는 '공수표' 남발이 가능하지만 현직 대통령은 성과를 내야 한다. 국내 문제에서 성과를 내려면 의회의 동의가 필요하다. 예산과 입법은 의회의 몫이기 때문이다. 외교에서 성과를 내려면 상대국을 설득해야 한다. 트럼프 혼자 떠든다고 될 일은 없다. 더군다나 트럼프는 재선을 준비해야 한다. 미국 대통령은 4년 중임이 가능하다. 2020년 대선에서 이기면 트럼프는 4년간 대통령을 더 할 수 있다. 그래서 성과를 내야 한다. 하지만 성과를 내기가 쉽지 않다. 트럼프의 공약 중에는 공화당조차 반대하는 엽기적인 것들이 많다. 예를 들어 트럼프는 멕시코 국경에 장벽을 설치하겠다고 했다. 취임 후 이 공약을 실현하겠다는 의지를 여러 차례 확인했다. 입찰을 통해 6개 업체를 선정했고 이 업체들이 시제품을 건설하기도 했다. 하지만 의회가 예산 편성에 동의하지 않았다. 공화당은 기본적으로 긴축정책을 표방한다. 수십 조원이 들 수 있는 장벽 건설에 공화당이 동의할 가능성은 낮다. 민주당은 당연히 반대한다. 트럼프는 애초 멕시코가 장벽 건설 비용을 대라고 압박했다. 멕시코는 당연히 거절했다. 트럼프의 말도 안 되는 공약을 지키려고 멕시코 정부가 혈세를 낭비할 일은 없다. 장벽 건설은 트럼프의 핵심 공약이다. 취임 직후 내린 행정명령 중 하나가 장벽 설치에 관한 것일 정도로 공을 들였다. 행정명령은 한국의 대통령령에 해당한다. 자신의 핵심 공약이므로 무슨 수를 쓰든 달성해야 하지만 쉽지가 않다.

다른 엽기적 공약에도 제동이 걸렸다. 트럼프가 취임 직후 내린 행정명령 중 다른 하나는 무슬림 입국 금지에 관한 것이었다. 이라크와 이란, 시리아, 리비아, 수단, 예멘, 소말리아 등 무슬림이 대다수인 7개국 국민의 미국 입국을 90일간 금지했다. 하지만 이 행정명령의 효력 중지를 요청하는 소송이 잇따라 제기됐고 트럼프는 1심과 2심에서 연달아 패소했다. 트럼프는 포기하지 않았다. 기존의 행정명령을 수정해 제출했다. 이라크를 제외한 이슬람 6개국 국민의 미국 입국을 90일간

제한하는 내용이 담겼다. 수정된 행정명령에도 소송이 제기됐고 트럼프는 1심과 2심에서 또 다시 패소했다. 하지만 트럼프는 이번에도 포기하지 않고 상고했다. 마침내 연방대법원은 2017년 6월 수정 행정명령을 부분적으로 승인했다. 트럼프는 승리를 선언했지만 완벽한 승리는 아니었다. 대법원의 지시에 따르면 이슬람 6개국 국민도 미국 입국이 가능했기 때문이다. 트럼프가 임명한 보수 성향의 대법관이 합류하면서 대법원이 보수 우위로 균형추가 기운 점도 영향을 미쳤다. 트럼프는 여세를 몰아 그 해 9월 수단을 빼고 북한과 차드, 베네수엘라를 포함한 새로운 입국금지 행정명령에 서명했다. 이번에도 법정 다툼은 있었다. 하지만 연방대법원은 그 해 12월 이 행정명령의 전면 시행을 승인해 트럼프에게 완전한 승리를 안겨줬다.

트럼프의 승리가 시사하는 바는 무엇인가? 바로 트럼프의 진화다. 트럼프는 진화하고 있다. 취임 초만 해도 트럼프가 추진한 법안은 의회에서 모두 막혔다. 이유는 단순하다. 대통령을 처음 해 보기 때문이다. 트럼프는 정치 경력이 전무하다. 장사꾼과 연예인일 때 성공했던 방식이 대통령 업무 수행에서 그대로 먹힐 리 없다. 하지만 시간이 지나면서 가시적인 성과를 내고 있다. 트럼프가 진화했기 때문이다. 트럼프는 대통령이라는 직업을 공부하고 있다. 시간이 지나면서 '노하우'가 쌓이고 원숙해지고 있다. 이게 큰 문제다. 자유와 민주주의를 상징하던 미국에서 인종과 종교를 차별하는 정책이 버젓이 시행된다. 멕시코 국경에 장벽을 설치하는 일이 현실이 될 수 있다. 미국 국민에게는 불행한 일이다. 미국의 불행은 전 세계에도 불행한 일이 될 수 있다. 아직까지 미국은 세계 최강대국이기 때문이다. 전 세계에 가장 큰 영향력을 행사하고 있다.

트럼프의 승리는 여기에 그치지 않았다. 가장 큰 승리는 감세안의 통과다. 정치적 이득과 금전적 이득을 모두 챙겼다. 트럼프는 크리스마스를 앞둔 12월22일 법인세 대폭 인하를 골자로 한 세제개편안에 서명했다. 취임 후 1년여만에 거둬들인 첫 입법 승리다. 공화당 의원들에 둘러싸여 박수 받으며 연설도 했다. 많은 공화당 의원이 '병풍'을 자처했다. 대선기간 일부 공화당 의원과 설전을 벌이며 내부 총질하던 모습은 먼 나라 얘기처럼 느껴진다. 이번 법안 통과로 공화당의 대통령이라는 이미지를 남겼다. 향후 다른 입법 과정에서도 공화당의 지원사격을 받을 가능성이 높아졌다. 공화당이 감세안에 환호한 이유는 무엇인가? 공화당은 노예제를 폐지한 링컨의 정당이다. 그래서 트럼프의 인종차별주의적 행태에는 비판적이다. 하지만 공화당은 미국의 전통 보수 정당이다. 작은 정부를 표방하고 친(親)기업, 친(親)부유층 정책을 선호한다. 트럼프의 감세안은 법인세 최고세율을 35%에서 무려 21%로 낮췄다. 개인소득세 최고세율도 39.6%에서 37%로 내렸다. 상속세 비과세를 비롯해 각종 소득공제와 세액공제 규모도 두 배 가까이 늘렸다. 복잡한 계산을 떠나서 트럼프는 부동산 기업을 소유하고 있다. 법인세 인하는 본인에게 직접적으로 이득이 된다. 또한 트럼프는 부동산 재벌이다. 각종 소득공제와 세액공제 및 소득세 인하도 본인에게 금전적으로 이득이 된다. 게다가 공화당과 공조해 통과시킨 첫 법안이다. 정치적 이득도 챙겼다. 꿩 먹고 알 먹은 승리였다.

트럼프는 승리를 자축했다. 2020년 대선에는 자신의 적수가 없을 것이라며 연임을 자신했다. 법인세와 소득세 인하로 대기업과 부유층이 자신을 지지하면 재선에 성공할 것이라는 계산이 깔렸다. 또 법인세 인하로 외국에 나갔던 제조업체들이 미국으로 돌아오면 일자리가 창출되고 자신의 지지기반인 백인 노동자에게도 유리하다고 주장한다. 물론 말도 안 되는 주장이다. 법인세 하나만 보고 공장을 옮기는 기업이 어디 있나? 거점 선택은 법인세를 포함해 여러 입지 조건, 시장 수요, 인건비 등 다양한 요소를 고려한다. 중산층을 위한 법안도 아니다. 감세안의 최대 피해자는 서민이 될 것이다. 이번 감세안은 향후 10년간 1조5천억달러의 감세 효과가 있다고 한다. 한국 돈으로 환산하면 대략 1천600조에 이른다. 세수에 엄청난 구멍이 생긴다. 이를 메꾸려면 다른 지출이 줄거나 다른 세수가 늘어나야 한다. 지출과 관련해 복지 지출이 줄어들 공산이 크다. 세수와 관련해 서민층이 세금을 더 많이 낼 가능성이 크다. 법인세 인하는 전 세계적인 추세다. 하지만 법인세 인하로 서민의 세금 부담이 증가했다. 이는 소비 위축을 야기했고 결국 경기침체로 이어졌다. 이 또한 전 세계적인 추세다.

트럼프의 감세안이 효과가 있을까? 결론적으로 말하면 역효과만 있을 것이다. 근거는 비슷한 규모의 감세안을 발표한 로널드 레이건 전 미국 대통령 시절을 보면 된다. 레이건은 1980년대 최고 48%였던 법인세율을 34%로 낮췄다. 트럼프의 감세안이 법인세 최고세율을 35%에서 21%로 내렸으니 동일한 수준이다. 레이건표 감세의 이론적 배경은 그 유명한 '래퍼 곡선(Laffer Curve)'이다. 미국 서던 캘리포니아 대학의 아서 래퍼 교수가 창안했는데 세율과 세수의 관계를 보여주는 곡선이다. 이론은 간단하다. 세율이 100%라면 기업의 실적 전부가 세금으로 걷히니까 기업의 경제활동은 사라지고 세수는 제로가 된다. 반대로 세율이 0%라면 경제활동은 활발하겠지만 정부가 거두는 세금은 없으니까 세수는 역시 제로가 된다. 래퍼 교수는 경제활동을 자극하면서 정부의 세수도 극대화되는 최적화된 세율이 0%와 100% 사이 어느 지점에 존재한다고 주장했다. 여기까지는 너무도 당연한 설명이다. 밥 먹으니까 배 부르다는 수준이다. 래퍼 곡선은 가운데가 볼록한데 가장 볼록한 지점이 최적의 세율을 가리킨다. 그렇다면 최적의 법인세율은 얼마인가? 이 이론의 한계는 최적의 법인세율을 잡아내기 어렵다는 데 있다. 법인세가 지나치게 높다고 가정하면 법인세를 인하해 세수를 늘린다. 반대로 법인세가 지나치게 낮다고 가정하면 법인세를 인상해 세수를 늘린다. 결국 현재의 법인세율을 어떻게 보느냐가 문제다. 관점의 차이다.

 트럼프와 레이건은 법인세율이 높다고 봤다. 기업은 항상 세율이 높다고 생각한다. 친기업적 입장이다. 레이건은 래퍼 곡선을 평계로 법인세 대폭 인하에 나섰다. 설명은 이랬다. 법인세를 인하하면 기업이 투자를 늘리고 고용이 증가해서 가계소득도 늘어난다. 소득 증가는 소비 촉진으로 이어지고 기업 실적을 늘려서 결국 세수가 증대되는 선순환을 이룬다. 감세는 공급 측면을 자극하는 수단이다. 상품과 서비스의 공급자인 기업의 투자 의욕을 고취시켜서 경기를 부양한다. 이런 논리가 현실에서 통했나? 레이건의 감세 조치 이후 미국은 심각한 쌍둥이 적자에 직면했다. 법인세 인하에도 기업은 투자에 나서지 않았고 정부의 세수만 감소했다. 이는 공공부채를 늘리고 재정적자를 확대했다. 재정적자 확대로 정부의 국채발행이 증가했고 이는 이자율 상승으로 연결됐다. 금리 상승은 달러화 강세로 이어져 무역적자를 늘리는 악순환을 형성했다.

기업들은 법인세만 인하한다고 투자하지 않는다. 이는 너무 순진한 발상이다. 기업의 속성이 무엇인가? 돈이 되면 밤을 새우더라도 공장을 돌린다. 법인세가 높아서 투자를 안 하는 게 아니다. 경기가 안 좋으니까 투자를 안 하는 것이다. 한국의 이명박 정부가 법인세 최고세율을 25%에서 22%로 낮췄을 때 어떤 일이 일어났나? 기업의 사내유보금만 늘었다. 대기업의 유보금은 수백 조원에 이른다. 법인세 인하로 보유 현금이 늘었지만 이 돈을 투자하지 않았다. 기업의 부동산 보유만 늘었다. 기업의 사내유보금 증가는 전 세계적인 추세다. 전 세계적인 법인세 인하 추세와 맞물려 있다. 트럼프의 미국도 비슷한 처지에 놓일 것이다. 트럼프는 승리했지만 미국의 승리는 아니다.

트럼프는 승리했지만 미국이 패배한 사례는 또 있다. '오바마 케어'와 관련이 있다. 오바마 케어는 트럼프의 전임자인 버락 오바마 대통령이 도입한 '국민건강보험'을 칭한다. 저소득층을 포함해 전 국민에게 의료보험 혜택을 주는 게 골자다. 이를 위해 '의무 가입' 조항을 넣었다. 전 국민이 의무적으로 가입하게 만들기 위해서다. 한국의 국민건강보험과 같은 방식이다. 한국에서는 모든 국민이 건강보험에 가입해야 한다. 한국인이 당연하게 여기는 국민건강보험이 선진국의 모범사례로 여기는 미국에는 없었다. 미국의 대형 보험회사들이 이런 제도를 싫어하기 때문이다. 정부가 제공하는 공적 보험이 생기면 사적 보험은 위축될 수밖에 없다. 미국의 대형 보험사들은 강력한 로비력을 자랑한다. 미국은 사적 보험시장이 발달했다. 하지만 보험료가 비싸다. 그래서 저소득층은 보험에 들 수 없었다. 그래서 오바마가 오바마 케어로 불리는 건강보험을 도입했다. 그런데 트럼프가 이를 뒤집었다. 12월 통과된 감세안에 '의무 가입' 조항을 폐지하는 내용을 끼워 넣었다. 의무 가입 조항이 폐지되면서 1,300만명 가량의 저소득층이 건강보험을 잃게 생겼다. 이 또한 트럼프의 진화다. 오바마 케어를 폐지하려는 수 차례의 시도가 실패하자 채택 가능성이 높은 감세안에 '끼워 팔기'를 했다. 트럼프가 진화할수록 미국은 퇴보한다.

트럼프는 '오바마 지우기'에 열을 올렸다. 오바마에게 열등감이 있는 게 아닐까 의심이 들 정도였다. 대표적인 예가 오바마 케어다. 당선 직후 오바마 케어 반대론자를 보건복지부 장관에 지명했다. 취임 직후 서명한 첫 행정명령은 오바마 케어를 폐지하는 내용이었다. 취임 후 추진한 1호 법안은 오바마 케어를 대체하는 '트럼프 케어'였다. 처음에는 모두 실패했다. 보건복지부 장관은 전세기를 자주 사용한 데 따른 논란이 일어 사임했다. 트럼프 케어는 공화당에서도 반대표가 나왔다. 하지만 트럼프는 포기하지 않았다. 신임 보건복지부 장관에 거대 제약회사의 전직 임원을 임명했다. 아예 대놓고 제약회사 편에 섰다. 제약회사는 공적 보험을 싫어한다. 공적 보험은 약값을 떨어뜨리기 때문이다. 오바마 케어는 실질적으로 와해됐다. 오바마 케어의 '의무 가입'을 폐기하는 감세안이 통과됐기 때문이다.

　오바마 지우기는 여기에 그치지 않았다. 트럼프는 북한에 대한 '전략적 인내(Strategic Patience)'의 시대는 끝났다는 입장을 여러 차례 밝혔다. 전략적 인내는 오바마 행정부의 대북정책이다. 인내라는 말에서 알 수 있듯이 인내하면서 기다리는 정책이다. 다시 말해 아무 것도 안 하는 거다. 이런 게 정책이 될 수 있는지 모르겠지만 오바마는 이런 정책을 취했고 북한의 핵과 미사일은 고도화됐다. 트럼프가 오바마와 다르기는 했다. 북한의 김정은과 '말 싸움'을 주고받으며 한반도 긴장을 한껏 고조시켰다. 그리고는 한국에 와서 무기 장사를 했다. 누가 더 나은지는 모르겠다. 오바마 행정부도 한국에 많은 무기를 팔았다. 무기 장사는 미국이 우방국을 대하는 전통인가보다. 트럼프는 오바마가 북핵 문제를 해결했어야 한다며 대놓고 비난하기도 했다. 자신이 오바마와 다르다고 했는데 큰 차이가 있는지는 의구심이 든다. 단지 오바마 지우기의 일환이 아닌가 싶다.

　트럼프는 왜 오바마를 물고 늘어지나? 가장 기본적인 이유는 트럼프가 오바마를 비판하면서 대선에 뛰어들었기 때문이다. 트럼프가 오바마를 비판한 일은 자연스럽다. 어느 나라이든 대권 도전자는 현직 대통령의 실책을 지적하면서 대선에 출마한다. 자신이 더 나은 대통령이 될 수 있다고 주장하기 위해서다. 트럼프도 마찬가지였다. 이상한 점은 대선 승리 이후에도 오바마 비판이 지속됐다는 것이다. 방법도 기이했다. 트럼프는 2017년 3월 자신의 트위터를 통해 오바마가 대선기간 자신을 도청하도록 지시했다고 주장했다. 물론 이 주장은 사실무근인 것으로 밝혀졌다. 미국 연방수사국(FBI)과 국가안보국(NSD)을 비롯해 법무부까지 나서서 도청은 없었다고 확인했다. 트럼프는 이런 주장을 왜 했을까? 지지율 탓일 수 있다. 트럼프는 취임 2개월도 안 지나 지지율이 38%로 떨어졌다. 이는 대단히 심각하다. 공화당과 민주당 양당이 대통령을 번갈아 해먹는 미국에서 대통령이 취임 두 달도 안돼 이런 지지율을 얻는 것은 대단히 심각하다. 오바마도 지지율 38%를 기록한 바 있다. 이런 지지율은 2011년과 2014년에 기록했다. 취임 3년차와 재임 2년차에 해당한다. 더군다나 오바마는 퇴임을 이틀 앞두고 공개된 여론조사에서 60%의 지지율을 찍었다. 미국 역대 대통령 중 4번째로 높은 퇴임 지지율이다. 반면 트럼프는 안 그래도 낮은 지지율이 하강 곡선을 그렸다. 취임 1년차 지지율은 역대 대통령 중 가장 낮은 32%였다.

　지지율 탓만은 아니다. 트럼프와 오바마의 악연은 오래 전으로 거슬러 올라간다. 2011년 트럼프는 대선출마를 저울질하고 있었다. 각종 TV프로그램에 출연해 '오바마 흠집내기'에 열을 올렸다. 흠집을 내는 방식은 트럼프다웠다. 트럼프는 오바마가 미국에서 태어난 게 아니라 케냐에서 태어났다며 오바마의 출생증명서 제출을 요구했다. 오바마의 아버지는 케냐 출생이다. 또 오바마가 대학시절 공부를 못 했는데 하버드대학 로스쿨(법학전문대학원)에 들어갔다며 학력 조작 의혹도 제기했다. 이런 의혹제기는 트럼프의 지지율을 끌어올렸다. 일부 여론조사에서는 공화당의 2012년 대선 잠재후보 중 트럼프가 선두를 차지하기도 했다. 당시 트럼프의 인지도는 전국적이었다. 2004년부터 진행을 맡기 시작한 리얼리티 TV쇼 '어프렌티스(Apprentice)'가 여전히 인기리에 방영 중이었기 때문이다. 이 프로그램은 2015년까지 트럼프의 진행 하에 무려 14시즌이 제작됐다. 당시 트럼프의 대선출마 시도는 어프렌티스를 홍보하기 위한 '시선 끌기' 정도로 여겨졌다. 트럼프는 2000년과 2004년, 2008년 대선에서 출마를 저울질했으나 출마하지 않았다. 이번에도 그럴 것이라는 예상이 높았다. 하지만 '오바마 흠집내기'는 의외로 효과가 있었고 트럼프는 박차를 가했다.

트럼프의 질주는 오래가지 못했다. 오바마는 2011년 4월 자신이 하와이에서 태어났음을 증명하는 문서를 공개했다. 그리고 며칠 후 워싱턴에서 열린 백악관 출입기자단 만찬에 트럼프를 초대했다. 기자단 만찬은 1921년 시작됐으며 1년에 한 차례 열린다. 할리우드 스타를 비롯한 유명 인사들이 초청되며 현직 대통령이 연설을 한다. 대통령을 비롯한 모든 연설자들이 정치사회적 풍자와 농담을 섞어서 웃음을 유도하는 게 전통처럼 돼 있다. 그래서 만찬에 참석한 유명인사들이 종종 공격 대상이 됐다. 오바마는 자신을 괴롭힌 트럼프를 공격 대상으로 삼았다. 그리고 박살을 냈다. 자신의 출생증명서 문제가 해결돼 트럼프가 기쁠 것이라며 운을 뗐다. 이제 진짜 중요한 문제에 집중할 수 있게 됐다며 '미국의 달 착륙 조작설' 등을 거론했다. 트럼프가 불필요한 논쟁을 만들어냈다는 조롱이었다. 당시 영상을 보면 트럼프의 얼굴은 완전히 굳었다. 통상 만찬에서 농담의 대상이 되더라도 그 자리에서는 웃는 척이라도 하는데 트럼프는 그렇지 않았다. 오바마는 트럼프가 진행자로 출연 중인 어프렌티스도 언급했다. 그러면서 트럼프가 변화시킬 백악관이라며 사진 한 장을 대형 스크린에 띄웠다. 합성된 사진에는 "트럼프의 백악관(Trump the White House)"이라는 분홍색 글씨가 새겨진 건물이 보였다. 그 밑에는 호텔, 카지노, 골프장이라는 문구와 함께 "대통령 귀빈실(Presidential Suite)"라는 설명도 덧붙였다. 건물 앞에는 비키니를 입은 여성 두 명이 앉아있고 골프채를 손에 쥔 남성들도 보였다. 여성 스캔들에 연루되며 많은 카지노와 호텔을 소유한 트럼프를 조롱한 것이다.

트럼프가 억지로 웃는 모습이 간간이 보였지만 대부분은 표정이 굳어 있었다. 공식석상에서 이렇게 처참하게 깨진 일이 트럼프에게는 생애 처음이 아닐까 싶다. 트럼프는 막말과 기행을 일삼지만 이는 자기 방어적 측면이 크다. 앞서 언급했듯이 '이 구역의 미친 놈은 나다'로 요약되는 트럼프의 발언은 '나는 극단적 행동도 서슴지 않으니 조심하라'는 경고다. 이런 경고는 겁 많은 사람이 날린다. 자신이 무서우니까 그게 들키기 싫어서 더 센 척 한다. 트럼프는 자신에 대한 비판과 조롱을 싫어하는 수준을 넘어서 무서워하는 것으로 보인다. 트럼프가 자신에 대한 작은 비난도 넘기지 못하는 것을 보면 알 수 있다. 이런 트럼프가 수많은 사람 앞에서 망신을 당했으니 오바마를 그냥 놔둘 리가 없다. 트럼프의 오바마 지우기는 이런 악연이 상당한 역할을 한 것으로 추정된다. 트럼프는 2017년 4월 열린 자신의 취임 첫 백악관 기자단 연례만찬에 참석하지 않았다.

一 트위터, 트럼프표 엑스칼리버

트럼프 집권 1년여가 지난 2017년 12월 〈뉴욕타임스〉는 그의 하루 일상을 재구성했다. 트럼프의 측근과 지인, 국회의원 등 총 60명과의 인터뷰를 바탕으로 작성된 이 기사의 주요 내용은 트럼프의 트위터 중독이다. 〈뉴욕타임스〉는 트위터를 트럼프의 "엑스칼리버(Excalibur)"라고 불렀다. 고대 영국의 전설적 영웅 아서 왕에게 엑스칼리버라는 성검(聖劍)이 있었다면 트럼프에게는 트위터가 있다. 기사에 따르면 트럼프는 매일 아침 5시30분쯤 일어나 침대에서 TV 시청으로 하루를 시작한다. 그리고 자신의 아이폰으로 트위터에 접속한다. 이 대목까지는 별 문제가 없다. 대통령이 뉴스를 챙기는 일은 자연스럽다. 트럼프의 트위터 사랑은 잘 알려져 있으니 이 부분도 이상할 게 없다. 문제는 트럼프의 TV 시청시간이다. 짧게는 하루 4시간에서 길게는 하루 8시간에 이른다. 중요한 백악관 회의 중에도 TV를 무음으로 해 놓고 화면을 응시한다. 이렇게까지 TV에 중독된 이유는 트윗을 하기 위해서다. TV를 보고 트위터에 올릴 메시지를 찾는다는 게 〈뉴욕타임스〉의 설명이다.

이 정도면 TV 중독에다 트위터 중독이다. 트윗을 하려면 소재가 필요하니까 TV를 끊임없이 본다. 어떤 사람이 트럼프처럼 하루 종일 TV 앞에 앉아서 트윗만 한다고 가정해 보자. 정신과 상담이나 중독 치료 프로그램을 소개할 것이다. 트럼프의 중독은 '나르시시스트(Narcissist)' 성향과도 관련이 있다. 〈뉴욕타임스〉에 따르면 트럼프는 언론의 머리기사에 자신의 이름이 거론되면 여전히 기뻐한다고 한다. 지구 상에서 미국 대통령보다 언론의 주목을 더 많이 받는 사람이 있을지 모르겠지만 트럼프는 여전히 목마르다. 2~3일만 언론에 자신의 이름이 거론되지 않아도 불안해한다고 〈뉴욕타임스〉는 전했다. 이를 보면 트럼프는 자존감이 심각하게 낮은 사람이다. 다른 사람의 반응이 트럼프를 구성한다. 트위터의 반응도 필요하고 언론의 반응도 필요하다. 타자의 반응이 없으면 자신이 존재하지 않는 것처럼 느낀다. 연예인이 대중에게 잊혀지는 것을 가장 두려워하듯이 트럼프도 언론의 무관심을 가장 두려워하는 것으로 보인다.

트럼프가 트위터에 집착하는 이유는 그가 지나온 인생 경로와 관련이 있다. 트럼프는 자신을 브랜드로 만들어서 사업에 성공했다. 자신을 알리기 위해 영화를 비롯해 각종 광고와 TV 프로그램에 출연했다. 자신을 알리는 일이 곧 돈으로 연결됐다. 자신을 알리는 일에 열중하다가 운 좋게도 자신이 진행을 맡은 리얼리티 TV쇼가 대박이 나면서 전국적인 지명도를 쌓았다. 그렇게 쌓인 인지도를 기반으로 미국 대통령에 당선됐다. 거의 모든 언론이 힐러리 클린턴 민주당 대선후보의 당선을 예측했다. 트럼프가 속한 공화당조차 그의 당선을 어렵게 봤다. 언론은 트럼프의 기행과 막말을 연일 비난했다. 거의 모든 언론을 적으로 돌리고도 트럼프는 대선에서 승리했다. 트럼프는 트위터를 무기로 이 파고를 극복했다. 트럼프에게 트위터는 자신에게 비판적인 언론과 싸우는 수단이었다. 또한 자신을 보호하는 엑스칼리버였다. 그렇기 때문에 트위터에 집착한다.

 트럼프는 애초부터 언론에 호의적이지 않았다. 언론을 이용의 대상으로 봤고 논란을 만들어 언론이 자신을 알리게 만들었다. 1987년 출간된 '거래의 기술(The Art of the Deal)'에서 트럼프는 언론을 이용하라고 조언했다. 또 이렇게 말했다. "좋은 평판은 나쁜 평판보다 낫다. 그러나 나쁜 평판은 때때로 평판이 전혀 없는 것보다 낫다." 트럼프도 좋은 평판이 가장 좋다는 것을 안다. 성공한 청년 사업가로 언론의 주목을 받은 적도 있다. 하지만 언론은 그에게 항상 호의적이지 않았다. 부동산 개발사업의 특성상 트럼프가 항상 좋은 소리만 들을 수는 없었다. 개발 이익은 소수만 누리기 때문이다. 그래서 좋은 평판을 포기하고 평판 자체만 좋게 됐다. 트럼프는 일단 언론의 주목을 받으면 자신에게 유리한 방향으로 만들 수 있다고 했다. 2015년 11월 출간된 자신의 저서 '불구가 된 미국(Crippled America)'에서 이렇게 말했다. 하지만 뜻대로 되지는 않았다. 대선기간 내내 거의 모든 언론이 트럼프를 비판했다.

트럼프는 트위터를 무기로 언론과 싸웠다. 이런 모습은 그의 '아웃사이더(outsider)' 이미지를 더욱 굳혔다. 여러 명이 달려들어 한 명을 두드려 패면 측은지심(惻隱之心)이 생기게 마련이다. 트럼프가 좋든 나쁘든 중요치 않다. 한 명이 일방적으로 당하면 불쌍해 보이기 마련이다. 인간의 기본적인 감정이다. 미국인들도 그랬다. 〈폭스뉴스〉가 2017년 2월 발표한 한 여론조사에 따르면 응답자의 68%는 미국 언론이 트럼프를 지나치게 비판한다고 답했다. 물론 응답자의 절반 이상은 트럼프를 세게 다루는 게 나라를 위해 낫다고 말했다. 〈폭스뉴스〉의 여론조사를 신뢰할 수 있는지는 의문이다. 질문의 내용이나 조사방식에 따라 결과는 달라질 수 있기 때문이다. 더군다나 〈폭스뉴스〉는 미국의 대표적인 보수매체로 트럼프에게 호의적이다. 트럼프가 〈폭스뉴스〉의 한 여성 앵커를 "빔보(bimbo)"라고 부르면서 갈등을 빚기도 했으나 대선 전에 화해한 것으로 알려졌다. 빔보는 외모는 매력적이지만 머리가 빈 여성을 비하하는 비속어다.

〈폭스뉴스〉의 여론조사 결과 발표 후 트럼프는 자신의 트위터를 통해 〈뉴욕타임스〉와 〈NBC뉴스〉, 〈ABC〉, 〈CBS〉, 〈CNN〉을 "가짜 뉴스(fake news)"라고 비난했다. 이들 언론사는 자신의 적이 아닌 "미국인의 적(enemy of the American people)"이라고 주장했다. 트럼프는 2017년 11월에도 트위터를 통해 "미국에서 폭스뉴스가 CNN보다 훨씬 더 중요하다"고 주장했다. 그러면서 〈CNN〉을 가짜 뉴스라고 재차 비난했다. 미국에서 〈폭스뉴스〉의 시청률은 〈CNN〉을 크게 앞선다. 하지만 〈CNN〉의 국제적 인지도는 〈폭스뉴스〉를 크게 앞선다. 트럼프는 이런 현상을 지적하면서 자신에게 호의적인 〈폭스뉴스〉를 띄운 셈이다. 트럼프의 언론 비난에는 〈CNN〉이 빠지지 않는다. 트럼프는 〈CNN〉을 싫어한다. 가짜 뉴스라고 했고 미국인의 적이라고 했다. 왜 이렇게 싫어하나? 이유는 간단하다. 〈CNN〉은 트럼프 비판에 늘 앞장서기 때문이다. 트럼프는 평판이 없는 것보다 나쁜 평판이 낫다고 했다. 하지만 그는 나쁜 평판을 넘길 수 있는 비범한 인물이 아니다.

〈CNN〉에 대한 트럼프의 악감정을 보여주는 사례는 많다. 기폭제가 된 사건이 있다. 때는 트럼프가 대통령 당선인 신분인 2017년 1월로 거슬러 올라간다. 당시 트럼프는 뉴욕에 소재한 트럼프타워에서 대선 이후 첫 기자회견을 했다. 〈CNN〉의 한 기자도 여기에 참석했다. 기자회견에서 트럼프는 〈CNN〉과 미국의 온라인 매체 〈버즈피드(BuzzFeed)〉를 비난하는 데 많은 시간을 할애했다. 〈CNN〉 기자가 반론을 위해 질문 기회를 달라고 요청했다. 그러자 트럼프는 〈CNN〉이 "끔찍한(terrible)" 매체라며 질문 기회를 주지 않았다. 또 〈CNN〉은 가짜 뉴스라고 원색적으로 비난했다. 〈CNN〉 기자에게 질문 기회를 주지 않는 영상은 유명하다. 트럼프는 유독 〈CNN〉을 꼽아서 가짜 뉴스라고 지목했다. 이유가 무엇인가?

트럼프가 이렇게 반응한 데에는 이유가 있다. 기자회견 전날 보도된 기사 때문이다. 〈CNN〉을 비롯한 미국 언론들은 러시아가 트럼프의 사생활 정보를 보유 중이라고 전했다. 그러면서 이런 내용이 담긴 문건을 미국 정보기관들이 오바마 대통령과 트럼프 당선인에게 보고했다고 전했다. 〈버즈피드〉는 여기서 한 발 더 나아갔다. 트럼프의 음란 동영상에 대한 내용이 문건에 포함됐다고 전했다. 문건에 따르면 트럼프는 2013년 러시아의 한 호텔에서 매춘부를 불러 음란한 짓을 했다. 해당 영상을 러시아 정보기관이 입수해 보관하고 있다는 것이다. 물론 사실 여부는 확인되지 않았다. 〈버즈피드〉도 이런 내용은 인정했다. 확인되지 않은 사실을 보도했으므로 보도윤리와 관련한 비판이 제기됐다. 하지만 〈버즈피드〉는 문제될 게 없다는 입장이다. 혐의 제기도 언론 본연의 임무라는 것이다. 이런 논란을 떠나서 '섹스 비디오' 파문은 〈버즈피드〉의 보도가 발단이었다. 그런데 트럼프는 〈CNN〉에게 역정을 냈다. 이유가 무엇인가? 사실 이 보도의 발단은 〈CNN〉이다. 〈CNN〉은 러시아가 트럼프 관련 정보를 갖고 있다는 의혹을 이미 대선 전에 제기했다. 결국 모든 사태의 발단은 〈CNN〉이라는 게 트럼프의 결론인 것 같다. 이런 〈CNN〉에 대해 트럼프가 악감정을 품지 않을 수 있겠나?

〈CNN〉도 헛발질을 했다. 트럼프와 감정 싸움에 가까운 대치를 하면서 이성보다는 감정이 앞섰던 듯하다. 〈CNN〉은 2017년 6월 트럼프와 러시아 간 내통 의혹을 다룬 단독보도를 했다. 트럼프의 한 측근이 러시아 측과 내통했고 러시아에 대한 미국의 제재 해제를 논의했다는 것이 골자다. 큰 사건이다. 미국 대통령의 측근이 러시아와 내통했다. 만약 사실이라면 엄청난 파장을 부를 수 있다. 미국과 구소련은 냉전시기 최대 라이벌이었다. 한국과 북한의 관계와 비슷하다. 한반도 상황에 비유하자면 한국 대통령의 한 측근이 북한 측과 내통해 북한에 대한 제재 해제를 논의한 것에 비유할 수 있다. 그런데 해당 기사는 익명의 취재원 한 명을 인용해 작성했다. 미국 대통령을 날릴 수도 있는 단독보도를 하면서 지나치게 허술했다. 추가 취재와 사실 확인을 했어야 한다. 이 기사는 정황상 사실이 아닌 것으로 드러났고 〈CNN〉은 내부적으로 사실 확인 절차를 거치지 않았다. 결국 해당 기사를 작성한 기자와 편집자 등 언론인 3명이 사직서를 제출했다. 트럼프는 트위터를 통해 즉각 반응했다. 러시아 관련 기사 뿐 아니라 〈CNN〉의 다른 기사도 "가짜 뉴스"라고 폄훼했다. 〈NBC〉, 〈CBS〉, 〈ABC〉를 비롯해 "망해가는(failing)" 〈뉴욕타임스〉와 〈워싱턴포스트〉도 가짜 뉴스라고 싸잡아 비난했다.

트럼프가 지닌 언론에 대한 악감정은 인간적으로 보면 이해가 가는 측면이 있다. 매일 욕만 먹는데 좋을 사람이 어디 있겠나? 하지만 언론의 비판은 트럼프가 자초한 측면이 크다. 또 언론을 대하는 태도에도 문제가 있다. 한 나라의 대통령이 보여준 태도 치고는 대단히 '쪼

잔'하다. 〈CNN〉이 헛발질을 한 다음달, 트럼프는 한 영상을 자신의 트위터 계정에 리트윗했다. 〈CNN〉 로고를 얼굴에 합성한 남성을 두드려 패는 영상이었다. 이 영상을 다른 계정에서 가져다 자신의 계정에 올린 것이다. 대단히 유치하다. 애들이나 하는 짓을 미국 대통령이 하고 있다. 유치한 보복은 이 뿐만이 아니다. 앞서 2월 백악관은 〈CNN〉과 〈뉴욕타임스〉, 〈BBC〉, 〈가디언〉, 〈폴리티코〉 등 트럼프에게 비판적인 언론사를 비공식 브리핑에서 제외했다. 이에 앞서 트럼프는 트위터를 통해 이들이 "가짜 뉴스"를 생산하는 매체로 자신의 적이 아니라 미국인의 적이라고 밝혔다. 트럼프의 트위터 놀이에 백악관이 장단을 맞추는 격이다. 또한 트럼프는 〈CNN〉을 "FNN"이라고 불렀다. FNN은 'Fake News Network' 또는 'Fraud News Network'의 약자인데 트럼프가 〈CNN〉을 조롱할 때 이렇게 부른다. 가짜 뉴스이며 사기꾼 뉴스라는 뜻이다.

여기에 반전 아닌 반전이 있다. 〈뉴욕타임스〉에 따르면 트럼프는 매일 아침 일어나 TV 시청으로 하루를 시작한다. 트럼프가 즐겨보는 채널 중에 〈CNN〉이 있다. 자신이 가짜 뉴스라고 조롱하는 〈CNN〉을 보면서 하루를 시작하는 셈이다. 재미있는 점은 트럼프의 반응이다. 트럼프는 2주에 걸친 자신의 첫 아시아 순방을 마치고 귀국한 후 자신이 평소 〈CNN〉을 보지 않는다고 말했다. 트위터를 통해 "필리핀에 머무는 동안 수개월 간 시청하지 않았던 〈CNN〉을 봤는데 얼마나 나쁘고 가짜인지 다시 깨닫게 됐다"는 트윗을 올렸다. 이 심리는 무엇인가? 가짜 뉴스를 비판하려면 먼저 알아야 하기 때문에 비판하려고 보는 것인가? 그렇다면 당당하게 보면 될 일이지 왜 보지 않는 척을 하나? 트럼프는 궁금한 것이다. 다른 사람의 반응이 궁금한 것이다. 그리고 거슬리는 것이다. 앞서 언급한 나르시시스트의 성향과 관련이 있다. 다른 사람의 반응이 트럼프를 구성한다. 트럼프는 자신에 대한 나쁜 평판을 싫어하는 수준을 넘어서 두려워하는 것이다. 〈뉴욕타임스〉에 따르면 트럼프가 즐겨보는 프로그램에는 〈MSNBC〉의 '모닝 조(Morning Joe)'라는 아침 방송도 있다. 해당 프로그램의 진행자는 트럼프에 대한 비판을 서슴지 않는 인물로 유명하다. 트럼프는 트위터에서 이 진행자를 "사이코(psycho)"라고 비난하기도 했다.

트럼프가 언론과 싸우는 데에만 트위터를 쓰는 것은 아니다. 북한의 김정은과 말 싸움을 할 때도 쓰고 중국에 경고를 날릴 때도 쓴다. 트럼프는 트위터를 통해 북한이 미국을 위협하면 "화염과 분노(fire and fury)"에 직면할 것이라고 했다. 김정은이 트럼프를 "정신 나간 미국의 늙다리(a mentally deranged U.S. dotard)"라고 부르자 트럼프는 트위터를 통해 김정은을 "미치광이(madman)"라고 공격했다. 트럼프는 놀랐을 것이다. 막말이라면 누구에게도 뒤지지 않을 트럼프인데 북한은 그런 트럼프를 초월한다. 미국 대통령을 상대로 "dotard(노망난 늙다리)"라는 막말을 쓸 수 있는 나라는 지구상에 북한 밖에 없을 것이다. 트럼프는 중국을 상대로도 트위터를 활용했다. 중국과 북한 선박들이 2017년 10월 이후 서해 공해상에서 유류 밀거래를 하는 장면이 미국

정찰위성에 포착됐다. 트럼프는 이를 두고 트위터를 통해 중국이 "현행범으로 붙잡혔다(Caught Red Handed)"고 경고했다. 북한을 압박하려면 석유 공급을 차단해야 하는데 중국이 도와주지 않는다는 표현을 이렇게 했다. 원유 차단의 후폭풍이 어떠할지를 떠나서 트럼프가 중국에 대한 실망감을 표현할 수는 있다. 각자의 입장은 다르기 때문이다. 그렇다고 해도 표현에는 문제가 있다. 외교 상대방인 중국을 '범죄자'에 비유했기 때문이다. 미국의 대중 외교에 이로울 게 없다. 이런 논리라면 미국은 범죄자와 외교를 하는 셈이다.

중국을 상대로 한 트위터 대응은 다른 트위터 기행에 비하면 새 발의 피다. 2017년 11월 말 트럼프는 '뜬금없이' 세 건의 동영상을 자신의 트위터에 리트윗했다. 영국의 원외 극우정당 '영국 우선(Britain First)'의 부대표가 트위터에 올린 영상들인데 이를 자신의 계정으로 옮겨왔다. 영상에는 이슬람 혐오에 관한 내용이 담겼다. 무슬림 소년이 네덜란드 소년을 때리고, 무슬림 남성이 성모 마리아상을 부수고, 무슬림 군중이 한 소년을 집단 폭행하는 내용이었다. 무슬림이 폭력적이고 혐오스럽다는 내용이다. 인종차별이며 특정 종교에 대한 증오를 유발한다. 사실관계도 명확하지 않았다. 네덜란드 소년을 때린 사람은 무슬림 이민자가 아니라 네덜란드에서 나고 자란 네덜란드인이다. 미국 주재 네덜란드 대사관이 트위터 계정을 통해 확인했다. 사실관계를 떠나서 한 나라의 대통령이 누구를 때리거나 부수는 영상을 리트윗한다는 게 있을 수 있는 일인가? 미국과 영국 주요 언론에서 난리가 났다. 정치권도 앞다퉈 비판했다. 영국 총리실은 이 극우정당이 과거에도 거짓말을 퍼트렸다고 지적했다. 그러면서 트럼프가 영상을 리트윗한 일은 "잘못됐다(wrong)"는 입장을 내놨다. 트럼프는 즉각 반응했다. 트위터를 통해 자신에게 집중하지 말고 영국에서 일어나는 테러에나 집중하라는 메시지였다. 한 마디로 '너나 잘 하세요'다.

트럼프의 무슬림 영상이 전혀 '뜬금 없는' 일은 아니었다. 사전에 계산된 트윗이었다. 동영상 논란이 일어나고 며칠 후 트럼프는 예루살렘을 이스라엘의 수도로 공식 인정했다. 예루살렘이 어디인가? 아랍권에서 가장 예민한 지역이다. 중동의 화약고로도 불렸다. 예루살렘은 개신교와 이슬람교, 유대교 모두의 성지이다. 예수가 십자가에 못 박힌 곳이며 이슬람교의 예언자 모하메드가 승천한 곳이다. 고대 유대왕국의 수도도 이곳이었다. 제2차 세계대전 이후 이슬람교를 믿는 팔레스타인과 유대교를 따르는 이스라엘은 예루살렘의 소유권을 놓고 장기간 무력분쟁을 벌였다. 1993년 오슬로협정이 체결되면서 평화가 찾아왔지만 불안한 평화였다. 팔레스타인 무장단체 하마스와 이스라엘 간 무력충돌은 이후에도 계속됐다. 갈등이 첨예한 이곳에서 트럼프는 이스라엘의 손을 일방적으로 들어줬다. 트위터에 무슬림 혐오 영상을 올린 것은 이를 위해 밑자락을 깐 것이다. 무슬림은 폭력적이고 혐오스러운 대상이니 예루살렘을 이스라엘의 손에 넘겨야 한다는 계산이 깔렸다. 아랍권은 즉각 반발했다. 하마스는 트럼프가 "지옥 문을 열었다(opens the gates of hell)"며 그의 결정을 전쟁 선포로 간주했다. 아랍권 22개국으로 구성된 아랍연맹은 트럼프의 결정이 폭력과 혼란을 야기할 것이라며 철회를 촉구했다. 트럼프를 규탄하는 시위가 아랍권 곳곳에서 일어났고 영국과 프랑스를 비롯한 주요국들도 트럼프의 결정에 반대 의사를 표명했다.

트럼프는 전 우주가 나서서 반대하는 일을 왜 하려고 하나? 물론 이스라엘은 트럼프의 결정을 반긴다. 유대인도 그렇다. 트럼프의 사위는 유대인이다. 트럼프가 사위 사랑을 이유로 이런 일을 벌일 정도로 가족애(愛)가 넘치는 인간일까? 가능성은 있다. 트럼프는 사위를 백악관 선임고문에 앉혔다. 대놓고 사위를 공직에 앉힐 정도로 트럼프의 가족애는 각별하다. 물론 인류애는 없다. 예루살렘이 이스라엘의 공식 수도로 인정되면 예루살렘 동쪽에 거주하는 팔레스타인 국민 10만여명은 갈 곳을 잃게 된다. 수많은 가족들이 집을 잃어도 눈 하나 깜짝하지 않을 인간이 트럼프다. 국내 정치적 이유도 생각해 볼 수 있다. 예루살렘 전체를 이스라엘 영토로 인정하는 것은 트럼프의 대선 공약이었다. 트럼프도 자신의 결정이 공약을 이행하는 것이라고 말했다. 공약 이행은 유대인과 반(反)이슬람 성향의 백인들로부터 지지를 얻을 수 있다. 이 또한 완전한 설명은 아니다. 왜냐하면 트럼프는 이익에 따라 움직이는 인간이기 때문이다. 트럼프는 이번 결정이 미국의 이익(American interests)을 위한 조치라고 말했다. 그렇다면 미국은 어떤 이익을 보나? 중동에서 무력 충돌이 발생하고 혼란이 찾아오면 미국은 어떤 이익을 보나? 그렇다. 미국은 무기를 팔 수 있다. 무기를 팔아 일자리를 창출한다는 트럼프의 '국정운영 방향'에 딱 들어맞는 결정이다. 트럼프의 장사꾼 기질을 생각하면 가능성이 크다. 트럼프의 사익과도 관련이 있을 수 있지만 추측은 추측일 뿐이다.

트럼프도 '헛발질'을 했다. 그것도 결정적일 때 했다. 트럼프의 결정적인 트위터 헛발질은 '러시아 게이트'와 관련이 있다. 러시아 게이트는 트럼프가 당선된 2016년 미국 대선에 러시아가 개입했다는 의혹이다. 트럼프와 러시아 간 유착이 사실로 밝혀진다면 '트럼프 게이트'가 될 것이다. 이는 트럼프의 탄핵으로 이어질 수 있다. 이 사건의 발단은 2016년 8월로 거슬러 올라간다. 미국 대선 레이스가 한창이던 시기다. 당시 〈뉴욕타임스〉는 트럼프 선거캠프의 좌장인 폴 매너포트가 우크라이나의 친(親)러시아 정당으로부터 현금을 받았다는 의혹을 제기했다. 2007년부터 2012년까지 한국 돈으로 약 140억 원을 받았다는 것인데 당사자는 부인했다. 하지만 대선 결과에 악영향을 미칠 것을 고려해 며칠 후 사임했다. 매너포트는 친러시아 성향으로 분류되던 인물이다. 그는 친러시아 성향의 우크라이나 정치인들을 위해 일한 적이 있다. 트럼프의 대통령 취임 후에도 관련 의혹이 제기됐다. 취임한 지 한 달도 채 지나지 않아 백악관 국가안보회의(NSC) 보좌관인 마이클 플린이 사임했다. 사임 이유는 러시아와 내통한 의혹이다. 트럼프 취임을 앞두고 그는 주미 러시아 대사와 잦은 접촉을 가졌다. 여기서 미국의 러시아 제재 해제를 논의했다는 사실이 폭로됐다. 플린은 백악관의 외교안보 사령탑이었다. 한국의 청와대 국가안보실장과 비슷한 직위다. 내통 의혹이 사실이라면 미국의 외교안보에 엄청난 구멍이 뚫린 셈이다.

미국 연방수사국(FBI)이 수사를 진행했다. FBI 수장인 제임스 코미는 대선기간 트럼프 캠프와 러시아 간 내통 의혹을 수사하고 있다고 밝혔다. 트럼프는 코미를 전격 해임했다. 코미 국장에게 직접 해임 사실을 전하지 않고 백악관 경호원 한 명을 보내 해임 서한을 전달하게 했다. 코미는 TV 뉴스를 통해 자신이 해임된 사실을 알게 됐다고 한다. 국무총리 해임을 문자로 통보한 한국의 어느 대통령과 비슷하지 않은가? 코미는 화가 났고 메모 한 장을 공개했다. 이 메모에는 트럼프가 플린에 대한 수사 중단을 요청했다는 내용이 담겼다. 이는 '사법방해(obstruction of justice)'에 해당할 수 있다. 사법방해는 사법기관의 수사를 방해하거나 지연시키거나 영향을 미치는 행위로 미국 법은 범죄행위로 규정한다. 과거 미국 대통령들의 탄핵 추진을 촉발한 사유 중 하나이기도 하다. 미국 법무부는 특별검사에 의한 수사를 결정했다. 특별검사로는 로버트 뮬러 전 FBI 국장이 임명됐다. 공화당과 민주당 모두 환영했다. 뮬러는 FBI의 독립성을 높인 인물로 평가 받는다. 정치적 외압에 휘둘리지 않고 수사하는 인물이라는 뜻이다. 트럼프는 트위터를 통해 반응했다. 미국 역사상 정치인 한 명을 상대로 이런 "마녀 사냥(witch hunt)"을 한 적이 없다며 불평했다.

트럼프의 불평과 상관없이 특검 수사는 진행됐다. 한때 트럼프의 선거운동을 이끌었던 매너포트가 특검의 기소 대상 1호가 됐다. 트럼프의 초대 안보 보좌관이었던 플린은 특검 조사에서 메가톤급 발언을 터뜨린다. 트럼프 취임 전 자신이 주미 러시아 대사를 접촉한 것은 지시에 의한 것이었다고 밝혔다. 지시를 내린 사람은 트럼프의 사위인 재러드 쿠슈너 백악관 선임고문이다. 특검은 플린을 기소했다. 2017년 12월 초의 일이다. 플린이 트럼프의 사위를 날릴 수 있는 발언을 한 이유는 '플리바겐(plea bargain)' 덕분이다. 피고인이 범죄사실을 인정하면 검사가 형량을 줄여주는 제도다. 더 큰 범죄를 잡기 위해 도입했다. 불행히도 한국에는 없는 제도다. 플린은 사법방해죄로 징역 5년형에 처해질 수 있었다. 플린은 허위 진술로 기소됐는데 그의 허위 진술이 FBI의 수사를 방해했다는 게 법원의 판단이다. 5년형을 받으면 그의 인생이 끝장날 수 있다. 범죄사실을 인정하고 감형을 받으면 집행유예를 받을 수도 있다. 플린에게는 남는 장사다.

트럼프에게는 손해가 막심하다. 특검 수사가 최측근인 사위를 향할 것이기 때문이다. 다음 차례는 트럼프 자신일 수 있다. 플린에 따르면 사건의 전말은 이렇다. 트럼프 인수위원회 시절인 2016년 말 유엔 안정보장이사회는 이스라엘의 정착촌 건설을 비난하는 결의안 채택을 추진했다. 이스라엘은 자국민을 팔레스타인 자치지구로 이주시켜서 정착촌을 건설하려고 했다. 팔레스타인 국민을 내쫓아서 이 지역을 이스라엘의 영토라고 주장하려는 의도였다. 이를 저지하려는 국제사회의 움직임이 있었다. 트럼프의 사위 쿠슈너는 국제사회의 이런 움직임을 막으려고 했다. 쿠슈너는 유대인이기 때문이다. 이스라엘과 모종의 거래가 있을지도 있으나 밝혀진 바는 없다. 쿠슈너는 플린을 시켜서 주미 러시아 대사와 접촉하도록 했다. 그리고는 러시아가 유엔 안보리 결의안 투표를 연기하거나 부결시킬 것을 요청했다. 러시아는 그 대가로 미국의 러시아 제재를 풀어 달라고 요구했다. 플린의 진술을 종합하면 특검의 쿠슈너 수사는 불가피해 보인다.

트럼프의 결정적 실수는 이때 나왔다. 화가 난 트럼프는 트위터를 통해 플린이 FBI에 거짓말을 했기 때문에 해임했다고 밝혔다. 그러면서 플린이 자신의 거짓말을 인정했을 뿐이고 인수위 시절에 한 행동은 합법이라고 말했다. 이 트윗은 논란을 일으켰다. 플린이 FBI에 거짓말을 해서 해고했다는 발언이 문제가 됐다. 이 트윗에 따르면 트럼프는 플린이 FBI에 허위 진술을 한 사실을 이미 알고 있었다. 그런데도 FBI 국장에게 전화를 걸어 플린에 대한 수사 중단을 요청했다. 다시 말해 트럼프는 플린의 허위 진술을 알고도 묵인했다. 게다가 FBI가 수사를 중단하도록 압력을 넣었다. 이는 사법방해죄에 해당한다. 화가 나서 플린을 비난하다가 자충수를 뒀다. 스스로 인터넷 상에 명백한 증언을 남긴 셈이다. 사태가 심각해지자 트럼프의 변호사가 무마에 나섰다. 해당 트윗을 자신이 작성했다고 주장한 것이다. 하지만 트럼프가 변호사에게 트위터 대필을 시킬 리는 없다. 트럼프의 화려한 전적이 말해준다. 법적으로 문제가 될 트윗을 변호사가 작성했을 리도 없다. 트럼프의 변호사가 위기를 모면하고자 덤터기를 쓸 수 있지만 오래 가지는 못할 것이다. 트럼프의 트위터 중독은 중증이기 때문이다.

트위터는 트럼프의 엑스칼리버였다. 대선기간 아웃사이더인 트럼프가 주류 언론과 싸울 때는 그렇기도 했다. 좋게 보면 그렇다. 현직 대통령인 트럼프가 트위터에 중독된 모습은 분명 부정적 요소다. '칼로 흥한 자 칼로 망한다'고 했던가? 트위터로 흥한 자 트위터로 망하는 건 아닌지 모르겠다. 플린의 기소를 계기로 특검의 칼날이 트럼프를 향할지는 불투명하다. 쿠슈너의 혐의가 입증돼도 '꼬리 자르기'는 가능하다. 트럼프와 관련이 없다고 잡아떼면 그만이다. 특검의 수사가 트럼프를 향해도 탄핵으로 이어질지는 불투명하다. 미국 대통령의 탄핵은 하원 과반의 찬성과 상원 3분의 2의 찬성이 필요하다. 미국은 양원제를 채택하고 있다. 트럼프가 소속된 공화당이 상원과 하원 모두에서 과반 이상의 의석을 확보하고 있다. 현실적으로 어려운 측면이 있다. 미래 예측은 불가능하다. 뮬러 특검의 수사를 지켜보는 수밖에 없다. 혹시 아는가? 미국 국민들이 한국의 촛불혁명을 수입해 갈지.

Xi Jinping
★
Donald Trump

Part 3

시진핑 vs 트럼프

중국과 미국은 힘의 불균형을 어떻게 해소할까?
미국이 두려워할 정도로 중국의 부상은 빠르다.
우선 경제적 측면이 그렇다.
머지않아 미국을 추월할 것으로 예상된다.
경제력은 곧 군사력으로 연결되며,
중국은 강한 경제력과 군사력을 바탕으로
그에 걸맞은 위상과 처우를 원할 것이다.

21세기 들어 외교사적으로 가장 중요한 사건은 중국의 부상이다. 미국과 구소련이 경쟁하던 '냉전(Cold War)'은 G2(Group of Two, 미국과 중국을 지칭)로 대체됐고 중국은 명실공히 미국의 세계패권에 맞서는 가장 강력한 도전자가 됐다. 냉전시기에는 '이데올로기(ideology),' 즉 이념이 편을 가르는 잣대였다. 미국과 구소련이 각각 표방하는 이념을 선택하면 이들이 제공하는 경제적 지원과 군사적 보호라는 '서비스'를 약속 받았다. 한 가지 조건이 있다. 양다리는 걸칠 수 없다. 미국을 선택하면 미국이 제공하는 '서비스'만 받아야 한다. 제공된 서비스는 미국의 경쟁자인 구소련과 그 패거리를 견제하는 데 써야 한다. 냉전시기는 이랬다. '편 가르기'와 '줄 세우기'가 가능했다. 줄을 잘 서면 풍요롭고 안전한 삶이 보장됐다. 하지만 G2의 시대는 다르다. 일률적으로 편을 가르기가 어렵게 됐다. 미국과 친하다고 해서 중국과 등을 돌리고 살 수 있나?

왜 이렇게 됐나? '각자도생(各自圖生)'의 시대가 열렸기 때문이다. 냉전시기처럼 누군가에게 기대서 살 수는 없게 됐다. 각자 생존 전략을 찾아야 한다. 구심점이 약해졌기 때문이다. 구소련이 붕괴되고 힘의 균형은 미국으로 급격하게 쏠렸다. 한동안 미국은 경쟁자가 없는 세계 유일의 초강대국이었다. 모두가 미국과 친하게 지내려고 했다. 중국도 마찬가지다. 하지만 그것도 잠시였다. 미국은 이미 쇠퇴하고 있었다. 미국의 사회학자 이매뉴얼 월러스틴은 미국 패권의 '쇠퇴(decline)'를 오랫동안 주장해 왔다. 2008년 미국에서 '서브프라임 모기지(sub-prime mortgage)' 사태가 발발했다. 이는 글로벌 금융위기로 이어졌다. 복잡한 금융상품들이 떠받친 미국의 부동산 거품은 한 순간에 날아갔다. 이를 계기로 미국의 국력은 급격히 쇠퇴했다. 미국이라는 구심점도 약해졌다. 구소련은 이미 사라졌다. 누가 누구를 책임질 수 있는 시대가 아니다. 미국도 '내 코가 석자'다. 각자 자기 살 길을 찾아야 하는 시대가 도래한 것이다.

미국의 쇠퇴는 상대적으로 중국의 부상을 돋보이게 했다. 중국은 1980년대 덩샤오핑(鄧小平)의 개혁·개방 이후 빠르게 성장했다. 시진핑(習近平)이 이끄는 중국은 경제적으로 이미 일본과 독일을 추월했으며 미국에 이은 세계 2위 경제대국이 됐다. 2016년 기준으로 중국의 국내총생산(GDP)은 미국의 60%에 달한다. 세계 3위인 일본 GDP의 2배가 넘는다. 미국은 어떻게 됐나? 전 세계 GDP에서 미국이 차지하는 비중은 2차 세계대전 직후 50%에 육박했다. 이 수치는 계속 떨어져 2016년에 절반 수준인 25%로 추락했다. 반면 중국이 차지하는 비중은 개혁·개방 이전 2%에도 못 미쳤으나 2016년 15%까지 치고 올라갔다. 머지않아 미국을 추월할 것이라는 전망이 지배적이다. 중국은 소비시장도 엄청나다. 이는 성장 잠재력과 연결된다. 중국 중산층은 미국 전체 인구와 맞먹는 3억명에 이른다. 수출 없이 중국 내 판매만으로 세계적인 기업이 탄생할 수 있다. 중국은 군사력도 빠르게 성장하고 있다. 미국에 이어 세계에서 두 번째로 많은 돈을 군사력 증강에 쓰고 있다. 중국의 국방비 지출은 2016년 기준 미국의 4분의 1 수준이지만 급속히 따라잡을 것으로 예상된다. 기본적으로 경제력은 군사력을 뒷받침하기 때문이다. 군사력 증강에는 돈이 필요하다. 중국은 이미 많은 돈을 쓰고 있다. 중국의 국방비 지출은 세계 3위인 러시아의 두 배가 넘는다.

미국이 쇠퇴하고 중국이 부상하면서 '투키디데스의 함정(Thucydides's Trap)'에 대한 우려가 불거졌다. 투키디데스는 기원전 5세기에 활동한 고대 그리스의 역사가로, 펠로폰네소스 전쟁에 대한 책을 썼다. 펠로폰네소스 전쟁은 기원전 5세기 아테네와 스파르타 사이에 벌어진 전쟁을 일컫는다. 투키디데스는 이 전쟁의 원인을 이렇게 설명했다. 스파르타는 '패권국(ruling power)'이고 아테네는 '신흥 강자(rising power)'다. 아테네는 급속히 부상했고 스파르타는 이를 두려워했다. 아테네의 급속한 부상과 이에 대한 스파르타의 두려움이 전쟁으로 이어졌다. 이것이 투키디데스의 설명이다. 신흥 강자가 부상하면 힘의 균형이 깨지고 패권국은 불안해한다. 이런 불균형과 두려움을 해소하는 과정이 패권국과 신흥국 간에 발생한다. 이 과정에서 무력 충돌이 발생할 수 있다는 게 투키디데스의 함정이다. 후세 학자들이 이렇게 명명했다. 불균형과 두려움 해소 과정에서 반드시 전쟁이 일어나는 것은 아니다. 역사적으로 봤을 때 무력 충돌을 수반한 경우가 많았을 뿐이다.

그렇다면 중국과 미국은 힘의 불균형을 어떻게 해소할까? 중국이 급부상하면서 무력 충돌에 대한 우려가 커진 게 사실이다. 미국이 두려워할 정도로 중국의 부상은 빠르다. 우선 경제적 측면이 그렇다. 머지않아 미국을 추월할 것으로 예상된다. 이는 군사력의 추월을 뜻한다. 경제력은 곧 군사력으로 연결된다. 중국은 강한 경제력과 군사력을 바탕으로 그에 걸맞은 위상과 처우를 원할 것이다. 미국은 당연히 저항할 것이다. 지금까지는 무력 충돌 없이 이 과정이 진행됐다. 최소한 시진핑이 이끄는 중국과 버락 오바마가 이끄는 미국 간에는 그랬다. 먼저 경제 분야에서 미국과 중국이 충돌했던 사례를 살펴보자.

대표적인 사례는 국제통화기금(IMF)에서 중국이 차지하는 위상을 둘러싼 대립이다. 시진핑은 IMF에서 중국의 경제력에 걸맞은 지위를 요구했다. 하지만 오바마는 이를 거부했다. 어떻게 거부했나? 일문일답 형식으로 풀어보겠다. IMF에서의 지위는 어떻게 결정되나? 지분에 따라 결정된다. 출자금을 많이 내면 지분율이 높아지고 발언권도 세진다. 중국이 돈을 더 내면 될 일 아닌가? 미국이 이를 막고 있다. 어떻게 막나? 미국은 거부권을 행사해 중국의 지분 확대를 막아왔다. 미국은 거부권을 어떻게 행사하나? IMF에서 주요 안건에 대한 승인은 전체 지분 85% 이상의 찬성이 필요하다. IMF 최대 주주인 미국은 지분율이 15%가 넘는다. 미국이 반대하면 찬성 지분이 85%를 넘길 수 없다. 미국만 유일하게 거부권을 행사할 수 있는 셈이다.

오바마가 양보를 하기는 했다. IMF는 2010년 지배구조 개편안을 채택했다. IMF의 자본금을 늘리고 중국을 포함한 신흥국이 출자금을 더 많이 내도록 하는 게 골자다. 이 개편안 덕분에 중국의 지분율은 올라가고 미국의 지분율은 내려갔다. 미국 의회는 처음에 반대하다가 2015년 말 이를 승인했다. 하지만 이 개편안의 결과가 참 오묘하다. 미국의 IMF 지분율은 16.74%에서 16.47%로 내려갔으나 여전히 거부권을 행사할 수 있는 15%가 넘는다. 그리고 미국은 여전히 IMF의 최대주주다. 중국은 IMF 지분율이 3.81%에서 6.07%로 올라가 3대 주주가 됐다. 하지만 일본보다도 낮다. 이 개편안은 IMF의 70년 역사상 최대 규모로 평가 받는 개혁안이다. 개혁이라는 단어를 붙였음에도 시진핑 입장에서 보면 달라진 게 없다. 중국이 2대 경제대국이지만 여전히 일본보다도 지분율이 낮다. 또 미국과 중국 간 경제 격차를 고려했을 때 두 나라의 지분율 격차는 지나치게 크다.

IMF는 중국 위안화를 특별인출권(SDR) 준비통화로 편입시키기도 했다. SDR은 IMF의 준비자산을 인출할 수 있는 권리를 뜻한다. 지분율에 따라 회원국에 배분되고 유동성 부족 등 위기가 발생하면 준비자산을 담보 없이 인출하도록 허용한다. 준비자산을 구성하는 통화는 미국 달러화와 유럽연합(EU) 유로화, 영국 파운드화, 일본 엔화였다. 여기에 위안화를 끼워 준 것이다. 시진핑은 오랫동안 위안화의 SDR 편입을 요구했다. SDR 편입은 위안화가 국제적인 통화로 인정받았음을 뜻하기 때문이다. 위안화는 금융위기와 같은 위급 상황에서도 통용되는 화폐가 됐다. 하지만 시진핑이 만족할 리 없다. 중국의 경제 규모를 고려했을 때 당연한 결과로 받아들였을 것이다. 물론 기축통화의 지위는 경제 규모로만 결정되지 않는다. 금융시장의 개방성, 금융시스템의 선진화, 규제 등을 종합적으로 고려해 판단한다. 중국 금융시스템이 선진화되려면 아직 갈 길이 멀다.

시진핑은 왜 IMF 지분율과 SDR 편입에 집착하나? 기축통화에 대한 열망과 관련이 있다. 시진핑은 위안화를 기축통화로 만들고 싶어한다. 최소한 달러화의 기축통화 지위를 양분하고자 한다. 이를 설명하려면 2차 대전 후 미국 주도로 출범한 '브레튼 우즈 체제(Bretton Woods System)'에 대한 설명이 필요하다. 브레튼 우즈는 미국 뉴햄프셔주에 위치한 지역명이다. 이곳에서 이 체제의 출범을 논의했기 때문에 이런 이름이 붙었다. 이 체제의 출범으로 IMF와 국제부흥개발은행(IBRD)이 설립됐다. IMF는 국제통화제도를 관장하고 위기가 발생하면 해당국에 달러 유동성을 공급한다. 한국도 1997년 외환위기 발발 후 IMF의 구제금융지원을 받은 바 있다. IBRD는 2차 대전 후 전후 복구와 후진국 개발을 목적으로 출범했다. 이후 세계은행으로 명칭이 바뀌었다.

브레튼 우즈의 핵심은 기축통화다. 이 체제 하에서 국제 금융통화시스템의 기준이 되는 기축통화는 달러화다. 달러화가 알파이자 오메가인 셈이다. 기축통화의 지위가 왜 이렇게 중요한가? 기축통화는 무엇인가? 단순하게 말해서 환율을 계산하는 기준이다. 예를 들어 한국 원화의 가치는 1달러당 1,000원이라는 식으로 결정된다. 모든 통화의 가치는 달러화와 비교해 얼마인지로 결정된다. 미국이 한국을 비롯한 모든 나라의 화폐 가치를 결정하는 기준이다. 그렇다면 달러화 가치는 누가 결정하나? 미국 중앙은행이 결정한다. 미국의 금융통화정책에 따라 달러화 가치가 결정된다. 또 미국의 경제 상황이 결정한다. 미국 경제가 좋으면 달러화 가치가 올라가고 나쁘면 달러화 가치가 떨어진다. 그렇다면 원화 가치는 누가 결정하나? 한국의 중앙은행과 경제 상황이 결정한다. 하지만 달러화 가치의 변동에 따라 영향을 받는다. 다시 말하면 한국의 경제 상황이나 정책 결정과 상관없이 미국의 경제 상황이나 정책 결정에 따라 원화의 가치가 변할 수 있다.

기축통화인 달러화가 전 세계 모든 환율에 영향을 미친다. 미국 중앙은행장을 글로벌 경제대통령으로 부르는 데에는 이유가 있다. 또 달러화를 매개로 미국 경제가 세계 경제에 영향을 미친다. 시진핑은 달러화의 이런 위상이 부러울 것이다. 기축통화인 달러화가 누리는 특권은 어마어마하다. 한 가지 사례를 들어보겠다. 2008년 발생한 서브프라임 모기지 사태로 미국 부동산 시장은 박살이 났다. 이론상 달러화

가치는 폭락해야 한다. 하지만 기축통화라는 이유로 달러화 가치는 올라가는 기현상이 벌어졌다. 달러화는 기축통화이므로 안전하다는 심리가 발동했다. 달러화 가치가 고공행진을 한 덕분에 미국 중앙은행은 양적완화를 통해 엄청난 규모의 달러 유동성을 뿌릴 수 있었다. 미국의 정책 실패로 부동산 시장이 박살이 났다. 이를 수습하려고 달러화를 찍어냈는데 전 세계가 이를 반겼다. 만약 한국에서 비슷한 위기가 발생했을 때 한국 중앙은행이 원화를 대규모로 찍어냈다면 환율 급등으로 외환위기가 찾아왔을 것이다.

중국의 급부상으로 미국의 두려움이 커졌지만 시진핑과 오바마는 투키디데스의 함정에 빠지지 않았다. 오바마는 형식적이지만 시진핑에게 작은 양보를 했고 시진핑은 IMF 지분 확대와 SDR 편입이라는 작은 수확을 거뒀다. 작은 양보와 타협이 패권국과 신흥국 간 무력 충돌이라는 극단적 선택을 피하게 했다. 물론 IMF 지분과 SDR 편입을 둘러싼 갈등 때문에 미국과 중국이 당장 전면전을 벌일 일은 없다. 하지만 이권을 둘러싼 대립은 얼마든지 무력 충돌로 이어질 수 있다. 대부분의 전쟁에는 경제적 이권이 끼어 있다. 미국이 중동에서 촉발한 수많은 분쟁은 원유를 둘러싼 이권 때문이었다. 시진핑이 오바마로부터 작은 수확을 거뒀지만 이에 만족하지는 않을 것이다. 중국이 성장할수록 시진핑은 그에 걸맞은 더 큰 위상을 요구할 것이다.

시진핑은 강한 경제력을 바탕으로 군사력을 키웠다. 자국을 방어하는 수준을 넘어서 해양으로 뻗어 나가고자 했다. 시진핑은 오바마와 만나서 이런 말을 했다. "寬廣的太平洋有足够的空間容納中美兩個大國." 해석하면 이렇다. "태평양은 넓기 때문에 미국과 중국이라는 두 대국을 수용할 만큼 공간이 충분하다." 이 말은 무슨 뜻인가? 태평양은 넓으니 미국과 중국이 양분할 수 있다는 것이다. 중국은 서태평양을 관장할 테니 미국은 넘어오지 말라는 선언이다. 오바마의 미국은 이를 견제했다. 오바마 집권기에 미국의 외교정책은 중국으로 이동했다. 이를 '아시아 중시(Pivot to Asia)' 전략 또는 '아시아 재균형(Rebalancing to Asia)' 전략이라고 칭한다. 외교의 중심을 아시아에 두고 아시아를 관리하는 데 외교 역량을 집중하겠다는 전략이다. 여기서 아시아는 중국을 가리킨다. 군사적 조치도 뒤따랐다. 오바마는 해군력의 중심을 태평양으로 이동시켰다. 냉전시기 구소련을 봉쇄하던 전략이 중국으로 이동한 셈이다.

이런 와중에 군사적 갈등이 뒤따랐다. 필연적 결과였다. 중국 근해에서 서태평양으로 군사적 영향력을 확장하려는 시진핑과 이를 저지하려는 오바마 간 충돌이 일어났다. 남중국해를 둘러싼 갈등이 대표적이다. 남중국해는 중국과 동남아시아 국가들 간 영유권 분쟁이 치열한 곳이다. 시진핑은 남중국해 바다 한 가운데 있는 암초를 매립해 인공섬을 건설하도록 명령했다. 그리고는 남중국해 전체 해역의 약 90%에 대한 중국의 영유권을 주장했다. 무려 90%다. 중국이 소유권을 주장한 해역을 보면 역시 '대륙이구나'하는 감탄사가 나온다. 동남아시아 국가들이 열 받을 만하다. 필리핀은 2013년 남중국해 문제에 대한 국제기구의 판단을 요청했고 상설중재재판소(PCA)는 3년 후 필리핀의 손을 들어줬다. PCA는 사법기구가 아니라 행정기구에 가깝다. PCA의 판결에 법적 구속력은 없다. 하지만 필리핀, 베트남 등과 영유권 분쟁을 벌여온 시진핑의 주장이 국제적 정당성을 잃게 됐다. 중국은 반발했다. 판결에 대한 반발로 중국 해군은 남중국해에서 대규모 군사훈련을 벌였다. 중국은 애초부터 당사국 간 해결할 문제라며 재판 자체를 인정하지 않았다. 중국이 당사국 간 해결해야 한다고 주장한 이 문제에 오바마의 미국은 개입했다. 중국이 건설한 인공 섬 근방에 핵잠수함과 구축함을 보냈고 필리핀 해역에 항공모함을 배치하기도 했다.

한때 중국과 미국 간 군사적 긴장이 높아지기도 했지만 무력충돌이 발생하지는 않았다. 오바마가 시진핑의 영유권 주장을 묵살하려고 했다면 인공 섬을 폭격하면 그만이다. 하지만 무력시위를 하는 데 그쳤다. 중국 해군과 미국 태평양함대 간 우발적 충돌이라도 발생했다면 사태는 걷잡을 수 없는 방향으로 흐를 수 있었다. 하지만 그러지 않았다. 오바마와 시진핑 간에는 투키디데스의 함정이 통하지 않았다. 이런 일이 어떻게 가능했나? '공포의 균형(balance of terror)' 덕분이다. 핵 보유국 간에는 서로 두려워서 핵무기를 쓰지 못한다. 핵을 보유한 국가가 핵무기로 공격하면 다른 핵 보유국은 반드시 핵무기로 반격한다. 핵전쟁에서 승자는 없다. 모두 패자다. 이런 공포 때문에 핵 보유국 간 전면전이 발생하지 않는다는 게 공포의 균형이다. 시진핑과 오바마는 이를 잘 알고 있다. 그래서 서로 조심한 것이다. 시진핑이 남중국해의 영유권을 강하게 주장했다면 인공 섬 근방으로 향하는 미국 군함을 격침시키면 그만이다. 시진핑은 그러지 않았다. 대규모 군사훈련을 통한 무력시위에 그쳤다. 시진핑과 오바마 모두 무력시위를 통해 각자 체면을 차리는 데 그쳤다.

남중국해가 미국 해역도 아닌데 오바마는 왜 이 문제에 개입했나? 남중국해는 아시아에서 미국의 패권을 상징하기 때문이다. 중국이 부상하기 전까지만 해도 미국 군함은 이곳을 '자기 집 안방 드나들 듯이' 드나들었다. 중국이 부상하기 전 아시아의 맹주는 중국이 아니라 미국이었다. 시진핑은 우선 아시아의 맹주 자리를 내놓으라는 것이다. 오바마는 '항해의 자유(freedom of navigation)'를 내세웠다. 남중국해 해역은 누구나 사용가능한 공해(公海)이므로 특정 국가에 속할 수 없다고 주장한다. 미국은 아시아에서 군사 패권을 유지해왔다. 아시아에서 군사적 영향력을 유지하려면 미국 군함이 남중국해에서 자유롭게 항해할 수 있어야 한다. 하지만 시진핑은 미국 함대가 서태평양으로 건너오지 말라고 요구한다. 태평양을 양분하려는 중국과 기득권을 지키려는 미국 간 군사적 충돌의 가능성은 남아 있다. 남중국해에서 발생할 수 있고 다른 지역에서 발생할 수도 있다. 하지만 미국과 중국 간 전면전의 가능성은 여전히 없다. 공포의 균형이 작동하기 때문이다. 공포의 균형은 냉전시기에도 통했다. 미국과 구소련이 세계 모든 국가에 '줄 세우기'를 강요하고 첨예하게 대립했지만 투키디데스의 함정에 빠지지 않은 이유는 공포의 균형이 작동한 덕분이다.

─ America First,
트럼프식 미국 이익 우선주의

　트럼프의 미국은 어떨까? 오바마처럼 시진핑(習近平)의 중국과 '공포의 균형(balance of terror)'을 이룰까? 트럼프의 장사꾼 기질 덕분에 공포의 균형은 통한다. 트럼프가 호전적이라는 평가도 있지만 손해나는 장사를 할 리도 없다. 트럼프가 핵을 장사의 수단, 즉 협박의 수단으로 쓸 수 있지만 중국을 상대로 실제 핵을 쓸 일은 없다. 결과는 미국과 중국의 공멸이기 때문이다. 하지만 트럼프는 오바마와 결이 다르다. 트럼프는 '미국 우선주의(America First)'를 대외전략으로 채택했다. 미국의 모든 대외정책에서 자국의 이익을 우선시하겠다는 전략이다. 이는 새롭고 별다를 게 없다. 미국은 항상 자국의 이익을 우선시해왔다. 모든 나라는 외교전략에서 자국의 이익을 우선시한다. 그렇다면 트럼프가 말하는 미국의 이익은 무엇인가? 고립주의라는 말로 설명할 수 있다. 트럼프의 대외전략은 고립주의로도 불린다. 미국이 스스로 국제사회에서 '왕따'를 당하겠다는 게 아니라 다른 나라의 일에 간섭하지 않겠다는 뜻이다. 간섭하면 돈이 들기 때문이다. 서브프라임 모기지 사태 이후 미국은 '내 코가 석자'다. 여전히 무역 적자와 재정 적자라는 쌍둥이 적자에 시달리고 있다. 대외 분쟁에 간섭할 정도로 국방비를 낭비할 여유가 없다. 대규모 군대를 유지하기도 빠듯하다. 트럼프가 당선된 2016년 미국 대선에서 '밖에 퍼주다가 집안 살림 거덜

났다'는 인식이 강하게 작동했다. 이에 부응해 트럼프는 동맹국들이 미국이 제공하는 안보에 무임승차 한다고 비난했다. 미국이 동맹국들을 지켜주는데 비용을 제대로 지불하지 않는다는 것이다. 그래서 "무임승차(free ride)"라는 단어를 썼다. 미국이 제공하는 '안보 서비스'를 받으려면 돈을 추가로 내거나 아니면 '자기 앞가림은 알아서 하라'는 뜻이다. 결국 '돈 안 되는 일은 안 하겠다'는 거다.

트럼프가 말하는 미국의 이익은 특이하다. 미국의 이익이면서 트럼프 개인에게도 이득이 돼야 한다. 그의 장사꾼 기질을 떠올려보자. 트럼프는 무슬림에 대한 인종차별적 발언으로 욕을 많이 먹었다. 그런데 사우디아라비아에 가서는 이슬람교를 위대한 신앙 중 하나라고 극찬했다. 그리고는 무기 장사를 했다. 사우디와 120조원이 넘는 규모의 무기 판매 계약을 체결했다. 트럼프는 북한 김정은과의 '말 싸움'으로 한반도 긴장을 한껏 고조시켰다. 그리고는 한국에 와서 무기 장사를 했다. 한국을 국빈방문해 문재인 대통령을 만난 자리에서 훌륭한 미국 무기를 자랑했고 한국이 미국 무기를 많이 사기로 했다고 칭찬했다. 무기 팔아 일자리를 창출한다는 트럼프의 국정 철학에 딱 맞는다. 트럼프는 무엇보다도 이익에 따라 움직이는 사람이다. 트럼프의 이익에는 명분은 없고 실리만 있다. 실리를 추구하는 과정에서 명분은 얻으면 좋고 못 얻어도 그만이다. 트럼프에게 명분은 부차적인 것이다. '무기 팔이'를 한다고 욕을 먹어도 괜찮다. 미국이 돈을 벌면 된다. 그러면서도 트럼프는 자신이 잘 해서 미국이 이득을 챙겼다고 자랑할 수 있어야 한다. 트럼프의 나르시시스트 성향을 떠올려 보면 이해가 간다. 타인의 평가가 트럼프를 구성한다. 미국의 이익을 추구하지만 개인적 이득도 챙겨야 한다. 트럼프가 말하는 미국의 이익은 그런 면에서 결이 다르다. 당장의 이익을 획득해 유권자들에게 홍보할 수 있어야 한다. 그래야 다음 대선에서 이길 수 있다. 트럼프는 2020년 대선에서 이기면 4년을 연임할 수 있다. 2018년 말에는 중간선거도 있다. 중간선거는 트럼프의 취임 2년차에 치러진다. 트럼프에 대한 중간평가로 여겨진다. 트럼프가 최악의 지지율을 기록하는 것을 보면 트럼프는 자랑거리를 많이 만들어야 한다. 조급증이 생길 만하다.

트럼프의 미국 우선주의가 시진핑에게는 기회다. 미국 우선주의는 고립주의를 뜻하며 고립주의는 남의 나라 일에 간섭하지 않겠다는 불간섭주의를 의미하기 때문이다. 대표적으로 남중국해 문제가 있다. 남중국해 문제는 표면상 중국과 동남아시아 국가들 간 문제다. 필리핀과 베트남이 가장 강하게 대립하고 있다. 당사자가 아닌 미국이 이 문제에 직접적으로 개입할 명분은 없다. 백악관은 트럼프 취임 직후 남중국해 문제에 대한 첫 입장을 발표했다. 중국의 남중국해 점거를 용인하지 않겠다는 게 골자였다. 렉스 틸러슨 미국 국무장관은 중국이 남중국해에 인공 섬을 건설하는 것은 "위법(illegal)"이라고 말했다. 오마바의 백악관보다 강경하다. 이를 두고 미국과 중국 간 무력 충돌에 대한 우려가 높아졌다. 하지만 정작 트럼프는 남중국해 문제에 큰 관심을 보이지 않았다. 트럼프 취임 초기에는 미국 군함이 남중국해에서 소위 '항해의 자유 작전'을 펼치지 않았다. 항해의 자유 작전은 '항해의 자유(freedom of navigation)'를 근거로 미국 군함이 중국 인공 섬 근방을 항해하는 것을 뜻한다. 일종의 무력 시위다. 오바마는 임기 마지막 해인 2016년 항해의 자유 작전을 4차례 승인했다. 트럼프도 임기 첫 해인 2017년 4차례의 항해의 자유 작전을 승인했다. 오바마와 차이가 없다. 그러는 동안 시진핑의 중국은 남중국해에 인공 섬을 건설하고 심지어 이를 군사 기지로 바꾸는 작업을 계속했다.

트럼프는 시진핑의 역린(逆鱗)도 건드렸다. 시진핑의 역린은 대만이다. 역린은 용의 목 밑에 거꾸로 난 비늘을 가리키며 용의 급소로 알려져 있다. 이를 건드리면 용이 날뛴다는 전설이 있다. 트럼프는 대통령 당선인 시절인 2016년 말 대만 총통과 전화통화를 했다. 대만 총통이 트럼프의 당선을 축하하기 위해 전화를 걸었다. 중국은 날뛰었다. 전화통화에 격분해 즉각 항의했다. 중국은 왜 이렇게 민감하게 반응하나? '하나의 중국' 원칙 때문이다. 하나의 중국은 중국 외교관계의 철칙이다. 중국은 대만을 하나의 독립국가로 인정하지 않는다. 언젠가 통합해야 할 대상으로 본다. 따라서 대만을 독립된 국가로 인정하는 일체의 행위를 용납하지 않는다. 중국은 1971년 유엔(UN)에 가입하면서 대만의 유엔 축출을 요구했다. 중국은 핵보유국으로서 유엔 가입과 동시에 유엔 안전보장이사회 상임이사국 자리를 차지했다. 당시 중국의 요구는 받아들여졌고 대만은 유엔에서 제명됐다. 중국은 1979년 미국과 외교관계를 수립하면서 대만과의 단교를 요구했다. 미국은 이 요구를 수용했다. 미국은 중국과 수교를 하는 대신 대만과 단교했다. 한국도 마찬가지다. 1992년 노태우 정부의 북방정책에 따라 한국은 중국과 수교를 하고 대만과 외교관계를 단절했다. 중국과 외교관계를 수립하려면 대만과 단교를 해야 한다. 중국은 그만큼 양안관계, 즉 중국과 대만 간 관계를 중시한다. 한국과 북한의 관계와 비슷하다. 트럼프가 이 하나의 중국 원칙을 건드렸으니 시진핑이 격분할 만하다.

그 뿐이었다. 트럼프는 더 이상 시진핑을 자극하지 않았다. 당시만 해도 트럼프는 하나의 중국 원칙이 시진핑의 역린인 줄 몰랐던 듯하다. 자신의 트위터에 "미국이 대만에 수십억 달러의 군사 장비를 파는데도 축하전화를 받을 수 없다는 게 흥미롭다"고 말했다. 대만 총통과의 전화통화를 둘러싸고 논란이 일었다. 가만히 있을 트럼프는 아니다. 자신의 트위터에 "중국이 위안화를 평가 절하하고, 미국산 제품에 과도한 관세를 부과하고, 남중국해에 군사시설을 건설할 때 미국에게 물어봤느냐"고 반문했다. 중국도 미국이 민감해 하는 부분을 건드리듯이 트럼프도 시진핑의 역린을 건드릴 수 있다는 반론이었다. 이때서야 트럼프는 양안관계가 시진핑의 역린임을 인식한 듯하다. 이를 의식해 트럼프는 자신이 취임하기 직전 미국을 방문한 대만 총통을 만나지 않았다. 트럼프는 남중국해 문제도 시진핑의 역린임을 알고 있었다. 트럼프 취임 후 4개월여 동안 미국 군함은 남중국해에서 항해의 자유 작전을 펼치지 않았다. 중국을 향한 무력 시위를 멈춘 것이다. 트럼프가 시진핑의 역린을 건드리기 시작한 것은 친밀했던 둘 사이의 관계가 틀어지기 시작한 이후다.

트럼프와 시진핑은 초반 의외로 친밀했다. 2017년 4월 초 트럼프와 시진핑이 첫 정상회담을 한 후 친밀한 관계가 드러났다. 트럼프는 시진핑을 자신의 개인 별장인 마라라고 리조트에 초대했다. 이곳에서 회담을 한 후 트럼프는 미중(美中) 관계에 대해 "엄청난 진전(tremendous progress)"이 있었다고 설명했다. 이날 회담에서 트럼프는 시진핑에게 북한의 핵과 미사일 개발을 저지하기 위해 대북 압박을 강화하도록 요청했다. 대신 미국은 중국에 대한 통상 압력을 완화하겠다고 말했다. 트럼프는 이러한 내용을 〈월스트리트저널〉과의 인터뷰에서 밝혔다. 그러면서 중국을 환율조작국으로 지정하지 않겠다고도 밝혔다. 이는 상당히 의외의 발언이었다. 트럼프가 과거 중국을 향해 한 발언을 상기시키면 그렇다. 트럼프는 대선기간 내내 중국이 미국인들의 일자리를 빼앗아 갔다고 주장했다. 중국 상품에 높은 관세를 부과하겠다고 엄포를 놓기도 했고, 중국에서 활동하는 미국 기업들에게 미국으로 돌아오라고 떼를 쓰기도 했다. 미국의 대중(對中) 무역적자는 중국이 환율을 조작해 위안화 가치를 인위적으로 떨어뜨렸기 때문이라고 말했다. 트럼프는 중국과 무역전쟁을 벌일 것처럼 위협했다. 그런데 북한에 대한 압박을 대가로 이를 포기했다. 이익에 따라 움직이는 트럼프의 특성을 고려했을 때 선뜻 이해가 가지 않는다. 트럼프는 왜 그랬을까?

트럼프의 속마음을 알 수 없으나 추정은 가능하다. 첫번째 시나리오는 트럼프가 실제 북한의 핵과 미사일 위협을 심각하게 보고 있다는 것이다. 북한의 핵과 미사일 기술이 날로 고도화되고 머지않아 미국 본토를 사정거리에 둘 것이다. 그러므로 이를 막는 게 시급하다고 생각했을 수 있다. 두번째 시나리오는 트럼프가 개인적 욕심에서 북핵 문제 해결을 바란다는 것이다. 한반도는 세계 유일의 분단 체제이며 북한은 국제사회가 통제할 수 없는 '아웃사이더(outsider)'와 같은 나라다. 상식으로 이해할 수 없고 상식이 통하지 않는 나라다. 트럼프의 전임자인 오바마도 풀지 못했다. 그 이전 조시 부시와 빌 클린턴도 풀지 못했다. 트럼프가 풀면 영웅이 된다. 임기내, 그리고 퇴임 후에도 동네방네 자랑하고 다닐 수 있다. 이 문제를 풀면 지난 25년간 배출된 미국 대통령 중 가장 훌륭한 대통령이 된다. 트럼프는 지난 25년간 미국의 대북정책이 실패했다고 말한다. 클린턴과 부시, 오바마가 모두 실패했다고 말한다. 그러면서 자신은 실패하지 않을 것임을 강조한다. 북핵 문제 해결은 미국의 이익이면서도 트럼프의 이익이다. 미국 우선주의에 딱 맞는 사례다. 마지막 시나리오는 그의 장사꾼 성향과 맞물려 있다. 트럼프는 시진핑과의 첫 만남에서 북핵 문제와 통상 문제를 연계했다. 미국이 중국과 무역전쟁을 벌이기가 쉽지 않기 때문이다. 무역전쟁을 벌이면 중국도 피해를 보겠지만 미국의 손해도 만만치 않을 것이다. 트럼프는 손해나는 장사를 하지 않는다. 북핵 문제와 통상 문제를 연계하면 여러 모로 트럼프에게 이득이다. 중국에게 북핵 해결을 압박해서 이 문제가 해결된다면 미국의 위대한 대통령이 될 수 있다. 만약 해결되지 않더라도 이를 핑계로 통상 문제를 다시 거론할 수 있다. 트럼프에게는 '꿩 먹고 알 먹는' 전략이다.

트럼프는 북한의 김정은에게도 유화적인 메시지를 보냈다. 시진핑과의 첫 회담 한 달여 후 〈블룸버그〉와 인터뷰에서 "적절한 상황에서(under the right circumstances)" 김정은과 만날 용의가 있으며 김정은을 만난다면 "영광일 것(would be honored)"이라고 말했다. '영광'이라는 단어는 파격적이다. 지금까지 미국의 어느 정치인도 북한의 독재자를 만나는 일이 영광이라고 말한 적은 없다. 과거 미국은 북한을 악마로 만들었다. 조지 W 부시 전 미국 대통령은 북한을 "악의 축(axis of evil)"이라고 불렀다. 북한을 악마화해야 이를 핑계로 아시아에서 군사적 영향력을 확대할 수 있기 때문이다. 트럼프의 발언 이후 기대감이 샘솟았다. 트럼프는 대선기간에도 김정은이 북한에 오면 햄버거를 먹으며 핵협상을 할 용의가 있다고 밝히기도 했다. 하지만 취임 후 북한은 도발을 계속했고 한동안 트럼프의 유화적인 메시지는 나오지 않았다. 시진핑과의 첫 회담 이후에는 '최대 압박과 관여(maximum pressure and engagement)'라는 대북정책을 채택하기도 했다. 압박을 최대치로 끌어올려서 북한을 대화의 장으로 이끌겠다는 전략이다. 최대 압박과 관여에서 관여는 보이지 않았다. 2017년에는 대화보다 압박에 무게를 뒀다. 김정은은 이에 아랑곳하지 않았다. 트럼프가 유화적인 메시지를 보내든 압박을 하든 상관없이 미사일 시험 발사를 이어갔다. 북한은 트럼프와 시진핑이 첫 정상회담을 하기 직전에도 미사일을 발사했고 트럼프의 유화적 메시지가 나온 이후에도 미사일을 발사했다. 트럼프는 이를 핑계로 시진핑을 압박하기 시작했다.

 2017년 5월 말 미국 해군은 남중국해에서 항해의 자유 작전을 재개했다. 미국 군함이 중국의 인공 섬 근방을 항해하며 무력 시위를 펼쳤다. 트럼프가 시진핑의 역린을 건드리기 시작한 것이다. 트럼프 취임 후 4개월여가 지난 시점이다. 가만히 있을 시진핑이 아니다. 중국 해군도 호위함을 투입해 견제했다. 무력 충돌은 일어나지 않았다. 시진핑은 미국의 무력 시위에 무력 시위로 맞대응해 체면을 차렸다. 하지만 트럼프는 여기에 그치지 않았다. 시진핑의 역린을 건드리겠다는 신호를 보낸 후 멈추지 않았다. 항해의 자유 작전은 5월 말부터 10월 중순까지 5개월도 채 안 되는 기간에 집중됐다. 다른 조치도 있었다. 해당 기간에 미국은 북한과의 불법 자금 거래를 이유로 중국의 시중은행을 제재했다. 또 북한과의 불법 거래 혐의로 중국인 사업가들과 중국 기업도 제재했다. 정점은 대만에 대한 무기 판매다. 트럼프는 6월 말 미국 무기를 대만에 판매하는 계획을 승인했다. 규모는 14억달러가 넘었다. 한국 돈으로 1조6천억원에 이른다. 하나의 중국 원칙을 건드리자 중국은 격렬하게 반발했다. 트럼프는 대만이 시진핑의 역린임을 알고 있었다. 이 역린을 건드리면 중국이 북한을 압박해 북핵 문제가 해결될 것으로 트럼프는 당시 믿었던 듯하다.

 효과는 없었다. 북한의 김정은은 자신의 계획대로 핵과 미사일 개발을 이어갔다. 7월에는 화성-14형으로 불리는 장거리 탄도미사일을 시험 발사했다. 7월에만 2차례나 했다. 화성-14형은 대륙간탄도미사일(ICBM)로 추정됐다. ICBM은 사거리가 최소 5,500km 이상인 미사일을 지칭한다. 냉전시기 북극을 경유한 미국과 구소련 간 거리가 5,500km가량 된다. 그래서 5,500km가 다른 대륙으로 날아갈 수 있는 미사일을 구분하는 기준이 됐다. 북한은 화성-14형 시험 발사를 미국의 독립기념일인 7월4일에 했다. 미국 겨냥을 노골적으로 드러낸 셈이다. 이날 발사된 화성-14형의 최고 고도는 2,800km에 이른다. 통상 최고 고도의 3~4배를 미사일의 사거리로 추정한다. 화성-14형의 사거리는 9,000km 정도로 볼 수 있다. 북한에서 쏘면 미국 서부에 위치한 로스앤젤레스(LA)까지 날아갈 수 있는 거리다. 9월에는 6차 핵실험을 했다. 지금까지 북한이 한 핵실험 중 파괴력은 최대다. 이때까지도 북한은 핵무력 완성을 선언하지 않았다. 북한이 핵무력 완성을 선언한 시점은 11월 말이다. 당시 화성-15형으로 불리는 신형 ICBM을 시험 발사했다. 최고 4,500km까지 날아올랐다. 이를 바탕으로 계산하면 화성-15형의 추정 사거리는 최소 13,000km이다. 미국 전역이 북한 ICBM의 사거리 안에 들어오게 됐다.

    북한의 ICBM 완성을 단정하기에는 성급하다는 시각도 있다. 예를 들어 북한이 ICBM의 머리 부분인 탄두를 '깡통'으로 만들어서 사거리를 늘렸다는 주장이 있다. 시험 발사 때 탄두 속을 비우면 미사일이 가벼워지므로 더 멀리 날아갈 수 있다. 이를 바탕으로 북한이 ICBM을 완성했다는 증거는 없다는 신중론이 있다. 북한이 재진입 기술을 완성했는지 알 수 없다는 주장도 있다. ICBM처럼 미사일이 멀리 날아가려면 대단히 높은 고도에 도달했다가 대기권에 재진입해야 한다. 이때 엄청난 열과 압력이 발생한다. 발생하는 열이 6,000~7,000도에 이른다고 한다. 이를 견디는 소재와 부품이 있어야 핵탄두를 완성했다고 볼 수 있다. 북한은 아직 이를 증명한 적이 없다는 주장이 많다. 핵탄두 소형화 기술이 있는지도 미지수다. ICBM에 핵탄두를 실으려면 핵을 소형화해야 한다. 화성-15형의 경우 핵탄두 중량을 500kg 가량으로 줄여야 하는데, 북한의 기술 보유 여부에 대해서는 갑론을박이 있다.

북한의 핵과 미사일에 관한 기술적 문제를 논하자는 게 아니다. 필자는 그럴 능력도 없다. 주목하는 바는 트럼프의 압박에도 김정은이 핵과 미사일 개발을 지속했다는 점이다. 트럼프가 시진핑을 압박했지만 소용없었다. 시진핑도 김정은을 막지 못했다. 트럼프는 시진핑과의 첫 만남에서 북핵 문제와 통상 문제를 맞교환하기로 했다. 중국이 북한을 압박하는 대가로 미국은 중국에게 통상 압력을 가하지 않겠다고 약속했다. 하지만 북핵 문제는 해결되지 않았다. 북한의 핵과 미사일은 더욱 고도화됐다. 트럼프는 북핵 해결 실패를 핑계로 시진핑에게 통상 압박을 가할 참이었다. 시진핑도 이를 예측했던 듯하다.

시진핑은 2017년 11월 중국을 국빈방문한 트럼프에게 '선물 보따리'를 안겨줬다. 무려 2,500억달러가 넘는 선물이었다. 중국 기업이 미국산 제품을 대거 구매하거나 중국의 국영기업과 국부펀드가 미국에 대규모로 투자한다는 선물이었다. 2,500억달러는 실로 엄청난 액수다. 당시 환율로 280조원에 이른다. 한국 정부의 2017년 총예산이 400조원 가량이었다. 한국 한 해 예산의 70%에 이르는 대규모 투자를 한 자리에서 약속한 것이다. 트럼프는 입이 째졌다. 자랑거리가 생겼기 때문이다. 트럼프는 미국의 대중(對中) 무역적자가 중국 탓이 아니라 미국의 지난 정부 탓이라고 말했다. 과거 트럼프는 중국의 불공정 무역 관행이 미국의 대중 무역적자를 키웠다고 비난했었다. 선물 보따리를 받고 입장이 180도 바뀐 것이다. 미국의 지난 정부는 잘하지 못했지만 자신은 잘했기 때문에 중국으로부터 유례없는 규모의 투자를 약속 받았다는 것이다. 시진핑은 한술 더 떴다. 중국의 대미(對美) 투자가 급증해 미국의 일자리 창출에 기여하고 있다고 말했다. 시진핑이 비싼 선물을 안겨준 것 같지만 포장지만 화려했다. 중국이 약속한 투자는 대부분이 양해각서(MOU) 방식이었다. 양해각서를 체결해도 실제 계약이 이행되려면 협상에 몇 년이 걸릴 수 있다. 시진핑은 트럼프에게 자랑거리를 만들어주고 실속을 챙긴 셈이다.

　시진핑은 트럼프에게 다른 자랑거리도 만들어줬다. 트럼프는 중국에서 '황제 체험'을 했다. 자금성(紫禁城)에서 과거 중국 황제들이 거닐던 길을 걸었다. 황제처럼 차를 마시고 황제처럼 경극 공연을 관람하고 황제처럼 저녁을 먹었다. 트럼프의 '황제 놀이'를 위해 자금성은 이날 하루 휴관했다. 트럼프는 트위터에 황제 체험 사진을 올리고 중국의 "아름다운 환대(beautiful welcome)"를 "결코 잊을 수 없을 것(will never forget it)"이라는 트윗을 남겼다. '트럼프 저격수' 〈CNN〉도 시진핑의 트럼프 환대를 나쁘지 않게 보도했다. 미국 대통령이 자금성에서 공식 만찬을 하는 것은 1949년 중화인민공화국 건국이래 트럼프가 처음이라고 전했다. 자금성 저녁 식사에 초점을 둔 것이다. 이를 두고 "영광(honor)"이라는 표현을 사용했다. 시진핑의 접대가 파격적이기는 했다. 이를 두고 시진핑이 자신의 '황제 권력'을 공고히 했기 때문에 가능한 일이라는 국내 언론의 해석이 많았다. 이는 초점을 시진핑에게 둔 해석이다. 시진핑 자신이 황제이기 때문에 황제 의전을 베풀었다는 것이다. 이는 초점을 잘못 맞춘 해석이다. 초점은 트럼프에게 맞춰야 한다. 트럼프가 황제 체험과 같은 자랑거리를 좋아하기 때문에 그에 맞는 황제 의전을 준비한 것이다. 시진핑은 만두 가게에 직접 줄을 서서 만두 값을 계산하는 등 서민적 이미지 구축에 공을 들였다. 그런 그가 트럼프 방문을 계기로 해서 황제 이미지로 방향을 틀었다고 보는 것은 지나친 해석이다.

 시진핑이 후한 환대와 선물 보따리를 선사했지만 그때 뿐이었다. 트럼프에게는 약발이 오래 가지 않는다. 트럼프는 자신의 취임 첫 해가 가기 전 "국가안보전략(National Security Strategy)"이라는 보고서를 발표했다. 미국 법에 따라 모든 대통령은 4년 임기 내에 이 보고서를 작성해야 한다. 임기 첫 해에 이 보고서를 발간한 것은 트럼프가 처음이다. 트럼프식 국가안보전략의 골자는 '중국은 나쁜 놈'이다. 중국을 "수정주의자(revisionist)"로 묘사했다. 수정주의자라는 단어 자체가 기본적으로 부정적 의미를 내포하고 있다. 예를 들어 일본이 군 위안부 '성노예' 문제를 부정하거나 독도 영유권을 주장할 때 한국 외교부는 이를 역사 수정주의라고 비난한다. 모두가 알고 증거도 명백한 역사적 사실을 일본은 부정한다. 그리고 이렇게 당연한 사실을 수정해서 해석하려고 시도한다. 이를 수정주의라고 부른다. 트럼프가 중국을 수정주의자로 칭한 것은 '시진핑은 나쁘다'라고 말한 것이다. 이 보고서는 트럼프가 중국에서 황제 체험을 하고 간지 한 달이 조금 지나서 나왔다. 이는 트럼프의 성향을 잘 드러낸다. 트럼프는 부동산 사업가 출신이다. 부동산 개발 프로젝트 하나를 끝내면 다음 프로젝트로 넘어간다. 이전 프로젝트에서 얼마의 이득을 봤는지는 중요치 않다. 당면한 프로젝트가 중요할 뿐이다. 시진핑이 선물 보따리와 후한 대접을 선사한 것은 이전 프로젝트일 뿐이다. 프로젝트 하나를 끝냈으니 시진핑을 상대로 다음 프로젝트를 시작해야 한다. 트럼프에게는 '밑밥' 전부를 한꺼번에 풀면 안 된다. 하나를 얻으면 하나를 더 달라고 하는 게 트럼프의 성향이다. 이 보고서를 무기로 트럼프는 시진핑에게 다른 하나를 더 요구할 것이다.

이 국가안보전략 보고서는 트럼프가 표방하는 미국 우선주의를 드러낸다. 이 보고서는 중국을 수정주의자라고 칭했다. 러시아도 수정주의자라고 칭했다. 중국과 러시아를 싸잡아서 매도한 셈이다. 트럼프는 애초 블라디미르 푸틴 러시아 대통령에게 우호적이면서 시진핑을 견제하는 입장을 취했다. 러시아의 크림반도 병합을 용인하는 듯한 발언을 했고 러시아에 취한 미국 제재를 해제할 수 있음을 시사했다. 푸틴을 "존경한다(respect)"고 말했고 이슬람 테러리즘과 싸우는 데 러시아가 도움이 될 수 있다고 말했다. 이를 두고 서구 언론은 트럼프와 푸틴의 관계를 남자 간 애정을 뜻하는 단어인 '브로맨스(bromance)'에 비유했다. 트럼프와 푸틴은 우정을 넘어서 사랑에 가까울 정도로 친밀한 사이였다. 이번 보고서는 트럼프가 친(親)러시아 성향을 버리고 중국과 러시아를 모두 적으로 돌렸음을 뜻한다. 이는 '러시아 게이트'와 연관이 있는 듯하다. 러시아 게이트는 트럼프가 당선된 2016년 미국 대선에 러시아가 개입했다는 의혹이다. 특별검사가 임명됐고 트럼프의 과거 핵심 참모들이 기소됐다. 트럼프와 푸틴이 브로맨스를 유지하기는 어려운 상황이 됐다.

 러시아의 크림반도 병합은 설명이 필요하다. 크림반도는 지리적으로 우크라이나 남쪽에 붙어있는 삼면이 흑해로 둘러싸인 반도다. 역사적으로 '키림족(Qirim)'이라는 유목민이 거주했는데 여러 민족의 지배를 받다가 20세기 초 구소련에 편입됐다. 구소련은 1954년 크림반도를 러시아에서 우크라이나로 넘겼다. 당시 러시아와 우크라이나 모두 구소련의 일원이었는데 둘 사이의 화합을 도모하려는 조치였다. 하지만 구소련이 붕괴되고 러시아와 우크라이나는 각각 독립국가가 됐다. 크림반도는 독립을 시도했지만 결국 우크라이나에 귀속됐다. 크림반도에 사는 러시아인은 전체 인구의 60%가량 된다. 당연히 친(親)러시아 성향이 강했고 러시아와의 병합을 원했다. 2014년 치러진 주민투표에서 압도적인 지지율로 러시아 귀속이 결정됐다.

오바마의 미국은 러시아의 크림반도 병합을 반대했다. 동유럽에서 러시아의 영향력이 확대될 것을 우려했기 때문이다. 오바마는 크림반도 병합을 이유로 러시아에 제재를 가했다. 당연히 오바마와 푸틴의 관계가 틀어졌다. 당시 오바마와 시진핑의 관계도 좋지 않았다. 오바마는 중국의 부상을 견제하고자 '아시아 중시(Pivot to Asia)' 또는 '아시아 재균형(Rebalancing to Asia)' 전략으로 불리는 대외정책을 채택했다. 이때 시진핑과 푸틴이 밀월관계를 형성했다. 미국이 중국과 러시아를 싸잡아서 견제하자 시진핑과 푸틴이 손을 잡았다. 트럼프가 시진핑과 푸틴을 싸잡아서 수정주의자로 매도했기 때문에 이들이 다시 밀월관계를 형성할 가능성은 커졌다. 하지만 속단하기는 이르다. 트럼프는 오늘 한 말을 내일 바꾸기도 하고, 상반된 입장을 동시에 취하기도 하므로 언제든지 기존 입장을 뒤집을 수 있다. 트럼프는 좋게 말하면 유연한 사람이다. 러시아 게이트와 관련한 미국 특검의 수사 결과에 따라 푸틴을 비난하고 시진핑과 우호적인 관계를 설정할 가능성도 얼마든지 있다. 트럼프는 시진핑과 푸틴이 손잡는 꼴을 두고 보지는 않을 것이다. 이는 트럼프에게 손해이기 때문이다.

국가안보전략 보고서에 포함된 중요한 표현 중 하나는 "힘에 의한 평화(peace through strength)"이다. 압도적인 군사력을 바탕으로 중국과 러시아와 같은 수정주의 세력을 비롯해 북한과 이슬람 테러집단 등을 굴복시키겠다는 전략이다. 트럼프는 대선기간에도 힘에 의한 평화를 역설했다. 힘에 의한 평화는 1980년대 로널드 레이건 전 미국 대통령이 주창했다. 트럼프의 대외정책은 레이건의 것과 많이 닮았다. 레이건이 누구인가? 군비경쟁을 통해 구소련을 붕괴로 이끈 인물이다. 레이건은 그 유명한 '전략방위구상(SDI)'을 채택했다. SDI는 소련의 핵미사일을 우주에서 요격하는 미사일방어(MD) 체계를 가리킨다. 지구정지궤도에 수백 개의 위성레이더를 띄우고 우주정거장에 수백 발의 요격미사일을 배치해서 소련의 핵미사일을 우주에서 요격한다는 개념이다. 그래서 '스타워즈(Star Wars)'라고도 불린다. 레이건은 1983년 이 영화 같은 계획을 발표했으나 실패로 끝났다. 기술적 한계 때문이다. 이 계획에 천문학적인 예산이 소요됐다. 미국의 연간 국방예산은 레이건의 재임 마지막 해인 1989년 2,530억달러로 취임 첫 해보다 두 배 가까이 뛰었다. SDI는 실패했지만 소련의 붕괴를 앞당겼다. 당시는 소련과 미국이 팽팽히 맞서던 냉전시기다. 미국이 국방비를 대규모 증액하자 소련도 따라갔다. 하지만 소련의 공산주의 계획경제는 이미 삐걱거리고 있었다. 경제력이 뒷받침되지 않는데 국방비를 늘리다가 붕괴를 맞이했다.

트럼프도 레이건 '코스프레'를 했다. 2018 회계연도(2017년 10월~2018년 9월) 국방예산을 전년도의 6,200억달러에서 무려 7,000억달러로 늘렸다. 중국의 국방비와 비교해 4배가 훨씬 넘을 것으로 추정된다. 트럼프는 "시퀘스터(sequester)"의 폐지를 줄곧 주장했다. 시퀘스터의 원래 의미는 '격리시키다'인데 미국 예산과 관련해서는 '자동삭

감 조치'로 해석된다. 오바마는 2008년 금융위기 이후 재정적자가 늘어나는 것을 막고자 예산을 자동으로 삭감하는 장치를 도입했다. 반면 트럼프는 국방 부문의 시퀘스터를 완전히 폐지할 것을 주장한다. 중국과 군비경쟁에 돌입하기 위해서다. 증액된 국방예산으로 최첨단 미사일 방어시스템을 개발하겠다는 의지도 밝혔다. 레이건과 판박이다. 트럼프는 획기적인 미군 증강 계획도 밝혔다. 육군 병력을 49만명에서 54만명으로 증원하고 해병대를 23개 대대에서 36개 대대로 확대 편성한다. 공군 전투기를 1,100기에서 1,200기로 늘리고 해군 군함을 270척에서 350척으로 증강한다. 또한 핵추진 항공모함을 10척에서 12척으로 늘리고 2024년까지 수천억 달러를 투입해 핵무기 현대화 사업을 완료할 계획이다.

 트럼프의 군비경쟁이 성공할 가능성은 없다. 레이건이 성공한 냉전 시기와 지금은 상황이 많이 다르다. 레이건이 성공했던 이유는 구소련의 계획경제가 실패했기 때문이다. 현재 미국은 금융위기의 충격에서 헤어나오지 못한 반면 중국은 안정적인 성장 궤도에 진입했다. 경제력이 뒷받침되지 않는 군비경쟁을 벌이다가 트럼프의 미국이 오히려 역풍을 맞을 수 있다. 한정된 예산 가운데 국방비를 늘리면 복지 관련 예산이 줄어들 수밖에 없다. 유권자의 반발은 '안 봐도 비디오'다. 트럼프는 '제2의 레이건'이 되려는 꿈을 꾼 듯하다. 레이건은 에이브러햄 링컨과 함께 공화당이 배출한 대통령 중 미국인이 가장 좋아하는 지도자로 꼽힌다. 트럼프는 대선기간 내내 이런 뜻을 내비쳤다. 트럼프의 대선 표어인 "미국을 다시 위대하게(Make America Great Again)"는 레이건이 1980년 대선에서 사용한 슬로건에서 'Let's'를 빼면 동일하다. 하지만 트럼프가 레이건을 단지 이용했을 가능성은 있다. 레이건을 향한 공화당 유권자의 향수를 자극해 대선에서 이기려 했을 수 있다. 박근혜 전 대통령이 아버지인 박정희의 향수를 자극해 대통령에 당선된 것과 비슷하다. 이유가 무엇이든 힘에 의한 평화는 위험하다. 군비경쟁은 군수산업을 키우고 군수업계는 이익 창출을 위해 끊임없이 무력 충돌을 요구하기 때문이다. 군수업계가 원하는 무력 충돌이 미국과 중국 간 일어날 필요는 없다. 단지 이들은 미국 무기를 판매할 판매처를 원한다. 이 판매처는 중동이 될 수도 있고 한반도나 남중국해가 될 수도 있다.

국가안보전략 보고서에는 중국을 직접 겨냥한 문구도 있다. 바로 '인도·태평양'이라는 지역 개념이다. 트럼프는 중국을 견제하기 위한 지역 개념을 오바마가 제시한 아시아와 태평양에서 인도까지 확장했다. 동북아시아에서 시작해 동남아시아를 거쳐 인도에 이르는 역내 국가를 통해 중국을 포위하겠다는 개념이다. 보고서에서 기술된 지역 차원의 전략 중 인도·태평양 지역이 가장 먼저 나온다. 그만큼 중국 견제를 중요시한다는 방증이다. 소위 인도·태평양 구상은 아베 신조 일본 총리가 2016년 처음 제안했다. 아프리카개발회의에서 밝혔는데 해당 지역에서 무역과 투자, 해양 안보 협력을 강화하자고 제안했다. 아베는 미국을 비롯한 호주, 인도와 함께 이 구상을 지역 안보협력으로 발전시키길 희망한다. 역시 시진핑의 중국을 견제하기 위한 의도다. 2017년 11월 동아시아를 순방한 트럼프는 일본에서 아베와 만나 "자유롭게 열린 인도·태평양 전략(Free and Open Indo-Pacific Strategy)"이라는 공동 외교 전략을 채택했다. 서태평양부터 남중국해, 인도양에 걸쳐 중국을 봉쇄하겠다는 전략이다. 태평양을 미국과 양분하겠다는 시진핑의 구상에 제동을 건 셈이다.

인도·태평양 구상은 아직 구체적인 모습을 갖추지 않았다. 하지만 목표는 명확하다. 중국의 경제·군사적 세력 확대를 견제하는 것이다. 이 구상이 아베에게는 이득이다. 아베는 군국주의의 부활을 꿈꾼다. 중국 견제를 핑계로 일본의 군사력 확대를 도모할 수 있다. 트럼프에게도 이득이다. 미국 돈을 아시아 군비 증강에 덜 써도 되기 때문이다. 세계 3위 경제대국인 일본이 도와주면 중국을 견제하기가 훨씬 수월하다. 이는 시진핑에게 부담이다. 미국도 버거운데 일본을 함께 상대해야 한다. 시진핑이 부담을 덜려면 어딘가로 도움의 손길을 요청해야 한다. 그 손길은 푸틴에게 미칠 수 있다. 시진핑과 푸틴은 오바마의 미국에 함께 대항한 바 있다. 하지만 푸틴이 시진핑의 손을 잡을지는 미지수다. 인도·태평양 구상은 시진핑을 견제하려는 것이지 푸틴을 견제하려는 게 아니다. 직접적인 이해관계가 없는 일에 끼어들기가 애매하다. 결국 시진핑의 손길은 한국으로 미칠 것이다. 최소한 한국이 인도·태평양 구상에 참여하지 않기를 바랄 것이다. 시진핑은 한국이 이 싸움에서 중립을 지키길 바랄 것이다. 트럼프와 아베는 한국이 이 싸움에서 자신들의 편에 서기를 요구할 것이다. 이런 싸움에 한국이 끼어드는 것은 바람직하지 않다. 미국과 중국의 패권 경쟁이기 때문이다. 인도·태평양 구상은 서태평양을 둘러싼 해양 패권을 차지하려는 싸움의 결과물이다.

一 중궈멍, 시진핑표 해양강국 건설

시진핑(習近平)은 대륙에서 벗어나 해양으로 진출하기를 꿈 꾼다. 해양 진출을 통해 중국이 초강대국으로 부상하기를 꿈 꾼다. 그의 이런 꿈을 상징하는 단어가 "중궈멍(中國夢)"이다. 시진핑은 중궈멍을 "중화민족의 위대한 부흥(中華民族的偉大復興)"이라고 설명했다. 중화민족을 언급한 것을 보면 중화(中華)사상과 관련이 있어 보인다. 중화사상은 중국이 세계의 중심이며 위대한 문명국이라는 전제를 깔고 있다. 중국은 위대한 문명국이므로 미개한 주변국을 다스려야 한다는 전제도 깔렸다. 이렇게 보면 중화사상은 제국주의와 별반 다르지 않다. 하지만 중화라는 단어만 갖고 중궈멍을 제국주의로 단정할 수는 없다. 중화요리와 같은 단어에서 알 수 있듯이 중화는 중국을 표현하는 일상적인 말이기도 하다. 중국의 공식명칭도 중화인민공화국이다. 중화사상을 중국인의 애국심이나 자부심 정도로 볼 수도 있다. 어느 나라 사람이나 자국을 대단하게 여기고 모국에 대한 자부심을 가질 수 있다. 이런 자부심이 필요할 때도 있다.

시진핑이 말하는 중화민족의 위대한 부흥은 무엇일까? 과거 제국주의처럼 '미개한 주변국'을 침략하려는 의도인가, 아니면 과거 중국이 당했던 수모를 다시는 겪지 않겠다는 다짐인가? 우선 중국인의 입장에서 생각해 보자. 중국이 근현대사에서 겪은 가장 치욕적인 사건은 아편전쟁이다. 1840년부터 2년 간 벌어진 이 전쟁에서 영국은 청나라를 시쳇말로 '발랐다.' 당시 세계 최강이라고 불리던 영국 해군은 함선 44척과 4,000여 명의 병력만으로 청나라의 구식 군대를 박살냈다. 전쟁이 발발한 동기가 참 어이없다. 전쟁의 명칭처럼 아편 때문에 일어났다. 영국은 청나라와의 무역적자를 해소하려고 아편을 밀수출했다. 트럼프가 한국과의 무역적자를 해소하려고 미국 무기 판매를 늘리려는 것과 비슷하다. 역사는 돌고 도는 것인가 보다. 한국이야 미국 무기가 필요하지만 아편 밀거래가 필요한 나라는 없다. 아편 밀거래가 확산하면서 아편 중독자가 급증했다. 아편을 담배와 섞어서 피우는 게 유행했는 데 이런 풍속이 군대 내에도 퍼졌다고 한다. 당연히 청나라는 아편 밀거래를 엄중히 단속했고 이에 반발한 영국은 전쟁을 일으켰다. 어이없지 않은가? 아편 밀거래를 단속했는데 전쟁을 일으켰다. 한때 한국에서 '신사의 나라'로 불리기도 했던 영국이 과거에는 이랬다. 아편전쟁은 서구 제국주의의 민낯을 그대로 드러낸 사례다.

당시 청나라와 영국 간 발생한 무역적자는 온당했다. 중국산 제품에 대한 수요가 높고 영국산 제품에 대한 수요가 낮기 때문에 일어난 자연스러운 결과였다. 청나라는 영국에 차와 도자기 등을 수출했다. 당시 유럽에서 차 문화가 유행하면서 중국산 차 수요가 높았다. 반면 영국은 면이나 금속 등 공업제품을 수출했는데 청나라에서 인기가 없었다. 청나라는 수공업이 발달했기 때문에 공장에서 찍어낸 투박한 영국 제품을 선호하지 않았다. 영국의 무역적자는 날이 갈수록 커졌고 이를 타개할 방안이 필요했다. 영국은 아편 밀수출을 택했고 심지어는 이에 반발하는 청나라를 상대로 전쟁을 일으켰다. 아편전쟁도 결국 경제적 이권 때문에 발생했다. 영국은 무역적자를 무력으로 해결했다. 아편을 둘러싼 무력 분쟁에서 청나라는 패했다. 군인들까지 아편에 중독된 마당에 애초부터 승산은 없었다. 패배의 대가는 참혹했다. 영국에게 전쟁비용을 전액 배상하고 홍콩 섬을 넘겼다. 중국은 150년이 넘게 지난 1997년에야 영국으로부터 홍콩을 반환 받았다. 전쟁 패배의 대가로 광저우(廣州) 이외에 상하이(上海) 등 4개 항구를 추가로 개방하고 이곳에서 영국의 치외법권(治外法權)을 인정했다. 치외법권은 해당 지역에서 청나라 법이 적용되지 않는다는 뜻이다. 영국인들은 개항지를 영국 영토처럼 여기며 편안히 지냈다.

여기서 끝나지 않았다. 아편전쟁은 중국이 서구 열강의 '동네 북'이 되는 신호탄이었다. 청나라가 처참히 깨지는 모습을 본 미국과 프랑스도 영국과 동등한 권리를 요구했다. '종이 호랑이'로 전락한 청나라는 이들과 차례로 불평등 조약을 체결했다. 영국은 더 많은 것을 요구했고 이에 청나라가 반발해 1857년 제2차 아편전쟁이 일어났다. 결과는 청나라의 처참한 패배였다. 아편에 중독된 청나라 군대가 단기간에 나아질 리 없었다. 영국은 청나라와 더욱 불평등한 조약을 체결했다. 서세동점(西勢東漸)이었다. 서구 열강이 동양으로 서서히 옮겨와 식민지 또는 반(半)식민지로 만드는 수난을 중국은 일찍이 경험했다. 한국도 서세동점의 피해자였다. 일본은 영국과 미국의 도움을 받아 급성장했고 한국을 식민지로 만들기에 이르렀다. 한반도는 제국주의 일본이 패망한 1945년까지 무려 36년간 식민지 통치를 받았다. 중국도 한국과 비슷한 경험이 있다. 중국은 자국을 침략한 일본에 대항해 14년간 항일전쟁을 치렀다.

이제 중국인의 입장으로 돌아가보자. 중국인에게 근대사는 '흑역사'다. 치욕의 역사이고 수난의 역사다. 많은 중국인은 자신들이 역사의 피해자라고 생각한다. 또 이에 분개한다. 이들은 외세의 침략에서 자유로운 강한 나라를 원한다. 누구나 그렇다. 강한 나라에 대한 열망은 이상할 게 없다. 러시아의 한 여론조사기관이 2017년 말 조사한 바에 따르면 러시아 국민의 58%가 구소련의 붕괴를 후회한다고 답했다. 구소련의 단일 경제체제와 강대국 지위에 대한 그리움 때문이다. 먹고 살기가 어려운 이유도 있지만 강한 러시아에 대한 열망도 작용했다. 부강한 나라를 염원하는 것은 자연스럽다. 한국인도 마찬가지다. 한국은 일제식민지를 경험했다. 꽃다운 나이의 어린 소녀들이 일본군 위안부로 끌려가 처참하게 짓밟혔고 셀 수없이 많은 사람이 군국주의 일본을 위한 강제 노역에 동원됐다. 서구 열강이 정치적 이권을 놓고 대립한 결과로 한국전쟁이라는 민족상잔(民族相殘)의 비극도 겪었다. 온 국민은 한국이 국제사회에서 자국의 목소리를 당당하게 내고 외세의 영향력에서 벗어나기를 바란다. 이런 관점에서 보면 '중궈멍'을 외치는 시진핑은 중국 국민의 전폭적인 지지를 얻을 수 있다. 중화민족의 위대한 부흥을 실현하겠다는 데 누가 반대하겠나?

문제는 주변국이다. 시진핑이 중국의 꿈을 선언했을 때 주변국은 의심의 눈초리를 거둘 수 없었다. 중국이 과거 서구 열강처럼 제국주의적 행태를 보이면 어쩌나? 중국이 주변국에 직간접적으로 영향력을 행사하고 이런 수준을 넘어서 내정간섭에 해당하는 것들을 요구하면 어쩌나? 먼 미래는 알 수 없으나 조만간 이런 우려가 현실화될 일은 없다. 간단하다. 미국이 있기 때문이다. 중국이 경제적으로나 군사적으로 빠르게 부상하고 있지만 여전히 미국에는 못 미친다. 미국은 여전히 패권국(ruling power)이고 중국은 도전자(rising power)에 불과하다. 만만치 않은 도전자이지만 아직은 미국 눈치를 볼 수밖에 없다. 시진핑은 패권을 추구할 뜻이 없음을 여러 차례 밝혔다. 집권하기 전에도 밝혔고 집권 이후에도 수 차례 표명했다. 2015년 9월3일 베이징 톈안먼(天安門) 광장에서 '항일전쟁 승리 70주년'을 기념한 열병식이 열렸다. 열병식에는 신형 미사일과 전투기, 장갑차 등 중국의 각종 신무기들이 총출동했다. '근육질'을 자랑하는 이 열병식에서 시진핑은 평화를 강조했다. 인민해방군 병력 30만명을 감축하겠다는 선언도 했다. 미국과 군비경쟁을 할 뜻이 없음을 피력한 것이다. 또 중국의 군대는 평화를 지키기 위한 수단임을 강조한 것이다. 아편전쟁이나 일본의 침략과 같은 '흑역사'를 다시는 겪지 않겠다는 다짐의 성격도 있다. 시진핑은 중국이 겪은 흑역사를 다른 나라가 겪게 하지 않겠다고 말했다.

시진핑은 이 열병식에서 "영원불칭패(永遠不稱霸)"와 "영원불고확장(永遠不搞擴張)"을 말했다. 해석하면 중국은 "영원히 패권자라 칭하지 않고 영원히 확장을 꾀하지 않겠다"는 뜻이다. 불칭패라는 구절은 어디서 들어보지 않았나? "심알동 광적량 불칭패(深挖洞 廣積糧 不稱霸)"의 마지막 구절과 동일하다. 바로 중국의 국부 마오쩌둥(毛澤東)의 대외 전략이다. "굴을 깊이 파고, 식량을 널리 비축하며, 패권자라 칭하지 않는다"는 뜻이다. 이상하지 않은가? 1976년 마오쩌둥이 사망하기 전까지 유지됐던 과거 대외 전략을 시진핑이 꺼내 들었다. 이 전략은 대외 전략이 아니라 생존 전략에 가까웠다. 당시와 비교해 중국은 놀라운 발전을 이뤘다. 경제력이 그렇고 군사력도 그렇다. 발전한 군사력을 뽐내는 자리에서 패권자로 칭하지 않겠다는 마오쩌둥의 교시를 꺼내든 것은 선뜻 이해가 가지 않는다. 하지만 생각해보면 불칭패를 꺼내든 이유는 동일하다. 시진핑은 중국이 아직 도전자에 지나지 않는다는 사실을 잘 알고 있다. 미국을 자극하고 싶지 않은 것이다. 열병식이 열린 후 얼마 지나지 않아 미국을 국빈 방문한 시진핑은 오바마에게 같은 얘기를 들려줬다. 중국이 패권을 추구하지 않겠다는 다짐을 미국 땅에서 다시 한 번 반복했다. 오바마 면전에서 한 말은 아니지만 국빈 방문 중에 했으니 오바마가 들으라고 한 말이나 마찬가지다. 시진핑은 패권을 추구하지 않겠다는 다짐을 취임 전에도 하고 취임 후에도 했다.

시진핑은 정반대의 메시지도 내놨다. 대표적인 것이 태평양을 양분하자는 발언이다. 2013년 중국의 1인자가 된 시진핑은 그해 6월 미국을 방문해 오바마와 첫 정상회담을 가졌다. 이때 한 발언은 유명하다. "태평양은 넓기 때문에 미국과 중국이라는 두 대국을 수용할 만큼 공간이 충분하다." 태평양을 미국과 양분하겠다는 선언을 이때 했다. 중국은 서태평양을 관장할 테니 미국은 넘어오지 말라는 선언이기도 했다. 시진핑은 이런 얘기를 취임 전인 2012년에도 했다. 단순히 시간 순서로만 따지면 중국을 봉쇄하겠다는 선언은 오바마가 먼저 했다. 오바마는 2011년 '아시아 재균형(Rebalancing to Asia)' 전략으로 불리는 대외 전략을 채택했다. 외교와 해군력의 중심을 아시아로 이동하는 게 골자다. 중국을 직접 겨냥한 조치다. 냉전시기 구소련을 봉쇄하던 전략과 다르지 않다. 트럼프는 이보다 한술 더 떠서 인도·태평양 구상을 채택했다. 아직 구체화되지는 않았지만 대략적인 개념은 중국 봉쇄선을 태평양에서 인도양까지 확장하겠다는 것이다. 시진핑은 불만일 것이다. 중국은 이제 패권자라 칭할 정도로 강하다. G2(Group of Two, 미국과 중국을 지칭) 중 하나가 됐고 그에 걸맞은 위상을 원한다. 자국 앞바다 정도는 미국 눈치 안 보고 활보하고 싶다.

시진핑과 그를 지지하는 중국인들은 남중국해에 대한 영유권 주장을 당연하게 여길 것이다. 이는 애국심의 탈을 썼을 수 있고 중화사상의 탈을 썼을 수도 있다. 하지만 중국이 흑역사를 겪지 않기 위한 조치라는 변명은 통하지 않는다. 이는 주변국이 봤을 때 횡포이며 패권의 남용이다. 인공 섬을 건설한 후 드넓은 남중국해의 해역 90%에 대한 영유권을 주장한다. 인공 섬을 군사 기지로 만들기도 한다. 상식적으로 납득이 안 된다. 중국이 영유권을 주장하는 해역의 대부분은 원래 공해(公海)다. 땅에 비유하면 공유지에 해당한다. 누구나 사용할 수 있는 공유지에 임의로 선을 그은 후 이제 내 땅이 됐으니 사용 허가를 받으라고 주장하는 것과 같다. 공해의 사유화 시도를 하면서 주변국을 힘으로 누르려고 한다는 점에서 패권 추구와 다를 바 없다. 트럼프가 '국가안보전략(National Security Strategy)' 보고서에서 압도적인 힘의 우위를 바탕으로 경쟁국을 제압하겠다고 주장한 것과 다르지 않다. 이렇게 보면 시진핑과 트럼프는 통하는 면이 있다. 결국 정도의 차이만 있을 뿐이다. 시진핑은 미국을 상대로 패권을 추구하지 않겠다고 다짐했지만 남중국해 주변국을 상대로는 이미 패권을 행사하고 있다. 이는 시진핑이 자신감을 얻은 데 기인한다.

시진핑이 자신감을 얻은 배경은 중국의 경제력이다. 보다 정확히 얘기하면 중국의 부상과 서구의 쇠퇴가 함께 작용했다. 둘 중에서 서구의 쇠퇴가 더 큰 역할을 했다. 기폭제는 2008년 글로벌 금융위기였다. 미국의 서브프라임 모기지(subprime mortgage) 사태로 미국 부동산 시장은 박살이 났고 이는 글로벌 금융위기로 발전했다. 미국 부동산 시장과 연계된 금융상품의 가격이 추락하면서 해당 상품을 보유한 서구 선진국의 금융 회사들도 상당한 타격을 받았다. 엎친 데 덮친 격으로 유럽에서는 재정위기가 발생했다. 일부 유럽 국가의 과도한 복지 혜택으로 재정적자가 늘었고 이들은 재정 파탄에 직면했다. 경기를 부양해야 하는데 방법이 없었다. 유럽이 하나의 경제권으로 통합되면서 동일한 화폐를 썼기 때문이다. 이론적으로 경기가 하강하면 통화 가치가 떨어지고 수출업체의 가격 경쟁력을 향상시킨다. 이는 수출 증대와 무역흑자로 이어져 경기를 부양한다. 하지만 유로존(eurozone, 유로화를 쓰는 유럽 국가들)의 통화 가치는 좀처럼 떨어지지 않았다. 재정 파탄에 직면한 나라도 있었지만 독일이나 프랑스처럼 재정이 건전한 나라도 있었기 때문이다. 유로화는 재정 적자국 뿐 아니라 재정 건전국의 경제 상황도 반영했다. 환율이 정상적으로 작동하지 않으면서 재정 적자국은 어려움에 처했다. 금리도 작동하지 않았다. 유로존의 중앙은행인 유럽중앙은행(ECB)은 재정위기 초반 제대로 된 역할을 못했다. 이유는 같았다. 유로존 회원국들의 경제 상황이 달랐기 때문에 재정 적자국만을 위해 금리를 과도하게 낮출 수 없었다.

　미국 뿐만이 아니었다. 글로벌 금융위기는 서구 전체가 쇠퇴하는 결과로 이어졌다. 직접적인 인과관계가 약할 수도 있으나 분명한 점은 미국과 서방 선진국의 국력이 동시에 쇠했다는 것이다. 이는 기회였다. 시진핑에게 그랬고 다른 신흥국에게도 그랬다. 2008년을 기점으로 신흥국들은 전 세계 경제·금융질서를 이끌어가는 한 축이 됐다. 그 해에 처음 열린 G20(Group of 20) 정상회의를 통해서다. G20은 1999년 재무장관 및 중앙은행 총재 회의로 출범했다. 20개 회원국의 경제수장들이 모여 주요 경제·금융 이슈에 대해 실무적인 논의를 했다. 이때까지는 G7(Group of Seven)의 시대였다. G7은 정상회의였고 G20은 재무장관 회의였다. 미국과 영국, 독일, 프랑스, 캐나다, 이탈리아, 일본 등 서방 선진국과 친미(親美) 성향의 국가들이 G7 회원국이다. 글로벌 금융위기를 기점으로 힘의 균형이 이동했다. G7에 13개 신흥국이 가세해 G20 정상회의가 처음으로 열렸다. 서방 선진국만으로는 국제사회의 난제들을 풀기가 어렵게 된 데서 기인한다. 이는 서구 선진국의 쇠퇴를 상징한다. 또한 신흥국의 부상을 의미한다. 힘의 균형이 서구에서 비서구로 이동했다.

눈에 띄는 점은 브릭스(BRICS)의 부상이다. 브릭스는 브라질(Brazil), 러시아(Russia), 중국(China), 인도(India), 남아프리카 공화국(South Africa) 등 5개국의 영어 앞 글자를 조합한 말로, 미국의 최대 투자은행 골드만삭스가 처음 사용했다. 2050년이 되면 이 다섯 나라가 세계 경제를 주도할 것이라는 전망을 하면서 이 신조어가 탄생했다. 브릭스 회원국은 모두 G20 회원국이다. G20 정상회의가 출범한 다음 해에 이들은 '그들만의 리그'를 시작했다. 2009년에 브릭스 정상회의가 처음으로 열렸다. 서구와 비서구의 경쟁이 시작됐다. G20을 통해 함께 모이기도 하고 G7과 브릭스를 통해 따로 뭉치기도 한다. 힘의 균형추가 서구에서 비서구로 완전히 기울지는 않았다. 하지만 비서구 신흥국들은 이제 해 볼만하다고 생각할 것이다. 브릭스를 신흥국이라고 부르는 게 적합한지도 모르겠다. 러시아와 중국, 인도는 세계 군사력 순위 5위 안에 드는 군사 대국들이다. 브릭스의 광활한 영토와 수많은 인구, 풍부한 지하자원 등을 고려했을 때 이들이 세계 경제를 이끌 날도 머지않아 보인다. 중국은 이들 가운데 선두에 있다.

2008년부터 대권을 준비하던 시진핑은 서구가 쇠퇴하는 과정을 유유히 지켜봤다. 시진핑은 글로벌 금융위기가 발발한 2008년 국가 부주석에 올랐고 5년 뒤 예정대로 국가원수가 된다. 국가원수 선행학습을 하는 과정에서 시진핑은 희망을 봤을 것이다. 그 희망은 미국 주도의 국제 질서가 변할 것이라는 희망이다. 그러한 변화 속에서 중국은 기회를 엿볼 수 있다. 중국이 미국의 자리를 대신할 수는 없어도 미국이 과거 향유했던 지위의 일부를 가져올 수 있다. 대권에 오른 시진핑은 그 희망을 꿈이라는 단어로 표현했다. 시진핑이 집권 후 내놓은 비전은 '두 개의 100년(兩個百年)'이다. 중국 공산당 창당 100주년인 2021년에 "샤오캉(小康)" 사회를 실현하고 중화인민공화국 수립 100주년인 2049년에 중궈멍을 실현한다는 목표다. 샤오캉 사회는 내부를 향한 목표이고 중궈멍은 외부를 향한 꿈이다. 시진핑은 2012년 말에 열린 제18차 전국대표대회(이하 18차 당대회)를 통해 중국 공산당의 1인자가 됐다. 이때 두 개의 100년 목표를 제시했다. 2013년 초에는 공식적으로 국가원수가 됐다. 시진핑 집권 2기를 추인한 제19차 전국대표대회(이하 19차 당대회)에서도 이 목표를 확인했다. 19차 당대회는 5년 후인 2017년 말에 열렸다.

두 개의 100년 목표 중 샤오캉은 중국 내부를 향한다. 전 국민이 잘 먹고 잘 사는 사회를 실현하겠다는 목표가 샤오캉이다. 이는 중국 경제의 고속 성장을 감안해도 쉬운 목표가 아니다. 샤오캉은 빈곤이 없는 사회이기 때문이다. 2020년까지 4,000만명에 이르는 중국의 빈곤층 모두를 빈곤에서 해방시키겠다는 목표를 설정했다. 빈곤 퇴치는 전 세계적 과제다. 그만큼 달성하기가 어렵다. 하지만 시진핑이 임기 내에 달성하지 못해도 이러한 목표 설정 자체가 국민적 지지를 끌어올리는 데 도움이 된다. 성장보다는 부의 분배와 관련이 있기 때문이다. 샤오캉은 경제 성장의 양보다는 질을 다듬는 일이다. 개혁·개방의 기수 덩샤오핑(鄧小平)은 선부(先富)론을 표방했다. 먼저 경제 전체의 부를 키우고 이후에 사회 저변으로 그 부를 확산시키자는 개념이다. 샤오캉은 현재 경제 전체의 파이가 커졌으니 한 사람도 빠짐없이 최소한 한 입이라도 먹게 하자고 말한다. 샤오캉 뿐만이 아니다. 시진핑은 집권 초반부터 반(反)부패 정책을 강하게 밀어 부쳤다. 중국 공산당의 뿌리 깊은 부정부패를 척결하려는 선의에서 출발했을 것이다. 하지만 그 과정에서 정적들이 제거된 것도 부인할 수 없다. 이는 시진핑의 국내 기반을 탄탄하게 만들었다. 시진핑은 19차 당대회를 통해 집권 2기를 맞았다. 19차 당대회를 시진핑의 '황제 대관식'으로 묘사한 국내외 언론이 많았다. 시진핑에게 황제와 같은 권력이 있는지 여부를 떠나서 그의 권력이 공고화한 것은 사실이다.

    중궈멍은 중국 밖을 향해 있다. 국내 기반을 다진 시진핑은 중국 밖으로 눈을 돌릴 것이다. 시진핑 집권 2기에는 중궈멍의 실현이 전면에 등장할 수 있다. 그런 조짐은 이미 나타나고 있다. 19차 당대회를 통해 집권 2기에 돌입한 시진핑은 2018년 새해 벽두부터 군복을 입고 등장했다. 중국의 주요 관영매체는 시진핑의 이런 모습을 일제히 머리기사에 올렸다. 군복을 입고 등장한 시진핑은 군의 훈련을 직접 지휘하고 군 부대를 시찰했다. 시진핑의 훈련 명령이 떨어지자 중국 전역의 인민해방군이 일제히 훈련을 시작했다. 시진핑이 직접 군을 동원해 훈련 명령을 내린 일은 처음이라고 관영 〈신화통신〉은 전했다. 시진핑이 연초부터 군복을 입고 나타나 군 관련 행보를 한 것은 의미가 크다. 국내적으로 자신이 군 통수권자임을 확인하고 전군의 수뇌부가 완벽하게 자신의 통솔 하에 있음을 과시하려는 목적도 있다. 하지만 군대는 기본적으로 외부의 적을 상정하고 훈련한다. 현재 중국의 최대 경쟁자는 미국이다. 중국이 향후 미국을 상대할 때 군사적 대응이 필요하다면 시진핑이 선두에서 직접 지휘할 것임을 상징하는 행동이다. 미국 뿐만이 아니다. 주변국에도 보내는 메시지다. 남중국해 문제를 둘러싸고 군사적 대응이 증가할 수 있음을 암시한다.

    시진핑의 중궈멍은 기본적으로 군사력과 관련이 있다. 시진핑은 집권 1기부터 중궈멍을 군사력과 연계하면서 강한 군대를 강조했다. 시진핑은 이를 '강군몽(强軍夢)'이라고 불렀다. 관영 〈인민일보〉에 따르면 시진핑은 취임 첫 해부터 강군몽에 대해 역설했다. 중귀몽은 '강한 나라를 향한 꿈(强國夢)'이며 이를 군에 대입하면 강군몽이라고 시진핑은 설명했다. 중귀몽은 결국 강한 힘의 우위를 바탕으로 한다. 미국 국가안보전략 보고서에 나타난 트럼프의 생각과 본질적으로 다르지 않다. 그렇다면 시진핑은 강한 군대를 육성해서 어디에 쓰려고 하나? 외세의 침략에서 중국을 방어하는 데에만 쓸 것인가? 아니다. 시진핑의 목적은 해양강국을 건설하는 데 있다. 시진핑은 자신이 집권한 18차 당대회에서 "해양강국 건설(建設海洋强國)"을 전략적 목표로 제시했다. 단지 주권을 보호하고 영토와 영해를 보존하는 차원을 넘어서 해양 진출을 통해 초강대국으로 부상하려는 전략적 목표다. 19차 당대회에서는 해양강국 건설에 "가속화(加快)"라는 단어를 추가해 "加快建設海洋强國"이라고 표현했다. 시진핑 집권 2기에는 중국이 보다 적극적으로 해양 진출에 나설 것임을 뜻한다.

해양강국을 건설하려면 강한 해군이 필요하다. 시진핑은 강한 해군을 육성하기 위한 조치들을 집권 초부터 하나하나 단행했다. 해군의 현대화를 추진했으며 한정된 국방비를 해군력 증강에 돌리고자 병력 감축도 추진했다. 사실 중화인민공화국이 수립된 1949년까지만 해도 중국 해군은 육군의 부속부대나 마찬가지였다. 항일전쟁과 내전을 겪으면서 군사력의 대부분이 육군에 집중됐기 때문이다. 중국 해군은 수십 년 동안 중국 앞 바다를 지키는 데 집중했다. 해군의 전략은 1970년대까지 연안방어가 목표였다. 1980년대 들어 변화가 찾아온다. 덩샤오핑 집권기에 중국 해군은 근해방어로 전략을 수정한다. 해군 방어의 범위를 중국 앞 바다에서 조금 먼 바다로 확장한 것이다. 2008년 글로벌 금융위기를 기점으로 중국은 보다 공세적으로 바뀌었다. 중국은 2010년 국방백서를 통해 근해방어를 유지하면서 원해에서도 협력 활동을 하겠다고 명시했다. 먼 바다로 진출하기 위한 시동을 건 셈이다. 병력 감축도 꾸준히 진행했다. 이는 육군에 집중된 군사력을 분산하기 위한 조치다. 중화인민공화국 수립 직후 600만명에 달했던 중국군 규모는 여러 차례의 감군을 통해 230만명까지 줄었다. 시진핑은 2015년 9월 열병식에서 추가로 30만명을 줄이겠다고 약속했다. 시진핑은 2016년 1월 기존의 육군 7개 군구(軍區)를 5개 전구(戰區)로 개편했다. 이 역시 비대한 육군의 규모를 줄여서 국방비를 해군력 증대에 쏟으려는 조치다.

　시진핑 집권 이후 중국의 해양 진출은 급격히 속도를 냈다. 시진핑 취임 첫 해인 2013년 중국 국방백서는 해양강국 건설이 인민해방군의 주요 책무라고 명시했다. 해양 진출에 군사력이 동원될 것임을 선언한 셈이다. 그 해 6월 시진핑은 오바마와의 첫 정상회담에서 미국과 태평양을 양분하겠다고 밝혔다. 서태평양이 중국 해군의 주요 활동 무대가 될 것임을 명확히 한 것이다. 그 해 11월 중국은 동중국해에 방공식별구역을 선포했다. 12월에는 남중국해에 인공 섬 건설을 시작하면서 동중국해와 남중국해가 시진핑의 우선적인 목표임을 분명히 했다. 한편 중국이 동중국해에 방공식별구역을 선포하자 한국과 일본은 즉각 반발했다. 중국이 설정한 구역에는 일본과 영유권 분쟁 중인 조어도(중국명 댜오위다오, 일본명 센카쿠열도)와 한국이 관할하는 이어도가 포함됐다. 한국 방공식별구역의 남쪽 일부와 겹쳤고 일본의 방공식별구역과는 상당 부분이 겹쳤다. 방공식별구역은 말 그대로 영공을 방어할 때 적을 식별하고자 설정한 구역이다. 전투기는 상당히 빠른 속도로 이동하기 때문에 영공에 진입하기 전 적인지 아군인지를 구분할 필요가 있다. 그렇지 않으면 우발적 충돌이 발생할 수 있다. 그래서 각국의 공군이 필요에 따라 일정 지역을 일방적으로 설정해 선포한다. 공공재인 공해 상공에 설정하므로 국제법상 효력은 없다. 방공식별구역을 인정하지 않는 나라도 있다.

주목할 점은 중국이 선포한 방공식별구역의 거대한 크기다. 중국이 선포한 구역은 동중국해 해역의 대부분을 차지했다. 중국이 남중국해에서 영유권을 주장하는 행태와 같다. 한국이야 당연히 화가 나는 일이지만 일본이 격분한 것은 이해하기 어렵다. 일본의 방공식별구역도 중국만큼이나 넓다. 중국은 보란듯이 일본이 설정한 구역을 파고들었다. 한국과 중첩되는 부분은 최소화한 것으로 보인다. 한국과 일본도 방공식별구역을 설정했는데 "왜 중국만 갖고 그러냐"가 시진핑의 반응이다. 중국도 영공 방어를 위해 방공식별구역을 설정할 수 있다. 하지만 문제는 상식에 맞지 않는 크기다. 더욱 심각한 점은 시진핑이 힘의 우위를 바탕으로 해양 진출을 꾀한다는 데 있다. 동중국해에 방공식별구역을 선포하기 전 중국 해군은 서태평양에서 대규모 훈련을 벌였고 동중국해에서 실탄 사격훈련을 했다. 또 북한 해역 인근에서 육해공군이 합동으로 대규모 군사훈련을 벌였다. 중국의 이런 무력시위를 누군가 비난한다면 시진핑은 다음과 같이 항의할지도 모르겠다. '미국은 전 세계 어디서나 이런 무력시위를 마음대로 벌일 수 있다. 왜 미국은 되고 중국은 안 되나?' 이런 항의성 질문에 대해 이렇게 답변할 수 있다. '미국이나 중국이나 그 밥에 그 나물이다.' 힘의 우위를 기반으로 무엇이든 자기 뜻대로 하려는 행태는 조금도 다르지 않다.

결론적으로 말하면 시진핑의 해양강국 건설은 공해상에서 해군의 활동 반경을 넓히려는 전략이다. 이 과정에서 주변국과 논의 없이 일방적으로 영역을 확장했다. 또한 무력시위를 통해 힘의 우위를 과시했다. "영원히 패권자라 칭하지 않고 영원히 확장을 꾀하지 않겠다"던 시진핑의 다짐이 무색해지는 대목이다. '근육질' 자랑은 이후에도 계속됐다. 중국의 첫 항공모함 랴오닝(遼寧)함이 이끄는 항모전단은 2016년 말 서해상에서 첫 실전훈련을 했다. 함정 수십 척과 전투기 수십 대가 동원됐다. 항공모함에 탑재된 전투기가 이륙하는 모습도 공개됐다. 랴오닝함은 서해에서 첫 훈련을 벌인 후 동중국해를 거쳐 남중국해로 향했다. 중국 해군이 근해가 아닌 원양에서 훈련을 벌인 것은 처음이다. 구소련의 항공모함을 개조해 만든 랴오닝함은 2012년 진수했다. 중국은 자국 기술을 적용한 첫 항공모함을 2017년 4월에 내놨다. 시진핑의 해군력 증강과 해양 확장은 미국을 겨냥한 측면이 크다. 오바마는 서태평양으로 미국의 해군력을 이동시키려 했고 트럼프는 이 범위를 인도까지 확장하려 한다. 시진핑이 해양 확장을 꾀하니까 미국이 반응한 것일 수 있고 미국이 중국 봉쇄를 꾀하니까 시진핑이 해양 확장으로 응수한 것일 수도 있다. 선후관계는 중요치 않다. 중요한 점은 시진핑과 트럼프의 해양 경쟁이 더욱 치열해질 수밖에 없다는 것이다. 그 무대는 동중국해와 남중국해를 포함한 서태평양이 될 것이다.

시진핑과 트럼프가 서태평양에서 '힘 자랑'을 하면 한국과 일본을 비롯해 동남아시아 전체가 소용돌이에 휘말릴 수 있다. 아베 신조 일본 총리는 이 싸움에 끼고 싶어한다. 트럼프의 중국 견제를 돕는다는 평계로 군사 대국화의 길을 모색할 수 있기 때문이다. 일본은 2차대전을 일으킨 전범국이자 패전국으로서 전쟁을 포기했다. 일본의 전쟁 포기는 그 유명한 평화헌법 9조에 명시돼 있다. 아베는 이를 없애고 싶어한다. 아베의 평생 숙원으로 보인다. 2차대전 A급 전범이자 아베의 외할아버지인 기시 노부스케의 영향이 컸다. 이런 아베와 달리 한국을 비롯한 다른 주변국은 시진핑과 트럼프의 싸움에 끼고 싶어하지 않는다. 하지만 한국은 북한을 고리로 이 싸움에 낄 가능성이 있다. 2017년 11월 트럼프의 아시아 순방을 앞두고 미국의 핵추진 항공모함 3척이 동해에서 한국군과 합동훈련을 벌였다. 북한을 압박하기 위한 목적이라고 언론은 해석했다. 항공모함 3척이 한자리에 모여 훈련을 벌이는 것은 대단히 드문 일이다. 항공모함 1척이 웬만한 국가의 전체 공군력과 맞먹는다. 이런 항공모함 3척이 동원됐다. 북한만을 겨냥했다고 보는 것은 순진한 해석이다. 트럼프의 근육질 자랑에 시진핑은 발끈했다. 중국 해군은 랴오닝함 항모전단을 동원해 서해 인근에서 해상 훈련을 벌였다. 맞불 성격이다. 미국은 해군력의 중심을 아시아로 옮기려고 한다. 중국을 봉쇄하기 위해서다. 북한은 미국이 이 전략을 시행하는 데 좋은 핑계거리다. 이런 면에서 보면 미국이나 한국의 보수당이나 '북한 팔이'를 하는 점은 동일하다. 아베도 '북한 팔이'를 통해 군사력 증강을 꾀하고 있다. 그래서 시진핑은 한반도 긴장이 고조되는 일을 원치 않는다. 이는 진심일 것이다. 한반도 긴장이 완화돼야 미국이 아시아로 해군력을 이동시킬 명분이 약해진다. 시진핑은 북한과 미국이 대화를 통해 핵문제를 해결하기를 바란다. 이는 한국과 같은 입장이다.

시진핑이 트럼프와 '힘 자랑'은 하겠지만 당장 전면적인 '힘 대결'에 돌입할 일은 없다. 미국은 아직 세계 최강의 군사대국이자 경제대국이다. 미국의 연간 국방비는 중국 국방예산의 4배가 넘는다. 시진핑은 알고 있다. 냉전시기 구소련이 미국과 군비경쟁을 벌이다 붕괴를 앞당긴 역사를 기억하고 있다. 해양강국 건설 과정에서 트럼프와의 갈등이 불가피하겠지만 시진핑은 이런 갈등을 최소화하기를 원한다. 중국이 당장 미국과 군비경쟁에 돌입해도 시진핑에게 승산은 없다. 국방비가 급증하면 경제 성장에 부담이 되기 때문이다. 중국 경제가 미국을 능가하려면 아직 시간이 필요하다. 기술적으로도 그렇다. 중국이 항공모함을 운영하기 시작했지만 걸음마 수준이다. 미국에 비하면 운영 노하우도 떨어지고 기술력도 떨어진다. 항공모함 뿐만이 아니다. 중국은 미국의 첨단 국방과학기술에 미치지 못한다. 그래서 시진핑은 중궈멍을 중화인민공화국 수립 100주년인 2049년에 달성하겠다고 했다. 30년의 시간은 필요하다고 본 것이다. 바꿔 말하면 향후 30년간 경제력과 군사력을 차근차근 키워서 미국을 압도하는 초강대국이 되겠다는 비전이다. 이 비전이 시진핑의 꿈이자 중국의 꿈인 중궈멍이다. 시진핑은 2050년에 세계 일류 군대를 만들겠다는 원대한 포부를 밝힌 바 있다. 이 때가 되면 중국은 미국과 전면적인 힘 대결에 돌입할지도 모른다.

시진핑이 중궈몽을 실현하는 데 강경책만을 쓴 것은 아니다. 중국이 세계 최강의 군대를 건설하려면 시간이 필요하다. 또 중국의 급격한 부상은 미국 뿐 아니라 주변국의 우려를 촉발한다. 이는 미국이 중국 주변국과 합심해 중국을 견제하는 상황을 불러올 수 있다. 시진핑은 견제를 약화시킬 장치가 필요했다. 그 장치가 '일대일로(一帶一路)'다. 강군몽이 강경책이라면 일대일로는 유화책이다. 중국이 동중국해에 방공식별구역을 선포하기 직전 시진핑은 일대일로 구상을 발표하고 아시아인프라투자은행(AIIB)의 설립을 제안했다. 시진핑의 표현을 빌리면 일대일로는 "후롄후통(互聯互通)"이다. 이는 국가간 상호 연결을 의미한다. 시진핑은 후롄후통이 인류사회가 추구해야 할 바라고 말했다. 핵심은 연결이다. 육상과 해상의 길을 연결해 무역과 경제협력을 촉진하자는 구상이다. 육로 연결을 뜻하는 '실크로드 경제벨트'와 해로 연결을 의미하는 '21세기 해상 실크로드'가 두 축이다. 연결하려는 지역이 대단히 광범위하다. 육로는 중국 서부에서 시작해 중앙 아시아를 거쳐 유럽에 이른다. 중국의 비단이 고대 로마제국으로 들어간 경로를 뜻하는 실크로드의 현대판이다. 해로는 중국 연안에서 시작해 동남아시아와 중동의 해안을 거쳐 아프리카 동쪽 해안에 이른다. 육로와 해로 모두 출발점이 중국이다. 시진핑이 제안한 구상이므로 당연한 귀결이다. 중국을 세계의 중심에 두는 중화사상과 관련이 있어 보인다. 시진핑의 계획대로 2049년까지 일대일로 구상이 실현된다면 미국이 위치한 아메리카 대륙을 제외한 전 세계 모든 지역이 중국과 연결된다.

일대일로는 말이 거창하지만 이미 존재하는 길을 의미한다. 이 길은 이미 연결돼 있다. 이미 통하는 길을 다시 연결한다는 게 무슨 뜻인가? 길을 현대화 하겠다는 뜻이다. 육로와 해로를 현대화 하려면 도로를 깔고 항만을 지어야 한다. 고속철도와 공항도 건설해야 한다. 일대일로는 세계 전역에 걸친 인프라 건설 프로젝트다. 도로, 항만, 철도 등 기초 인프라 투자에만 1조위안이 넘게 소요될 것으로 추정된다. 한국 돈으로 약 170조원에 이른다. 이 초대형 건설 프로젝트에 중국이 대주주로 참여한다. 돈은 AIIB를 통해 조달한다. AIIB의 대주주도 중국이다. 일대일로 건설 프로젝트에 참여한 국가 및 국제기구만 100여곳에 이른다. AIIB를 통해 돈을 대려는 국가만 60여개국에 달한다. 20여 개국이 AIIB 가입을 저울질하고 있다. 전 지구적 사업이다. 저개발국 입장에서는 이를 마다할 이유가 없다. 쌍수를 들고 환영할 일이다. 중국은 자연스럽게 일대일로 주변국과 경제협력을 강화할 것이다. 일대일로 주변 지역의 인구만 44억여명에 이른다. 이는 세계 인구의 60%가 넘는다. 이미 거대한 소비시장을 보유한 중국이 잠재적 수출시장과 생산기지를 확보한 셈이다. 인프라 건설에서 중국의 도움을 받은 일대일로의 주변국은 중국에 호의적일 수밖에 없다. 중국은 잠재적 우방국도 확보했다. 경제적으로 혹은 정치적으로 중국 편에 서는 나라가 늘어날 것이다. 이는 중국 부상에 대한 미국과 주변국의 견제를 약화시킬 것이다.

일대일로는 시진핑의 대외 전략이다. 주변국의 견제를 약화시키고 협력과 지지를 끌어내려는 외교 정책이다. 일대일로는 인류문명 발전에 기여하려는 역사적 소명의식의 발로일 수 있다. 결과적으로 인류문명 발전에 기여할 것이다. 하지만 오직 그 이유 때문에 수백 조원이 들어가는 초대형 프로젝트를 내놓지는 않았다. 일대일로를 통해 얻고 싶은 게 있다. 시진핑은 2014년 말 "중국 특색의 대국외교(中國特色的大國外交)"를 제시했다. 이 외교 정책의 목적은 중궈멍의 실현과 "인류운명공동체(人類命運共同體)" 조성에 있다고 시진핑은 설명했다. 시진핑은 중궈멍을 실현하는 과정에서 나타날 미국과 주변국의 견제를 예상했다. 그래서 '당근'에 해당하는 일대일로를 먼저 제시한 후 '채찍'에 해당하는 군사 조치를 동중국해와 남중국해에서 단행했다. 일대일로는 초대형 건설 프로젝트이자 광범위한 협력 프로젝트다. 추진 과정에서 중국은 주변국의 지지와 협력을 유도할 수 있다. 이는 국제사회에서 중국의 입지를 강화하는 데 도움이 된다. 일대일로를 통해 인류운명공동체를 건설한다는 명분도 얻고 주변국과 우호적 관계를 강화하는 실리도 챙길 수 있다.

일대일로에 참여하는 주변국도 실리를 챙길 수 있다. 하지만 일대일로에 대한 경계심을 늦춰서는 안 된다. 일대일로를 진행하는 과정에서 중국 의존도가 지나치게 높아지면 중국에 귀속되는 결과를 초래할 수 있다. 중국은 대외 정책을 추진하면서 필요할 경우 경제적 수단을 가차없이 사용한다. 이를 '달라이 라마 효과(The Dalai Lama Effect)'라고 부른다. 달라이 라마는 티베트 불교의 종교지도자를 일컫는 말이지만 티베트의 독립운동을 상징하는 말로도 쓰인다. 14대 달라이 라마인 텐진 가초는 1950년 중국이 티베트를 침공하자 이를 피해 인도로 망명했다. 그는 인도 북부 히말라야 산간에 망명정부를 세운 후 티베트의 자치권 확대를 요구했다. 중국은 달라이 라마에게 호의적인 국가를 향해 경제 보복을 단행했다. 한 나라의 국가수반이 달라이 라마를 만나면 해당국의 중국 수출이 급감했다. 그래서 이런 용어가 생겨났다. 일본은 2010년 조어도를 둘러싸고 중국과 분쟁을 벌이다 무역 보복을 당했다. 분쟁이 격화되자 중국은 일본에 희토류 수출을 전면 중단했다. 희토류는 반도체, 컴퓨터, 에어컨, 냉장고 등 IT제품에서 없어서는 안 되는 필수재료다. 중국이 희토류 수출을 금지하자 일본의 IT산업은 한동안 홍역을 치렀다. 필리핀은 2012년 남중국해에서 중국과 영유권 분쟁을 벌이다 무역 보복을 당했다. 중국 세관이 대기 중인 필리핀산 바나나의 검역을 지연시켜 썩게 만들고 이후에는 수입 자체를 금지했다. 한국도 당했다. 사드(THAAD, 고고도미사일방어체계)를 경상북도 성주에 배치한 후 중국의 경제보복으로 한동안 어려움에 처했다. 중국에서 한국 드라마와 영화의 상영을 중단하고 한류 연예인의 활동도 금지시켰다. 중국인의 한국 단체관광을 금지시켜서 국내 관광업계와 요식업계가 큰 타격을 입었다.

시진핑은 역내 자유무역협정 체결에 박차를 가하면서 경제영토 확장을 꾀하고 있다. 대표적인 사례가 역내 포괄적경제동반자협정(RCEP)이다. RCEP은 아세안(ASEAN) 10개국과 한국, 중국, 일본, 인도, 호주, 뉴질랜드 등 16개국이 참여하는 다자간 자유무역 협정이다. 오바마는 환태평양경제동반자협정(TPP)에 적극 참여해 시진핑의 경제영토 확장을 저지하려고 했다. TPP는 태평양을 둘러싼 12개국으로 구성됐다. 미국과 일본이 주도했으며 한국도 참여했다. 하지만 트럼프는 취임 직후 TPP 탈퇴를 선언했다. 미국이 빠진 TPP는 존재감이 없어졌고 참여국은 11개국으로 줄었다. 또한 트럼프는 북미자유무역협정(NAFTA) 재협상을 주장했고 재협상이 시작되자 폐기 위협을 하는 등 보호무역주의 성향을 강하게 드러냈다. NAFTA는 미국, 캐나다, 멕시코 등 북아메리카 대륙 국가 간 체결된 자유무역협정이다. 이와 대조적으로 시진핑은 보호무역에 반대를 천명하고 아시아태평양자유무역지대(FTAAP)라는 개념을 제시했다. 동남아시아와 동북아시아에 집중한 RCEP을 넘어서 아시아·태평양 지역으로 다자간 자유무역협정의 범위를 확대하겠다는 계산이다. RCEP과 TPP의 혼합형으로 볼 수 있다. 시진핑은 일대일로와 자유무역협정을 추진하는 과정에서 '덧셈 외교'를 하고 있다. 정치적 우방국과 경제협력국을 점차 늘려가는 중이다. 반면 트럼프는 '뺄셈 외교'를 하고 있다. 기존의 다자 무역협정을 뒤엎고 그것도 모자라서 파리기후협약도 탈퇴했다. 이 역시 미국의 쇠퇴와 중국의 부상을 상징하는 한 장면이 아닐까 싶다.

시진핑은 금융분야에서도 중국의 영향력을 확대하고 있다. 바로 AIIB를 통해서다. AIIB는 일대일로를 추진하는 데 필요한 자금을 조달하려고 설립했다. 초대형 건설 프로젝트를 진행하려면 원활한 자금 조달은 필수다. AIIB 설립은 이런 목적에서 출발했지만 영국이 참여를 결정하면서 예상 밖의 흥행을 기록했다. 창립회원국만 57개국에 달하고 20여개국이 참여를 저울질하고 있다. AIIB 설립 자체가 중국의 위상과 영향력을 끌어올렸다. AIIB는 중국 주도로 설립된 최초의 국제금융기구이기 때문이다. AIIB에 대한 중국의 지분은 30.34%다. 당초 목표로 했던 50%에는 못 미치지만 누구도 넘볼 수 없는 최대 주주다. 2대 주주인 인도의 지분은 8.52%에 그친다. 한국은 5대 주주로 3.81%의 지분을 갖고 있다. 중국은 거부권도 확보했다. AIIB는 지분율과 투표권을 따로 산정했는데 중국이 차지한 투표권은 26.06%다. AIIB는 주요 안건을 결정할 때 투표권 75% 이상의 찬성이 있어야 한다. 중국이 찬성하지 않으면 어떤 안건도 통과될 수 없다. 국제통화기금(IMF)도 마찬가지다. 지분율 85% 이상의 찬성이 있어야 주요 안건이 통과

된다. 미국이 16.47%의 지분율만으로 IMF를 사실상 좌지우지하는 이유다.

― 트럼프, 정~은아 놀자~!

　Madman Theory라는 국제정치 이론이 있다. 트럼프의 이해할 수 없는 행동을 설명할 때 종종 인용되는데 글자 그대로 '미친 자의 이론'으로 해석한다. 트럼프가 제정신이 아닐 수 있다는 의구심은 미국 대선 레이스가 한창이던 2016년 여름부터 제기됐다. 인종, 종교, 성차별적 발언을 일삼는 트럼프를 보면서 그의 정신 건강을 우려하는 목소리가 나왔다. 트럼프의 정신감정을 의뢰하는 온라인 청원 운동이 일어났고 급기야 트럼프의 핵무기 발사 권한을 제한해야 한다는 주장으로 이어졌다. 미친 자의 이론은 다른 가능성을 제시한다. 트럼프가 실제 미친 게 아니라 일부러 미친 사람처럼 보이려고 행동한다는 가능성이다. 과거에 그런 사례가 있었다. 리처드 닉슨 전 미국 대통령은 미국이 개입한 베트남 전쟁을 빨리 끝내고 싶었다. 전쟁 종식을 위한 평화회담이 교착상태에 빠졌던 1969년 말, 닉슨은 핵무기를 동원해 대규모 군사 훈련을 벌인다. 핵무기가 탑재된 각종 구축함과 잠수함, 폭격기 등을 동원해 회담이 결렬되면 핵전쟁이라도 일으킬 것처럼 행동했다. 이는 실제 핵전쟁을 벌이려는 의도가 아니라 구소련을 압박하려는 전략이었다. 당시 미국은 남베트남을, 소련은 북베트남을 배후에서 지원하고 있었다. 핵전쟁 위협을 하면 소련이 발을 뺄 것으로 예상하고 미친 자처럼 행동했다. 결과는 실패였다. 북베트남의 결사항전 의지가 너무 강했다. 당시 미국의 국무장관이던 헨리 키신저가 이 전략을 고안했다고 한다.

트럼프가 대내외적으로 제정신이 아닌 것처럼 행동한 사례는 많지만 단연 으뜸은 북한의 김정은을 상대로 한 '오락가락'이다. 대선기간 어느 날은 김정은을 미치광이라고 불렀다가 다른 날은 김정은과 햄버거를 먹으며 핵협상을 하겠다고 말했다. 대통령 취임 이후 어느 날은 김정은과 만나면 영광일 것이라고 했다가 다른 날은 김정은을 로켓맨이라고 불렀다. 어느 날은 군사행동 가능성을 시사해 한반도 긴장을 고조시키고 다른 날은 대화를 통한 핵문제 해결을 언급해 긴장 완화에 도움을 준다. 이 정도면 일관성이 없는 수준을 넘어서 '정신이 오락가락한다'고 표현해도 과언이 아니다. 트럼프는 자신의 측근과도 엇갈린 목소리를 냈다. 2017년 12월 렉스 틸러슨 미국 국무장관은 북한과의 전제조건 없는 대화를 제안했다. 핵심은 '일단 만나자'다. 날씨 얘기도 좋고 테이블이 원형인지 사각형인지 얘기해도 좋다고 말했다. 획기적인 제안이다. 그 전까지 미국은 북한이 비핵화를 전제로 해야만 대화에 응할 수 있다는 입장이었다. 비핵화를 논의하는 자리에 나오려면 비핵화를 조건으로 해야 한다는 요구는 앞뒤가 맞지 않는다. 비핵화를 전제조건으로 하고 나오면 이미 대화의 목표가 달성됐는데 무엇을 논의하나? 일단 만나서 대화 테이블에 앉아야 비핵화를 논의할 수 있다. 상식 중의 상식이다. 북한이 비핵화 요구에 호락호락 응할 리도 없다. 결국 대화를 하지 말자는 것이다. 틸러슨은 이런 입장을 뒤로 하고 조건 없는 대화를 제안했다. 이에 대해 트럼프의 백악관은 바로 다음날 지금은 대화할 시간이 아니라고 선을 그었다.

미친 자의 이론을 대입하면 트럼프는 일부러 그러는 것이다. 미친 사람처럼 행동해 김정은이 겁을 먹도록 하려는 전략이다. 닉슨은 구소련을 겁주려고 핵전쟁이라도 벌일 것처럼 행동했다. 마찬가지로 트럼프는 대화에 관심이 없는 것처럼 행동한다. 대화에는 관심이 없고 군사적 옵션을 취할 것처럼 행동한다. 트럼프가 북한을 상대로 선제타격과 같은 군사적 옵션을 선택하면 3차 세계대전이 일어날 수 있다. 북한을 공격하면 북한은 미국을 상대로 핵을 사용할 것이다. 북한의 핵미사일이 미국에 도달하지 못해도 주한미군과 주일미군을 상대로 핵을 쓸 것이다. 이런 상황이 오면 한국과 일본도 끝장난다. 이에 대응해 미국은 북한을 상대로 핵공격을 감행하고 이는 중국과 러시아의 반발을 불러온다. 사태가 뜻하지 않은 방향으로 전개되면 3차 세계대전이 일어날 수 있다. 트럼프가 군사적 옵션을 언급하는 것만으로도 긴장이 고조되는 이유다. 대신에 틸러슨이 대화를 제의한다. 트럼프가 미친 자처럼 군사행동을 벌이려고 하니까 빨리 대화를 시작해야 한다는 메시지를 국무장관인 틸러슨이 보낸다. 일종의 '투 트랙' 전략이다. 트럼프가 자주 써먹던 방식이다. 상반된 입장을 놓고 오락가락 한다. 때로는 상반된 입장을 동시에 취하기도 한다. 다른 말로 굿캅(good cop, 좋은 경찰) 배드캅(bad cop, 나쁜 경찰) 전략이라고 부른다. 트럼프가 배드캅 역할을, 틸러슨이 굿캅 역할을 한 셈이다. 트럼프는 별개의 패를 양손에 쥐고 상대방을 혼란스럽게 만든다. 이런 상황을 지속하다가 결정적인 순간에 입장을 정해서 원하는 것을 얻는다.

트럼프는 왜 북한 핵문제에 집착하나? 앞서 설명한대로 추정 가능한 시나리오가 있다. 첫째는 트럼프가 북한 핵문제를 매우 심각하게 본다는 것이다. 두번째는 시진핑에게 북핵 문제 해결을 압박하고 이를 해결하지 못하면 통상 문제를 거론하려는 목적이다. 마지막 시나리오는 북핵 문제를 해결하려는 개인적 욕심이다. 이는 트럼프의 이익과 관련이 있다. 가장 가능성이 높은 시나리오다. 2017년 10월을 전후해 틸러슨이 북한과 직접 대화 채널이 열려 있다고 언급했을 때 트럼프의 반응은 '시간 낭비하지 마라'였다. 전형적인 굿캅 배드캅 전략이다. 트럼프는 트위터를 통해 틸러슨이 "리틀 로켓맨(Little Rocket Man)"과 협상을 시도하는 것은 "시간 낭비(wasting his time)"라고 말했다. 그러면서 클린턴과 부시, 오바마가 실패했지만 자신은 실패하지 않을 것이라고 말했다. 트럼프는 지난 25년간 미국의 대북정책이 실패했다고 여러 차례 강조했다. 전임자들은 실패했지만 자신은 실패하지 않을 것이라는 말도 잊지 않고 덧붙였다. 북핵 문제를 해결하면 트럼프는 역사에 남을 위대한 대통령이 된다. 이 문제를 해결하는 순간 영웅이 된다.

임기내내, 그리고 퇴임 후에도 동네방네 자랑하고 다닐 수 있다. 트럼프는 이런 상상을 하면서 흐뭇한 미소를 지을 것이다. 미국의 이익이면서 트럼프의 이익이다. 트럼프가 김정은에 집착하는 데에는 이유가 있다.

김정은은 트럼프의 이런 마음을 알아주지 않았다. 트럼프의 언행과 상관없이 핵과 미사일 개발을 일정대로 진행했다. 김정은은 2017년 1월1일 신년사에서 "대륙간탄도로켓의 시험발사 준비사업이 마감단계에 이르렀다"고 밝혔다. 미국을 겨냥한 대륙간탄도미사일(ICBM) 개발을 2017년에 완료하겠다는 선언이었다. 2월부터 9월까지 매월 최소 한차례 이상 미사일 시험발사를 했다. 7월에는 화성-14형으로 불리는 장거리 탄도미사일을 2차례 발사했다. 화성-14형은 사거리가 9,000km 가량인 ICBM으로 추정됐다. 이는 북한에서 쏘면 미국 서부에 위치한 로스앤젤레스(LA)까지 날아갈 수 있는 거리다. 9월에는 북한의 핵실험 중 가장 강력한 것으로 평가 받는 6차 핵실험을 단행했다. 이때까지도 북한은 핵무력 완성을 선언하지 않았다. 북한이 핵무력 완성을 선언한 시점은 11월 말이다. 당시 화성-15형으로 불리는 신형 ICBM을 시험 발사했다. 사거리가 대략 13,000km로 추정됐다. 이는 미국 전역이 북한 ICBM의 사정거리 안에 있음을 의미한다. 북한의 핵개발이 미국을 겨냥하고 있음을 알 수 있다. 김정은의 2017년 신년사에 대해 당시 대통령 당선인 신분이던 트럼프는 트위터를 통해 "그런 일은 일어나지 않을 것(It won't happen)"이라고 호언장담했다.

트럼프의 기대와 달리 그런 일은 일어났다.

　김정은은 왜 핵개발에 집착하나? 생존 본능 때문이다. 김정은의 생존 본능은 타의 추종을 불허한다. 김정일의 셋째 아들로 태어난 김정은이 왕위를 세습한 것을 보면 그렇다. 북한은 현대판 왕조국가다. 북한의 공식명칭인 조선민주주의인민공화국을 보면 공화정을 채택한 것처럼 보이지만 실상은 왕정국가다. 김일성에서 김정일로, 김정일에서 김정은으로 권좌가 세습된 것을 보면 그렇다. 김정은은 장자가 아니다. 셋째 아들로 태어났다. 북한 정치지형의 특성상 '세자'로 책봉되지 못한 아들은 목숨이 위태로울 수밖에 없다. 조선시대와 동일하다. 아마도 유년시절의 김정은은 밤잠을 설쳤을 수 있다. 훗날 잔혹한 숙청의 대상이 될 수 있기 때문이다. 김정은은 유년시절 스위스에서 유학생활을 했다. 이는 학업보다는 도피의 목적이 강했을 수 있다. 권력에 무관심한 모습을 보이기 위해 농구와 컴퓨터 게임에 심취했을 수 있다. 이랬던 김정은이 북한에 귀국해 길지 않은 기간 동안 후계자 수업을 받은 후 왕위를 세습했다. 2011년 김정일이 사망했을 당시 김정은은 30살이 채 안 된 나이였다. 김정은은 1984년생으로 알려졌다. 김정일 장례식에서 검은 정장 차림의 김정은은 어린 아이처럼 우는 모습을 보였다. 아마 두려웠을 것이다. 막막했을 것이다. 북한의 지도자가 되는 것은 20대 청년이 감당하기에 너무나 벅차고 위험한 일이었다. 언제든지 군부의 쿠데타가 발생할 수 있고 자신의 자리를 대신할 형들이 버젓이 살아있었다. 김정은은 살아남기 위해 대대적인 숙청을 단행했다. 김정일이 사망하고 2년이 지난 후 고모부 장성택을 처형하면서 권력 장악이 끝났음을 알렸다.

내부 권력기반을 다진 김정은은 핵개발에 박차를 가했다. 2016년 1월 4차 핵실험을 하더니 그 해 9월 5차 핵실험을 단행했다. 1년이 지난 2017년 9월 6차 핵실험을 했고 11월에는 미국 본토 타격이 가능한 ICBM을 시험발사한 후 핵무력 건설이 완성됐다고 선언했다. 그 와중에 김정일의 장남이자 김정은의 형인 김정남이 2017년 2월 말레이시아에서 피살됐다. 김정은은 김정남이 살아있는 한 언젠가 자신의 목숨을 위협할 수 있다고 생각했을 것이다. 또 핵무기가 없으면 자신의 목숨이 위태로울 수 있다고 생각했을 것이다. 과거 리비아와 이라크의 사례는 김정은이 두려워하는 바를 잘 보여준다. 리비아의 독재자 무아마르 카다피는 2003년 미국의 요구에 따라 핵개발을 포기했다. 하지만 8년 후 미국 주도의 공습을 피해 도주하다 비참한 최후를 맞았다. 이라크의 독재자 사담 후세인도 미국의 침공을 받은 후 도주하다 붙잡혀 결국 처형됐다. 블라디미르 푸틴 러시아 대통령은 김정은이 이런 사례를 잘 기억하고 있다고 말했다. 김정은과 트럼프의 '말 폭탄 주고받기'가 절정에 이른 2017년 9월, 푸틴은 북한이 풀뿌리를 먹는 한이 있어도 핵을 포기하지 않을 것이라고 말했다. 그러면서 대북 강경책은 김정은이 핵을 '생명줄'로 믿게 만들었다고 비판했다. 맞는 말이다. 김정은이 원하는 것은 북한 정권의 보장이다. 보다 정확히 말하면 자신의 생존 보장이다. 국제사회가 아무리 강력한 제재를 가해도, 그로 인해 북한 주민이 아무리 많이 굶어 죽어도 김정은은 핵을 포기하지 않을 것이다. 핵을 포기했다가 카다피나 후세인처럼 비참한 최후를 맞을 수 있기 때문이다. 결국 북핵 문제는 대화로 해결할 수밖에 없다.

대화의 문은 뜻밖에 열렸다. 김정은은 2018년 1월1일 신년사를 통해 남북대화를 제안했다. 김정은은 2017년에 달성한 특별한 성과가 "국가 핵무력 완성"이라고 말했다. 이를 "역사적 대업"이라고 표현했다. 그러면서 "강력하고 믿음직한 전쟁 억제력"을 확보하게 됐다고 선언했다. 이는 자신감의 표현이다. 북한이 미국과 동등한 핵 보유국이 됐다는 김정은의 자신감을 반영한다. 더는 미국의 군사행동을 걱정해 밤잠을 설칠 필요가 없다는 안도감에서 오는 자신감이다. 북한이 미국과 '공포의 균형(balance of terror)'을 이루게 됐다는 김정은의 희망도 섞여 있다. 김정은은 미국 전역이 북한의 핵 타격 사정권 안에 있으며 "핵 단추가 내 사무실 책상 위에 항상 놓여 있다"고 말했다. 대단한 자신감이다. 세계 최강 군사대국인 미국을 상대로 이런 협박을 할 수 있는 나라는 북한 밖에 없다. 하지만 김정은은 북한의 "자주권과 이익을 침해하지 않는 한 핵무기를 사용하지 않을 것"이라고 덧붙였다. 북한의 핵개발 목적이 김정은의 생존 보장에 있음을 알린 것이다. 북한이 미국을 상대로 먼저 핵무기를 사용할 일은 없다. 쓰는 순간 북한은 끝장나기 때문이다. 김정은도 이 점을 잘 알고 있다. 대신 미국이 북한을 공격하면 가만히 있지 않겠다고 위협한 것이다.

김정은의 자신감을 바탕으로 상황은 급격히 진전됐다. 신년사가 나온 지 6시간 후 청와대는 환영 입장을 발표했다. 다음날 한국은 남북 고위급회담을 제안했다. 바로 다음날 북한은 박근혜 정권이 개성공단을 폐쇄하면서 단절된 판문점 남북 연락채널을 복원하겠다고 밝혔다. 여기서부터 문재인 대통령이 결정적인 역할을 한다. 바로 트럼프를 움직인 것이다. 트럼프는 김정은의 신년사에 대해 "두고 보자(We'll see)"라고 반응하는 등 초반 신중한 모습을 보였다. 신년사가 나온 다음날 트위터를 통해 자신의 "핵 단추(Nuclear Button)"가 김정은의 것보다 "훨씬 크고 강력하다(much bigger & more powerful)"며 유치한 말싸움을 벌였다. 말싸움이 벌어지는 동안 문재인의 청와대가 백악관과 접촉한 것으로 보인다. 이후 김정은 신년사에 대한 트럼프의 입장이 완전히 달라졌기 때문이다. 트럼프는 1월4일 트위터를 통해 자신이 북한에 대해 확고하고 강경한 입장을 유지한 덕분에 남북이 회담을 추진할 수 있게 됐다고 자화자찬 했다. 그러면서 대화는 "좋은 것(a good thing)"이라고 말했다. 트럼프는 이 트윗을 올린 후 문재인과 전화통화를 했다. 그리고 평창동계올림픽 기간 한미 연합훈련을 연기하기로 전격 합의했다. 문재인은 트럼프가 확고하고 강력한 입장을 견지해온 것이 남북대화로 이어지는데 도움이 됐다며 트럼프에게 사의를 표했다. 문재인이 트럼프의 성향을 꿰뚫어 본 것이다. 트럼프 덕분에 남북대화가 가능하다는 점을 인지시키면 트럼프가 남북대화에 우호적으로 반응할 것을 꿰뚫어봤다. 전략은 성공했다. 트럼프는 남북대화 과정에 미국의 도움이 필요하면 언제든지 알려 달라며 문재인 대통령을

100% 지지한다고 밝혔다.

　한미 군사훈련이 연기된 것은 큰 의미가 있다. 가장 큰 의미는 문재인이 트럼프와 김정은 사이에서 중재자가 될 수 있음을 김정은에게 증명했다는 것이다. 북한은 전통적으로 미국과 직접 대화하기를 원한다. 북한 체제와 김정은의 생존을 보장해줄 나라는 미국이기 때문이다. 한국이 북한을 침공할 일은 없다. 중국과 러시아도 그럴 일은 없다. 북한 주변에서 선제타격을 운운하고 군사 행동을 위협하는 나라는 미국이다. 그래서 북미간 직접 대화를 원한다. 북한도 시도는 했다. 틸러슨이 밝혔듯이 미국과 북한은 2017년 북미 채널을 가동했다. 하지만 북미 접촉은 실패한 것으로 보인다. 김정은이 신년사를 통해 남북대화로 선회했기 때문이다. 김정은은 한국이 미국과 북한 사이에서 중재자 역할을 해주기를 바란다. 한국을 연결고리로 미국과 대화하기를 원한다. 김정은이 남북대화를 제안했지만 남북대화가 일단 시작되면 북한 비핵화는 협상 의제가 될 수밖에 없다. 북한의 요구를 잘 알고 있는 문재인은 중재자 역할이 가능하다는 점을 김정은에게 보여줬다. 남북대화가 급 물살을 탈 가능성이 커졌다. 문재인이 트럼프와 전화통화를 한 다음날 북한은 남북 고위급회담을 수락했다. 한국이 제시한 날짜와 장소를 변경하지 않았다. 과거 북한은 회담 장소와 날짜, 수석대표의 급 문제를 놓고 애를 먹이고는 했다. 이번에는 그런 일이 없었다. 예정대로 고위급회담은 1월9일에 열렸고 북한은 평창동계올림픽에 선수단을 비롯해 응원단, 예술단, 태권도 시범단까지 보내겠다고 약속했다.

또 별도의 남북 군사회담을 개최하기로 합의했다.

　주목할 것은 북한이 고위급 대표단을 보내기로 약속했다는 점이다. 어떤 인물이 오는지에 따라 남북관계에 획기적 전기를 마련할 수 있다. 이런 상황에서 문재인은 또 다시 홈런을 쳤다. 남북 고위급회담이 열린 다음날 문재인은 취임 첫 신년 기자회견을 열었다. 기자회견에서 북한 비핵화를 강조하면서 남북관계 개선과 북핵문제 해결을 연계시켰다. 그리고는 트럼프를 또 다시 움직였다. 기자회견 당일 밤 트럼프와 전화통화를 갖고 북미대화의 가능성을 열었다. 문재인과 트럼프는 한 목소리로 남북대화가 북미대화로 "자연스럽게" 이어질 가능성이 있다고 밝혔다. 김정은이 향후 남북대화에 호의적으로 나오면 트럼프와 만나도록 다리를 놔주겠다는 것이다. 여기에 트럼프가 확인 도장을 찍은 셈이다. 이를 지켜본 김정은은 문재인의 중재자 역할에 기대를 걸었을 수 있다. 주목할 것은 트럼프가 마이크 펜스 미국 부통령을 평창 올림픽에 보내겠다고 한 점이다. 북한도 고위급 대표단을 보내겠다고 약속했다. 트럼프가 2인자를 보낸다고 했으니 김정은도 2인자를 보낼 가능성이 있다. 문재인이 중재자 역할을 성공적으로 수행하고 김정은이 전향적으로 반응한다면 평창올림픽을 계기로 북한과 미국의 2인자가 만날 가능성도 배제할 수 없다. 이는 본격적인 북미대화로 이어지면서 비핵화 협상에 획기적인 전기를 마련할 수 있다.

　김정은은 명목상 2인자를 보냈다. 북한의 김영남 최고인민회의 상임위원회 위원장이 고위급 대표단을 이끌고 평창을 찾았다. 김영남은 북한 헌법상 국가수반이다. 하지만 실권이 없는 명목상의 자리에 있다. 펜스도 실권이 없는 상징적인 직책인 부통령이니 최소한의 급은 맞춰졌다. 한편 트럼프의 장녀 이방카 트럼프가 평창올림픽 폐막식에 참석할 예정이라는 언론 보도가 나왔다. 이후 북한은 김정은의 여동생인 김여정이 고위급 대표단에 포함됐다고 알려왔다. 트럼프가 펜스를 보낸다고 하자 김정은은 김영남을 보내겠다고 화답했다. 트럼프가 이방카를 보낸다고 하자 김정은은 김여정을 보내겠다고 화답했다. 김정은은 트럼프의 행동을 보면서 대응했다. 대놓고 미국과 대표단의 급을 맞춘 셈이다. 김정은의 이런 행보는 북한이 미국과 같은 정상국가라는 이미지를 심으려는 의도일 수 있다. 북한도 미국처럼 명목상의 2인자와 가족을 함께 보냈다. 무엇보다도 미국과 대화의 가능성을 열어놓으려는 의도일 수 있다. 평창올림픽 개막식에서 김영남과 펜스가 자연스럽게 조우했다면 분위기는 급격하게 반전될 수 있었다. 하지만 그런 일은 일어나지 않았다.

  펜스는 김영남과 자연스럽게 조우할 기회가 있었지만 대놓고 김영남을 '생깠다.' 일부러 피하는 듯한 모습까지 보였다. 평창올림픽 개막식 직전 정상급 인사들을 위해 마련한 리셉션에서 청와대는 김영남과 펜스가 문재인과 한 테이블에 앉도록 자리를 배정했다. 펜스는 리셉션장에 들르기는 했으나 자리에 앉지 않고 나갔다. 외교적 결례 논란을 빚으면서까지 김영남을 피했다. 왜 그랬을까? 펜스가 김영남과 악수를 하거나 간단한 인사라도 나눴다면 모든 언론이 그 장면을 담았을 것이다. 모든 스포트라이트가 펜스에게 쏠렸을 수 있다. 생각해 보면 펜스에게는 그 점이 가장 걸렸을 것이다. 언론의 스포트라이트는 트럼프에게 쏠려야 한다. 언론의 관심이 펜스에게 쏠리는 일을 트럼프는 반기지 않는다. 펜스는 트럼프의 이런 성향을 잘 알고 있다. 그래서 일부러 피했다고 이 책은 주장한다. 더군다나 펜스는 외교안보 분야에서 중대한 결정을 내릴 위치에 있지 않다. 김영남과의 조우는 미국의 대북 정책에 대한 메시지로 해석될 여지가 있다. 펜스는 이에 부담을 느꼈을 것이다.

  희소식은 김여정이 들고 왔다. 김여정을 비롯한 북한 고위급 대표단은 청와대에서 문재인을 만났다. 김여정은 김정은의 특사 자격으로 청와대를 찾았다. 김여정은 김정은의 친서를 전달하고 문재인을 북한에 초청한다는 김정은의 뜻을 전했다. 역사적인 순간이었다. 북한의 김씨 일가가 한국을 방문한 것은 김여정이 처음이다. 불과 수개월 전만 해도 상상할 수 없던 장면이다. 북한은 핵실험과 장거리 탄도미사일 발사를 계속했고 보수 언론은 당장이라도 전쟁이 날 것 같은 분위기를 조성했다. 이런 상황이 김정은의 신년사를 기점으로 반전했다. 남북 고위급 대화가 열렸고, 북한이 평창올림픽에 참가했을 뿐 아니라 남북 정상회담의 가능성까지 열렸다. 김정은의 이런 행보는 대단히 파격적이다. 김일성과 김정일 집권기에는 상상할 수 없었던 광폭 행보다. 일의 진행 속도 또한 빠르다. 이런 속도와 파격성을 감안하면 남북 정상회담도 곧 열리고 북한의 비핵화 협상도 빠르게 진행될 것으로 보일 수 있다. 하지만 실상은 그렇지 않다.

　남북 정상회담이 조기에 성사되기는 어렵다. 문재인은 김정은의 방북 초청에 '여건을 만들어서 성사시키자'고 답했다. 그러면서 북미대화의 필요성을 역설했다. 결국 여건은 북미관계다. 북핵 문제는 북한과 미국이 풀지 않으면 안 된다. 북한에 대한 군사행동을 위협하는 나라는 미국뿐이고 북한의 핵은 그런 미국을 겨냥하기 때문이다. 얽히고설킨 실타래는 두 나라가 풀어야 한다. 하지만 실타래를 풀기가 만만치 않다. 대화와 협상은 상대방이 있는 게임이다. 북한과 미국의 입장이 다르고 한국도 나름의 입장이 있다. 중국, 러시아, 일본이 바라는 바는 모두 다르다. 북핵 문제는 대단히 복잡한 방정식이다. 그래서 이 문제는 전망의 영역이 아니라 의지와 가능성의 영역에 속한다. 단 1%의 가능성에도 의지와 인내를 갖고 정진해야 해결의 실마리를 찾을 수 있다.

　북한의 비핵화 협상이 순조롭게 진행될 리도 없다. 북한은 비핵화가 협상의 대상이 아니라고 생각한다. 북한은 자신이 이미 핵보유국이기 때문에 비핵화가 아니라 핵 군축을 논의해야 한다고 생각한다. 핵 군축 협상은 핵보유국끼리 핵무기 감축을 논의하는 협상이다. 북한이 핵보유국임을 인정한다는 전제가 깔렸기 때문에 한국과 미국이 받아들이기 어려운 조건이다. 또한 북한이 핵을 포기할 가능성도 제로에 가깝다. 25년여에 걸쳐 각종 제재와 압력 속에서 핵개발에 집착했고 이제 목표에 도달했는데 쉽게 내려놓을 리가 없다. 역사상 핵무기를 자발적으로 포기한 사례는 드물다. 현재까지는 남아프리카공화국의 사례가 유일하다. 1993년 남아공은 핵무기 폐기를 발표하면서 전 세계에서 유일하게 자발적 핵폐기국이 됐다. 핵을 폐기한 이유는 간단하다. 남아공 권력층의 생존이 보장됐기 때문이다. 김정은을 어떻게 설득하는가에 북한 비핵화 협상의 성패가 달려있다. 결국 북핵 폐기는 전망의 영역이 아니라 의지와 가능성의 영역일 수밖에 없다. 단 1%의 가능성에도 의지와 인내심을 갖고 나아가야 한다. 문재인의 중재자 역할에 기대를 걸어보자.

전망의 영역을 조금 더 살펴보자. 이는 북핵 폐기를 실현하는 데 중요하다. 비핵화 협상이 순조롭지 않을 것으로 예상하는 이유 중에는 북한의 학습효과도 있다. 과거 북미대화는 타결하기 직전까지 갔다가 어그러진 적이 있다. 이 때도 한국이 중재자 역할을 했다. 하지만 미국의 정권교체 시기가 겹치면서 대화가 돌연 무산됐다. 2000년 10월 당시 북한의 2인자였던 조명록 차수는 백악관을 방문해 빌 클린턴 전 미국 대통령을 만났다. 역사적인 순간이었다. 한반도 평화 정착의 희망이 보인 순간이었다. 당시 김대중 전 대통령의 중재로 이 역사적인 만남이 성사됐다. 그 해 6월 김대중은 평양을 방문해 김정일 북한 국방위원장과 역사적인 첫 남북 정상회담을 가졌다. 남북관계와 함께 북미관계의 해빙기였다. 군복 차림의 조명록 차수는 당시 클린턴에게 김정일의 친서와 북한 방문을 요청하는 초청장을 전달했다. 그리고 매들린 올브라이트 전 미국 국무장관과 북미공동 코뮈니케를 채택했다. 코뮈

니케에는 클린턴의 방북을 위해 올브라이트가 조만간 북한을 방문하겠다는 내용이 포함됐다. 역사적 합의였다. 클린턴이 합의한 대로 평양을 방문했다면 한반도 평화정착을 위한 토대가 마련됐을 것이다.

클린턴의 방북은 이뤄지지 않았다. 2000년 말 공화당 출신의 조지 W. 부시가 미국 대통령에 당선되면서 어그러졌다. 부시는 민주당 출신인 클린턴의 방북을 반대했다. 클린턴이 방북해 북미관계가 정상화되면 부시가 추진 중인 미사일방어(MD) 체계의 구축에 차질이 생기기 때문이다. 북한이 적국으로 남아 있어야 부시가 미국과 동맹국을 방어한다는 핑계로 MD를 구축할 수 있다. 부시는 북한의 악마화를 진행했다. 북한을 "악의 축(axis of evil)"이라고 부르면서 동아시아 MD 구축에 박차를 가했다. 노무현 전 대통령이 당선되면서 남북관계는 해빙기를 이어갔지만 2007년 말 이명박 전 대통령이 당선되면서 해빙기는 돌연 종료됐다. 북한은 한국이나 미국과 어떤 합의를 해도 정권이 교체되거나 정치 상황이 변하면 얼마든지 뒤집힐 수 있다고 믿을 것이다. 이런 상황에서 체제 보장을 위해 믿을 것은 핵무기 밖에 없다고 생각할 것이다. 한편 김정은의 성향도 비핵화 협상에 변수가 될 수 있다. 김정은은 장자가 아니지만 권력투쟁에서 승리해 권좌에 올랐다. 대대적인 숙청을 통해 권력기반을 다졌고 지금은 자신이 실제 왕이라는 착각에 빠졌을 수 있다. 여기까지 오는 데 남다른 생존 본능이 작용했을 것이다. 핵을 자신의 생명줄로 믿는 김정은이 비핵화에 응할 가능성은 제로에 가깝다. 핵동결을 우선적인 목표로 협상을 시작한 후 장기전으로 가는 수밖에 없다. 다행히 문재인은 대통령 임기 초반이며 트럼프도 자신의 대통령 재선을 위해 적극적으로 호응할 가능성이 있다.

시진핑(習近平)은 북한 비핵화를 어떻게 생각할까? 쌍수를 들고 환영한다. 이유는 간단하다. 북한 비핵화는 '중궈멍(中國夢)' 실현에 도움이 된다. 중궈멍은 시진핑의 해양강국 건설 프로젝트다. 태평양을 미국과 양분하려는 비전이 중궈멍이다. 시진핑은 미국이 서태평양 밖으로 물러나기를 원한다. 반면 미국은 북한을 핑계로 해군력의 중심을 중국 주변으로 이동시키려 한다. 아시아로 회귀하려는 미국과 이 회귀를 막으려는 중국간 패권 다툼의 중심에 북한이 서게 된 이유다. 시진핑은 북핵 문제 해결을 원한다. 북핵 문제가 해결되면 미국이 아시아로 회귀할 명분이 약해지기 때문이다. 중국은 전통적으로 북한과의 관계를 중시하며 북한을 자극하지 않는 정책을 추구했다. 하지만 해양진출을 바라는 시진핑이 집권한 후 변화가 생겼다. 2013년 2월 김정은이 3차 핵실험을 단행한 후 시진핑의 중국은 강경한 어조로 북한을 비난하기 시작했다. 시진핑은 2012년 말 중국 공산당의 1인자가 됐고 2013년 3월 공식적으로 국가원수가 됐다. 김정은이 핵실험을 한 2월은 시진핑의 정권 이양기에 해당한다. 시진핑에게 정권이 이양되는 경사스러운 시기에 김정은이 '축포'를 쏜 셈이다. 북한의 3차 핵실험 이후 중국은 유엔 안보리 제재에 보다 적극적으로 동참하기 시작했다. 유엔의 제재와 중국의 반대에도 불구하고 김정은은 핵실험을 계속했다. 김정은이 집권한 후 북한이 단행한 네 차례의 핵실험은 모두 시진평 집권 1기에 벌어졌다. 미국의 아시아 회귀에 명분을 제공하는 김정은을 보면서 시진핑은 속이 탔을 것이다.

　시진핑은 왜 지켜만 보고 있었을까? 왜 북한을 압박해 핵개발을 저지하지 않았나? 시진핑도 노력은 했다. 국제사회의 제재에 동참했고 여러 경로를 통해 압박도 가했다. 하지만 시진핑은 막을 수 없다. 보다 정확히 말하면 제재와 압박으로는 북한의 핵개발을 막을 수 없다. 푸틴의 말처럼 북한은 풀뿌리를 먹어도 핵을 포기하지 않을 것이다. 김정은은 핵을 생명줄로 여긴다. 오히려 제재와 압박이 지나치면 상황이 위험해질 수 있다. 일각의 요구대로 북한을 붕괴 직전까지 몰아 부치면 김정은이 이판사판의 심정으로 핵을 쏠 가능성이 커진다. 만일 북한이 붕괴되기라도 하면 사태가 어떻게 전개될지 알 수 없다. 북한 핵무기가 테러집단에 넘어갈 것을 우려한 미국이 특수부대라도 투입하면 권력 공백 상태의 북한이 어떻게 나오겠나? 미국이 점령할 것을 우려해 핵무기를 쓸 수 있다. 한국을 상대로 전면전을 벌일 수도 있다. 북한 정권이 붕괴돼 미국에게 넘어가면 김정은을 비롯해 지도부 전체가 끝장나기 때문이다. 중국과 러시아의 셈법도 복잡해진다. 미국과 러시아, 중국이 '빅 딜'을 하고 한국을 소외시킬 가능성도 있다. 별다른 탈없이 사태가 마무리될 가능성도 있다. 하지만 핵무기를 보유한 북한을 상대로 도박을 할 수는 없는 노릇이다. 결국 대화와 협상 밖에는 방법이 없다.

　시진핑은 김정은을 제지할 명분이 없다. 중국도 북한과 같은 길을 걸었기 때문이다. 1949년 중화인민공화국이 수립된 이후 중국은 나라 꼴이 말이 아니었다. 장기간 항일전쟁과 내전을 겪으면서 경제는 피폐했고 산업기반은 무너졌다. 중국은 구소련에 대한 의존도를 높였다. 하지만 소련은 경제지원과 군사원조를 무기로 중국에 대한 간섭을 늘려 나갔다. 이런 상황에서 양국관계가 좋을 리 없었다. 엎친 데 덮친 격으로 공산주의 노선을 둘러싼 갈등으로 양국관계는 파탄 지경에 이르렀다. 이때부터 중국은 본격적인 핵개발에 착수한다. 안 그래도 미국의 핵위협을 받던 중에 소련과 관계가 틀어지면서 소련의 핵위협이 더해졌다. 특히 중국은 소련의 종속에서 벗어나 제 목소리를 내려면 핵개발 외에는 방법이 없다고 생각했을 것이다. 중국은 1960년대 소위 '양탄일성(兩彈一星)'을 추구한다. 양탄은 원자폭탄과 수소폭탄을, 일성은 이들을 실어 나르는 운반기술인 인공위성을 지칭한다. 인공위성을 우주 궤도로 쏘아 올리는 운반체 기술은 ICBM 기술과 이론상 거의 동일하다. 중국은 1964년 10월 첫 핵실험에 성공했고 3년이 채 안 된 1967년 6월 수소폭탄 실험에 성공했다. 1970년에는 중국의 첫 인공위성인 '동방홍(東方紅) 1호'를 쏘아 올려 명실공히 핵보유국이 됐다. 당시 미국과 소련은 모두 중국의 핵개발을 반대했다. 미국 입장에서는 당시 '깡패국가'로 부르던 중국의 핵무장이 달가울 리 없었고 소련 입장에서는 중국에 대한 영향력이 약화될 테니 달가울 리 없었다. 중국의 핵개발이 진행되는 와중에 미국은 중국에 대한 선제타격도 검토한 바 있다. 2017년 북한의 상황과 비슷하다.

중국이 '국가 핵무력'을 완성하자 미국은 핵개발의 문을 닫기로 결심한다. 1970년 핵확산금지조약(NPT) 체제가 출범했고 국제사회가 인정하는 핵보유국은 미국, 러시아, 영국, 프랑스, 중국 등 5개국으로 한정됐다. 이들이 지금의 유엔 안보리 상임이사국이다. 유엔에서 가장 막강한 권한을 지닌 5개국이다. 중국은 1971년 유엔 가입과 동시에 상임이사국 자리까지 꿰찼다. 리처드 닉슨 전 미국 대통령은 1972년 중국을 전격 방문해 역사적인 '데탕트(긴장완화)'의 시기를 열었다. 일련의 사건이 중국의 핵보유국 지위와 무관하다고 보기는 어렵다. 북한도 중국과 같은 길을 걸었다. 북한으로서는 충격적인 사건이 발생한 이후다. 1992년 노태우 정권의 북방정책에 힘입어 한국과 중국은 외교관계를 수립했다. 당시 북한의 김일성은 큰 충격에 빠졌을 것이다. 소련이 붕괴된 후 믿을 나라는 중국 밖에 없었는데 중국이 등에 칼을 꽂은 것이다. 김일성으로서는 믿을 것은 자신 밖에 없다고 생각했을 것이다. 김일성은 1993년 NPT 탈퇴를 선언했고 그의 아들 김정일은 2006년 첫 핵실험을 단행했다. 김정일의 아들 김정은은 2012년 12월 인공위성 '광명성 3호' 발사에 성공했고 2016년 1월 수소폭탄 실험에 성공했다고 발표했다. 2017년 9월 6차 핵실험을 단행했고 같은 해 11월 화성-15형으로 불리는 ICBM을 시험발사한 후 '국가 핵무력'을 완성했다고 선언했다. 김정은은 북한이 경제적으로 중국에 종속된 상황에서 핵무기마저 없다면 중국의 속국으로 전락할 수 있다고 믿었을 것이다. 시진핑의 반대에도 김정은이 핵개발에 속도를 낸 데에는 이런 이유가 있다. 이제 김정은이 할 일은 경제발전이다. 중국이 핵보유국 지위를 획득한 후 개혁·개방을 통해 경제성장에 매진했듯이 김정은이 할 일은 경제성장이다. 김정은이 2018년 새해 첫날 남북관계 개선을 피력한 것은 한국과 경제협력을 통해 경제를 발전시키기 위함이다. 한국으로서는 절호의 기회다. 이 기회를 잘 살리면 남북관계를 개선해 한반도에 평화를 정착시키고 비핵화로 나아가는 단초를 마련할 수 있다. 한편 핵무력 완성을 선언한 김정은은 중국의 영향력에서 벗어났다고 믿을 것이다. 그리고 중국이 소련의 영향력에서 벗어나 그랬던 것처럼 미국과 역사적인 데탕트를 여는 달콤한 꿈을 꾸고 있을지도 모른다.

一 시진핑, 사드에 광분하다

　문재인 대통령이 북핵 문제를 해결하는 데 가장 중요한 협력 파트너는 트럼프다. 트럼프를 움직여야 북한의 김정은을 움직일 수 있다. 트럼프 다음으로 중요한 파트너는 단연 시진핑(習近平)이다. 트럼프와 시진핑을 함께 움직여야 보다 효과적으로 김정은을 움직일 수 있다. 트럼프와 시진핑이 함께 보증하는 북핵 해법은 김정은을 안심시킬 수 있다. 북핵 문제뿐만이 아니다. 한국 외교에서 가장 중요한 파트너는 미국과 중국이다. 이는 부인할 수 없는 현실이다. 미국은 한국의 오랜 동맹국으로 우호관계를 유지해야 할 대상이고 중국은 경제협력을 비롯해 정치·군사 분야로 협력을 확대해야 할 대상이다. 한국만 그런 것은 아니다. 모든 나라가 미국과 중국을 중요한 외교 파트너로 여긴다. 간과해서 안될 것은 한국도 미국과 중국 모두에게 중요한 존재라는 사실이다. 시진핑과 트럼프가 패권 경쟁을 벌이는 상황에서 이들은 모두 한국을 자기 편에 세우기를 원한다. 트럼프는 동맹국과 중국 주변국을 활용해 중국을 봉쇄하기를 원한다. 시진핑은 미국의 봉쇄를 약화시키기를 희망한다. 한국은 전략적으로 대단히 중요한 위치에 있다. 전략적 측면에서만 그런 것은 아니다. 한국은 중견 강국이다. 정치, 경제, 사회, 문화 등 모든 면에서 그렇다. 촛불혁명과 산업경쟁력, 한류 등 한국은 여러 모로 매력적인 상대다.

한국은 시진핑에게 특히 중요한 존재다. 전략적 측면에서 그렇다. 중국은 '친구'가 많지 않기 때문이다. 중국과 국경을 맞댄 나라는 14개국으로 단일 국가로는 세계에서 가장 많다. 당연히 중국 국경선도 세계에서 가장 길다. 국경 둘레가 약 22,000km에 달한다. 그런데 국경을 맞댄 14개국 중 중국과 사이가 좋은 나라가 거의 없다. 중국은 역사적으로 오랜 기간 주변국과 싸우며 국경을 넓혔다. 이는 그리 멀지 않은 시기까지 이어진다. 1960년대 초 인도와 국경 문제를 둘러싼 무력 분쟁을 벌였고 1960년대 말 구소련과는 국경 문제로 핵전쟁 직전까지 갔다. 1970년대 말에는 베트남과도 무력 충돌을 벌였다. 주변국과의 불편한 관계는 현재 진행형이다. 2017년 중국군과 인도군은 국경 문제로 두 달 넘게 군사적 대치를 지속했다. 대치 도중 중국군과 인도군은 서로에게 돌을 던지고 쇠파이프를 휘두르는 등 원시적인 형태의 난투극을 벌이기도 했다. 그만큼 감정의 골이 깊다는 뜻이다. 또한 중국은 필리핀과 베트남 등 5개국과 여전히 남중국해에서 해양 분쟁을 벌이고 있다. 일본과도 동중국해에서 영유권 분쟁 중에 있다.

2013년 초 공식적으로 국가원수가 된 시진핑은 한국에 상당한 공을 들였다. '중궈멍(中國夢)'을 기치로 내걸고 해양강국 건설을 꿈 꾸던 시진핑에게 한국은 꼭 친해지고 싶은 친구였다. 한국이 중국과 국경을 맞댄 것도 아니다. 다른 주변국처럼 중국과 국경 분쟁을 벌일 일도 없다. 한국이 중국 편에 서지는 않더라도 최소한 미국과 중국 사이에서 중립을 유지한다면 시진핑의 중궈멍 실현에 도움이 된다. 박근혜 전 대통령 덕분이 아니다. 박근혜와 시진핑의 개인적 친분이 한중관계를 역사상 최고 수준으로 끌어올렸다는 일부 국내 언론의 분석이 있었다. 이는 지나친 해석이다. 중국은 전통적으로 '꽌시(關係)'로 불리는 사적인 인간관계를 중시한다. 하지만 시진핑은 꽌시가 중국 공산당에 내재한 뿌리 깊은 부패의 원인이라고 여겼다. 그래서 취임 초부터 부패와의 전쟁을 강하게 전개했다. 물론 외교관계에서 중국의 국익을 극대화하기 위해 꽌시를 활용했을 가능성은 있다. 하지만 박근혜와의 꽌시가 주요 요인은 아니다. 한중관계를 끌어올린 주요 요인은 시진핑의 필요다. 시진핑은 중궈멍을 추진하는 과정에서 미국과의 갈등이 불가피할 것으로 예측했다. 갈등을 최소화하려면 주변국과의 원만한 관계와 지지가 필요하다. 친구가 많지 않은 중국에게 한국은 놓치고 싶지 않은 상대였다. 그래서 시진핑과 박근혜의 꽌시가 부각된 것이다. 일부러 부각시켰다는 표현이 보다 정확하다. 시진핑은 박근혜에게 우호적으로 대했다. 중국에서는 시진핑이 상대국 국가원수를 어떻게 대하는지에 따라 국민 감정이 결정된다. 시진핑이 박근혜를 우호적으로 대하면 한국에 대한 중국인의 감정도 우호적으로 변한다. 박근혜와 한국을 바라보는 중국인의 감정은 시진핑 취임 초 대단히 우호적이었다. 박근혜의 자서전은 중국어로 번역된 후 출간돼 베스트셀러가 됐다. 이는 박근혜가 잘 해서가 아니다. 오히려 박근혜가 시진핑 덕을 봤다.

 사드(THAAD, 고고도미사일방어체계)는 이 모든 상황을 뒤집었다. 당연하다. 사드는 미국의 무기이고 주한미군이 운용한다. 한국에 배치한 사드 레이더는 중국이 미국을 겨냥해 발사한 대륙간탄도미사일(ICBM)을 조기에 탐지할 수 있다. 조기에 탐지하면 미국이 중국 ICBM을 요격할 가능성은 그만큼 커진다. 한국에 배치한 사드 요격미사일이 중국 ICBM을 요격할 수는 없다. 사드 요격미사일은 공중에 솟구쳐 올랐다가 떨어지는 미사일을 요격하는 종말단계의 방어체계다. 하지만 미군은 중국 ICBM이 솟구쳐 오르는 상승단계에서 맞추는 요격미사일을 이미 보유하고 있다. 또 중국 ICBM이 대기권 밖에서 날아가는 중간 비행단계에서 맞추는 요격미사일도 갖고 있다. 일단 조기에 탐지하면 관련 정보를 지구 전역에 위치한 미군과 공유해 지구 곳곳에서 요격 시도를 할 수 있다. 이는 중국 ICBM이 요격될 가능성을 높인다. 사드 레이더는 일본과 괌에도 설치돼 있다. 레이더가 여러 대 있으면 중국 ICBM을 보다 정밀하게 추적할 수 있다. 레이더는 중국 가까이에 위치할수록 좋다. 복잡한 이론을 떠나서 단순하게 생각해보자. 지구는 둥글다. 미사일을 탐지하고 추적하려면 레이더를 직선으로 쏴야 한다. 레이더가 멀리 있으면 탐지 범위가 줄어든다. 최초 탐지 시간이 그만큼 늦춰지는 것이다. 반대로 중국 가까이에 레이더가 있으면 최초 탐지 시간이 앞당겨진다. 매우 빠른 속도로 이동하는 탄도미사일을 요격하려면 최초 탐지 시간을 앞당기는 게 생명이다. 최초 탐지 시간이 앞당겨지면 중국 ICBM이 요격될 가능성은 커진다. 시진핑이 한국에 배치된 사드에 광분하는 이유다.

사드는 방어용 무기체계다. 중국이 미국을 상대로 핵미사일을 쏘지 않으면 될 일인데 시진핑은 왜 방어용 무기체계에 광분하는가? '공포의 균형(balance of terror)'이 깨지기 때문이다. 공포의 균형은 핵보유국끼리 핵무기를 사용하지 않는다는 개념이다. 핵보유국이 핵을 쓰면 다른 핵보유국도 자동적으로 핵을 사용하게 된다. 이는 공멸이다. 공멸에 대한 공포 때문에 핵보유국 간에는 핵을 쓰지 않는 균형이 유지된다. 이게 공포의 균형이다. 한국에 배치된 사드 레이더는 중국 ICBM을 조기에 탐지할 가능성을 높인다. 조기에 탐지하면 중국 ICBM이 요격될 가능성은 커진다. 중국 미사일은 요격될 가능성이 커지는데 미국 미사일은 '안전하게' 중국을 겨냥할 수 있다면 이는 이미 공포의 균형이 깨진 것이다. 시진핑은 사드가 한국에 배치되면 동북아에서 전략적 균형이 깨진다고 주장했다. 시진핑 주장의 근거는 여기에 있다. 공포의 균형이 깨지면 필연적으로 군비경쟁을 불러온다. '미사일방어(MD, missile defense)' 체계는 결국 창과 방패의 싸움이다. 미국이 강력한 방패를 가졌다면 중국은 창을 늘릴 수밖에 없다. 방패가 아무리 강력해도 창이 무수히 많으면 공간은 생긴다. 중국은 전통적으로 핵무기 보유량을 늘리지 않았다. 미국과 러시아는 수천 기의 핵무기를 가졌지만 중국의 핵무기 보유량은 수백 기에 그친다. 핵은 한 발만 떨어져도 끝이므로 굳이 숫자를 늘릴 필요가 없다고 믿었기 때문이다. 한국에 배치된 사드는 중국의 이런 믿음을 깨뜨렸다. 필연적으로 중국의 군사전략은 수정될 것이다. 중국은 핵무기 보유량을 늘릴 것이다.

이러한 상황은 한국에 위험하다. 핵 군비경쟁이 한반도 주변에서 벌어지는 일도 위험한데 한국은 사드를 고리로 이 군비경쟁의 한 가운데에 들어섰다. 미국과 중국 간 패권 경쟁은 본격화됐다. 당장 이들이 무력 충돌을 벌일 일은 없지만 충돌 가능성을 배제할 수도 없다. 미국과 중국 간 긴장이 조성돼 핵전쟁 위협으로 치달으면 중국은 반드시 사드 배치 지역을 상대로 군사 조치를 검토할 것이다. 1960년대 말 중국과 구소련 간 국경 분쟁이 발생했을 때 양국은 핵무기 사용을 검토했다. 냉전시기 미국과 구소련 간 긴장이 고조된 시점에도 양측은 핵무기 사용을 검토했다. 중국과 미국 간 긴장이 고조돼 핵무기 사용을 검토하는 상황이 올 수도 있다. 이 때 한국은 뜻하지 않게 무력 충돌에 휘말릴 수 있다. 그런 일이 없을 거라고 믿는 것은 대단히 순진한 생각이다. 국가안보에서 이런 순진한 발상은 위험하다. 모든 가능성에 대비하는 게 안보다. 중국 입장에서 방패를 살려 두고 미국과 붙겠나? 핵전쟁으로 가지 않더라도 중국과 미국 간 긴장이 고조되면 중국이 사드 배치 지역을 선제 타격할 가능성은 열린다.

   방패는 본질적으로 위험하다. 공포의 균형을 깨뜨리기 때문이다. 또한 돈도 많이 든다. 생각 이상으로 많이 든다. 미국도 이러한 점을 잘 알고 있다. 그렇기 때문에 냉전시기 구소련과 ABM(Anti-Ballistic Missile) 조약을 체결했다. ABM 조약은 탄도미사일을 맞추는 요격미사일의 개발을 제한하자는 약속이다. 사드와 같은 미사일 방어체계의 개발을 제한하자고 미국과 소련이 합의한 것이다. 1972년 체결됐다. 이런 합의를 왜 했을까? 창과 방패의 싸움은 끝이 없기 때문이다. 또한 방패를 만드는 데 돈이 지나치게 많이 든다. 핵미사일 제조에는 상대적으로 큰 돈이 들지 않는다. 사드를 예로 들어보자. 사드 포대는 AN/TPY-2 레이더, 발사대 6기, 요격미사일 48발, 통신 및 운영제어 장치 등으로 구성돼 있다. 요격미사일은 여분으로 수십 발을 더 보유한다. 트럼프는 한국에 사드 배치 비용을 요구한 적이 있다. 이때 제시한 금액은 10억달러다. 한국 돈으로 1조1천억에 이른다. 적게 잡아도 1개 포대에 1조원이 든다. 1조원을 들여서 미사일 48발을 동시에 요격한다. 48발을 동시에 요격할 수 있는 것도 아니다. 미사일 요격을 위해 통상 2-3발의 요격미사일을 동시에 발사한다. 요격 가능성을 높이기 위해서다. 결국 1조원을 들여서 20발 내외를 맞추는 게 최선이다. 반면 핵미사일은 훨씬 저렴하다. 미국의 최신 ICBM인 미니트맨3의 1발당 가격은 약 80억원이다. 사드 개발비는 ICBM보다 훨씬 많이 든다. 요격미사일은 총알로 총알을 맞추는 개념을 기본으로 한다. 이런 게 가능한지 모르겠으나 가능하다고 해도 개발에 엄청난 비용이 소요될 것은 자명하다. 미국과 구소련이 패권 경쟁이 한창인 냉전시기에 ABM 조약을 체결한 이유는 여기에 있다.

 ABM 조약은 미국이 2002년 일방적으로 파기했다. 조지 W. 부시 전 미국 대통령의 재임시절이다. 부시는 대통령 당선인 시절 그의 전임자인 빌 클린턴의 평양 방문을 만류했다. 동아시아 MD 구축의 명분을 얻기 위한 목적이었다. 부시는 취임 후 북한을 '악의 축(axis of evil)'으로 부르며 악마로 만들었다. 북한이 악마로 남아 있어야 북한을 구실로 MD를 구축할 수 있었기 때문이다. 미국 국방부 보고서에 따르면 미국은 1999년 이미 동아시아에 MD를 구축하는 방안을 검토했다. 사드는 미국 MD의 일부다. 미국이 중국을 겨냥해 MD를 구축하는 데 한국이 일조했다. 시진핑이 광분하지 않을 수 있겠나? 미국 MD는 기본적으로 중국과의 무력 충돌을 전제로 한다. 중국의 핵무기와 미사일을 무력화해야 서태평양으로 진출하려는 시진핑의 중궈멍을 막을 수 있다. 트럼프도 마찬가지다. 트럼프도 한국과 협력해 미국 MD를 확장하기를 원한다. 2017년 말에 발표된 미국의 '국가안보전략(National Security Strategy)' 보고서는 지역방어역량을 위해 "일본 및 한국과 미사일 방어에서 협력해 나가겠다(will cooperate on missile defense with Japan and South Korea)"라고 밝혔다. 한국은 미국 MD에 참여하지 않겠다는 뜻을 공식적으로 표명했다. 또한 현재 독자적인 미사일 방어체계를 개발하고 있다. 한국도 미국 MD에 참여하면 위험하다는 것을 이미 인지하고 있다. 미국 MD에 참여하면 미국과 중국의 패권 경쟁에 휘말릴 수 있다. 이런 상황은 피해야 한다. 문재인 대통령에게 기대를 걸어보는 수밖에 없다.

 사드가 북한의 핵미사일을 방어할 수 있다는 주장은 한마디로 어불성설(語不成說)이다. 사드는 공중에 솟구쳤다가 떨어지는 미사일을 요격하는 종말단계 방어체계다. 40-150km 상공에서 미사일을 요격한다. 반면 한국을 겨냥한 북한의 미사일은 고도 40km 아래로 이동한다. 고도가 달라서 북한 미사일을 방어할 수 없다는 뜻이다. 간단하다.

미사일을 멀리 보내려면 높이 날리고 가까이 보내려면 낮게 날린다. 남북한은 국경을 맞대고 있고 가까이 있는데 북한이 굳이 고도를 높여서 미사일을 쏠 이유가 없다. 북한이 일부러 요격되려고 미사일을 40-150km 상공에 쏠 리가 있겠나? 설사 과거에 쏠 가능성이 있었다고 해도 사드가 배치됐으니 피할 판이다. 만약 북한이 고도 40km 아래로 단거리 미사일을 수십 발 발사해 사드를 무력화한 후 고도를 높여서 쏘면 어떻게 하겠나? 사드를 지키려고 사드 주변에 별도의 요격미사일을 배치해야 할 판이다. 방어용 무기체계는 공격용 무기보다 비싸다. 혈세가 추가로 들어간다. 미국 무기 지키자고 혈세가 들어갈 판이다.

미국조차도 한국에서 사드의 효용이 크지 않다고 인정했다. 미국 의회조사국이 2013년 발표한 보고서의 내용은 다음과 같다. '한국은 북한과 가까이 있어서 북한에서 쏜 미사일은 낮은 궤도로 이동하고 몇 분이면 도착한다. 따라서 한국에서 사드의 효용은 크지 않다.' 사드는 서울을 비롯한 수도권 지역을 방어할 수 없다. 성주에 배치됐으니 경상도 지역이라도 방어할 수 있으면 좋은 일이지만 애초부터 한국 방어 목적이 없었다. 한반도 유사시 부산을 통해 들어올 미군 증원병력이나 제주 해군기지에 입항할 미국 군함 또는 한반도 주변 해역을 거쳐 동중국해를 지나 남중국해로 향하는 미국 군함을 보호하려는 목적이었다. 부산 이남으로 향하는 미사일은 사드의 요격고도인 40-150km에 걸린다. 결국 사드 레이더는 미국을 향해 날아가는 중국 ICBM을 추적하고 요격미사일은 미군을 보호한다. 상황이 명확한데 사드가 어떻게 한국을 보호하나? 사드는 미국과 미군 보호용이다. 박근혜 정권은 북한이 2016년 2월 '광명성 4호'로 명명된 인공위성을 발사한 직후 미국과 사드 배치 협의를 공식화했다. 인공위성을 지구 궤도에 띄우는 발사체 기술은 ICBM 제조 기술과 이론상 동일하다. '광명성 4호'를 박근혜 정권의 발표대로 ICBM 시험발사라고 인정해도 ICBM은 한국이 아니라 미국 본토를 겨냥한다. 북한이 미국을 겨냥한 ICBM 기술을 진전시켰는데 한국에 사드를 배치했다. 북한이 한국을 상대로 ICBM을 쏘겠나? 애초부터 앞뒤가 안 맞았다.

중국의 반발에 박근혜 정권은 사드 레이더가 북한 땅만 들여다볼 것이라고 해명했다. 사드 레이더는 두 가지 모드가 있다. 탐지 범위가 600km인 종말 모드와 1,800km인 전진배치 모드가 있다. 종말 모드를 설치하면 북한 미사일만 탐지한다는 것이다. 이는 무식한 소리다. 한국에 배치한 사드는 주한미군이 운용한다. 한국이 구입해서 운용하는 한국 무기가 아니다. 한국은 주한미군에 부지만 제공했다. 사드는 주한미군의 소유이고 주한미군이 운용한다. 한국이 미국 무기에 대해 어떤 방식으로만 사용하라고 강요할 수 있나? 더군다나 사드 레이더는 종말 모드에서 전진배치 모드로 언제든지 전환할 수 있다. 모드 전환은 간단하다. 레이더 '껍데기'는 동일하므로 프로그램만 바꿔주면 된다. 어떤 형태로 운용할지는 미국 마음이다. 더욱 중요한 점은 사드가 진화한다는 것이다. 성능이 개량된 새로운 버전이 나올 것이다. 두

가지 모드를 동시에 운용가능한 레이더를 개발 중이라는 얘기도 있고 탐지 범위가 늘어난 레이더가 나온다는 얘기도 있다. 미국이 어떤 레이더를 운용할지 한국은 알 수 없다. 중국의 반발을 무마하지 못했던 이유다.

시진핑이 사드 배치에 광분한 것은 전략적 요인 탓만은 아니다. 기본적으로 배신의 정서가 깔려 있다. 잘 대해줬는데 '등에 칼 꽂았다'는 정서가 있다. 시진핑은 취임 후 한국에 많은 공을 들였다. 역사상 최고 수준이라고 평가할 정도로 한중관계에 신경을 썼고 시진핑이 추진하는 '일대일로(一帶一路)'와 아시아인프라투자은행(AIIB) 등에서 한국에 배려를 했다. 한국의 AIIB 지분율은 3.81%로 다섯 번째로 높다. 시진핑이 중국 지도부에서 절대적 영향력을 가졌다고 해도 지도부에는 강경파와 온건파가 상존한다. 한국이 전략적으로 중요한 위치에 있지만 북한을 멀리하고 한국과 가까이 지내는 데 대한 반대 의견이 분명 존재했을 것이다. 북한은 중국의 오랜 우방국이다. 군사동맹을 맺지 않는 중국의 특성상 북한은 중국에게 중요한 나라였다. 중국 주변에는 친구가 많지 않다. 그런 중국이 북한을 버리고 한국을 택했다. 지도부 내부의 반대 의견을 묵살하고 한국과 가까이 지냈는데 돌아온 결과가 시진핑이 반대한 사드 배치다. 시진핑의 체면이 구겨졌다. 이는 매우 중요한 문제다. 시진핑은 김정은을 멀리 하고 박근혜를 가까이 하면서 중국인에게 분명한 메시지를 전했다. 이는 일반 국민을 비롯해 공산당과 정부 관료 전체에 전달한 메시지이기도 하다. 그런데 사드 배치로 시진핑의 판단이 틀렸다는 게 증명됐다. 시진핑의 권위가 땅에 떨어질 수밖에 없다. 향후 시진핑의 통치행위 전반에 영향을 미칠 수도 있는 요소다.

중국의 반발에 박근혜 정권은 중국의 경제 보복이 없을 것이라는 한가한 소리만 했다. 중국이 대외 정책을 추진하면서 필요하면 경제적 수단을 사용하는 것은 주지의 사실이다. 이를 '달라이 라마 효과(The Dalai Lama Effect)'라고 부른다. 시진핑은 사드 배치에 반대한다는 입장을 여러 차례 공개석상에서 표명했다. 시진핑이 공개적으로 반대했는데도 사드가 배치됐다. 이러한 상황에서 중국이 아무런 조치를 취하지 않으면 중국 외교는 파탄이다. 앞으로 시진핑이 어떤 말을 해도 먹히지 않는다. 중국의 경제 보복은 이미 예견된 수순이다. 중국의 경제 보복이 가혹했던 원인은 사드 배치가 발표된 시점의 탓도 있었다. 한국과 미국이 사드 배치 결정을 공식 발표한 일자는 2016년 7월8일이다. 며칠 후 헤이그 중재재판소는 중국과 필리핀 간 남중국해 영유권 분쟁에서 필리핀의 손을 들어줬다. 중국의 패배는 널리 예상됐다. 문제는 중국의 패배가 널리 예견된 판결을 며칠 앞두고 중국 '싸대기'를 때렸다는 점이다. 당시 어떤 중국인은 '한국이 울고 싶은 중국의 뺨을 때렸다'며 분노를 표출하기도 했다. 어려울 때 등을 돌렸으니 배신의 정서가 깊을 수밖에 없었다.

사드 배치 과정에서 나타난 이상한 점은 한두 가지가 아니다. 우선 사드가 배치된 과정을 살펴보자. 사드 배치가 처음 거론된 것은 2014

년 6월이다. 당시 주한미군 사령관이 '한반도 사드 전개를 미국 정부에 요청했다'고 밝히면서 수면 위로 부상했다. 이에 대해 박근혜 정권은 사드와 관련한 요청도, 협의도, 결정도 없다는 소위 '3노(NO)'의 태도로 일관했다. 2015년 2월 중국 국방부장관은 한국 국방부장관과 만난 자리에서 사드에 대한 우려를 표명했다. 1개월 후 국방부는 한국이 사드를 구매할 계획이 없으며 독자적인 미사일 방어체계를 구축하겠다고 발표했다. 얼마 후 청와대도 이런 입장을 확인했다. 미국 국방부장관도 한국을 방문해 사드 배치를 논의할 단계가 아니라고 선을 그었다. 입장이 바뀐 것은 북한의 4차 핵실험이 발생한 2016년 1월이다. 박근혜는 북한 핵실험 일주일 뒤 열린 기자회견에서 주한미군의 사드 배치 문제를 검토하겠다고 밝혔다. 한 달여 뒤 북한은 '광명성 4호'를 발사했다. 광명성 4호를 발사한지 불과 6시간 만에 국방부는 한국과 미국이 사드 배치 협의를 시작한다고 공식 발표했다. 사드 배치 협의를 공식화하는 자리에 미 8군 사령관이 동석했다. 북한 도발 6시간 만에 이런 발표가 나온 것은 한국과 미국이 이미 사드 배치에 합의했음을 뜻한다.

 궁금한 점은 박근혜가 입장을 바꾼 이유다. 박근혜 정권은 줄곧 사드 배치에 신중한 입장을 보였다. 그런데 북한 핵실험을 기점으로 갑자기 입장을 변경했다. 이유가 무엇인가? 〈조선일보〉는 이에 대한 답을 제시했다. 〈조선일보〉에 따르면 박근혜는 북한 핵실험 뒤 시진핑과 전화 통화를 원했다. 북핵 대응책을 논의하기 위한 목적이었다. 그런

데 시진핑은 전화를 피했다. 북한 핵실험 한 달여가 지나서 통화 일정을 잡았는데 중국은 밤 12시 통화를 요구했다. 청와대는 거절했고 다음 날 저녁 9시로 다시 제안했다. 보도의 골자는 시진핑이 박근혜와의 통화를 기피했다는 것이다. 이유는 대북 제재에 소극적인 중국의 입장 탓이다. 이에 박근혜가 분노했고 중국이 반대하는 사드 배치 결정으로 이어졌다. 보도 내용을 요약하면 박근혜는 시진핑의 통화 거절에 화가 났다. 그래서 시진핑이 싫어하는 사드 배치를 결정했다. 웃기지 않은가? 전화를 피했다는 이유로 국익에 막대한 영향을 미칠 사안을 홧김에 결정했다. 박근혜와 시진핑은 애인 사이가 아니다. 이런 일은 국가원수 간 일어날 일이 아니라 애인 사이에나 벌어질 일이다. 감정 조절에 실패해 국가 중대사를 결정했다는 말인가? 〈조선일보〉 보도에는 박근혜가 대북 제재에 소극적인 중국의 태도에 분노했다는 내용이 있다. 그렇다고 해도 결과는 마찬가지다. 일순간 화가 나서 국익과 관련한 중대 결정을 내렸다는 사실에는 변함이 없다.

  인간적으로 보면 이해가 가는 면도 있다. 시진핑만 한국에 잘 한 것이 아니다. 박근혜도 시진핑에게 호의적으로 대했다. 박근혜는 취임 후 첫 순방지로 미국을 골랐고 2순위로 중국을 선택해 시진핑을 만났다. 이는 미국 다음에 일본을 방문하던 순방 관례를 깬 것이다. 또한 박근혜는 2015년 9월 베이징 톈안문(天安門) 광장에서 열린 중국의 전승절 70주년 기념행사에 참석했다. 중국은 이 행사를 '항일 전쟁 및 세계 반파시스트 전쟁 승리 70주년 기념행사'라고 불렀다. 한국에 대입하면 광복 70주년 기념행사와 비슷하다. 하지만 중국의 전승절은 그 이상의 의미가 있다. 전승절 행사의 하이라이트는 중국 군사력을 뽐내는 열병식이다. 열병식에는 각종 첨단무기를 선보이는데 이들은 명백히 미국을 겨냥한 무기다. 미국을 비롯해 서방 국가들은 전통적으로 이 행사에 참석하지 않는다. 한국 대통령이 이 행사에 참석한 것은 박근혜가 최초다. 한미동맹을 금과옥조(金科玉條)로 여기는 보수진영 중 일부도 박근혜의 참석을 반대했다. 이러한 반대에도 불구하고 박근혜는 톈안문 성루 위에서 열병식을 참관했다. 당시 박근혜의 자리는 블라디미르 푸틴 러시아 대통령 바로 옆이었다. 시진핑 바로 오른편에 푸틴이 있었고 그 옆에 박근혜가 자리했다. 이와 대조적으로 북한 대표로 참석한 최룡해는 성루의 오른쪽 끝에 서 있었다.

한동안 박근혜의 분노가 사드 배치 결정의 이유인 줄 알았다. 그런데 시간이 지나자 뜻밖의 주장이 제기됐다. '촛불혁명'의 불꽃이 뜨겁게 타오른 시기였다. 정의당 김종대 의원은 비선실세가 사드 배치 결정에 개입했다는 의혹을 제기했다. 김종대에 따르면 2015년 4월 록히드마틴 회장이 한국을 방문했고 이어 고위급 임원들이 대거 한국을 방문해 박근혜 정권 실세들과 접촉을 시도했다. 김종대는 당시 이런 소문이 파다했다고 주장했다. 록히드마틴은 미국의 대형 군수업체로 사드의 제조사다. 더불어민주당 안민석 의원은 이 실세가 최순실일 가능성을 제기했다. 안민석은 TBS라디오 '김어준의 뉴스공장'에 출연해 최순실이 록히드마틴 회장과 만났다며 최순실이 사드 배치에 개입한 의혹을 제기했다. 안민석은 이들이 2016년 6월에 만났다고 주장했다. 사드 배치 결정이 공식 발표된 일자는 같은 해 7월8일이다. 김종대와 안민석의 주장을 종합해 추론하면 최순실이 록히드마틴 측과 2015년부터 접촉했고 이후 박근혜가 생각을 바꿔서 사드 배치를 결정했을 가능성이 있다. 이들의 주장은 의혹 제기에 그쳤다. 추가로 확인된 사항은 없다. 록히드마틴은 최순실과 자사 회장이 만난 적이 없다고 해명했다.

의혹은 꼬리에 꼬리를 물었다. 시간이 지나자 더 많은 의혹이 제기됐다. 〈시사인〉의 주진우 기자는 안민석을 인용해 최순실이 2015년 6월 오산공군기지에 입국한 록히드마틴 회장과 비밀리에 만났다는 기사를 썼다. 이에 대해 록히드마틴은 자사 회장이 최순실을 만난 적이 없다고 해명했다. 의혹과 해명은 반복됐다. 아직까지 최순실의 개입 여부가 확인된 바는 없다. 정황상 분명한 점은 사드 배치 결정이 유관 부처와 협의 없이 결정됐다는 것이다. 사드 배치 결정이 공식 발표되기 사흘 전, 한민구 전 국방부장관은 국회 대정부질의에서 사드 배치가 "결정된 바 없다"고 말했다. 윤병세 전 외교부장관은 사드 배치 결정이 발표된 당시에 백화점에서 양복을 수선하고 있었다. 박근혜 정권 국방안보라인의 고위급 관료들이 사드 배치 결정을 사전에 전혀 인지하지 못한 듯한 행동을 했다. 안민석과 김종대의 의혹 제기가 의혹으로만 보이지 않는 이유다.

시간이 흘러 박근혜는 파면됐다. 헌법재판소는 2017년 3월10일 박근혜를 파면하는 역사적인 판결을 내렸다. 사드와 관련해 이해가 안 가는 점은 박근혜의 직무가 정지된 상태에서 사드 발사대 2기가 한국에 들어왔다는 것이다. 헌재 판결이 나기 나흘 전, 사드의 요격미사일 발사대 2기가 한국에 반입됐다. 이 발사대 2기는 같은 해 4월26일 성주골프장에 옮겨졌다. 장미 대선이 열린 5월9일 이전에 이 모든 절차를 완료했다. 대통령 직무가 정지된 상태에서 누가 이런 결정을 내렸나? 심지어 박근혜가 파면된 상황에서 발사대 2기가 성주로 이동했다. 최순실도 감옥에 있었다. 최순실이 감옥에서 사드 배치를 지휘했나? 〈한겨레〉는 이 물음에 해답을 제시했다. 〈한겨레〉는 더불어민주당 이철희 의원을 인용해 김관진 전 청와대 안보실장이 사드 조기 배치를 주도했다고 보도했다. 〈한겨레〉에 따르면 애초 한국과 미국은 사드를 2017년 9월에 임시 배치하기로 계획했다. 하지만 2016년 12월 박근혜 탄핵안이 국회에서 통과되자 김관진은 임시 배치 시기를 2017년 5월로 4개월 앞당기도록 지시했다. 그리고 미국을 방문해 사드 배치를 논의했다. 헌재의 탄핵 결정이 내려진 지 닷새 후 김관진은 또 다시 미국을 방문해 사드 배치 시기를 4월 말로 앞당겼다. 당시 유력 대선후보인 문재인 대통령은 차기 정부가 사드 배치 권한을 가져야 한다고 피력했다. 하지만 김관진은 이를 묵살하고 독단적인 행동을 했다. 결국 사드는 미국의 압박이 아니라 한국의 요청으로 인해 배치 시기가 앞당겨진 셈이다. 문재인은 대통령 취임 후 조기에 배치된 사드로 인해 곤욕을 치렀다. 중국만의 문제가 아니다. 중국과 미국을 상대할 외교 카드 하나가 어이없이 날아갔다. 사드 배치를 둘러싼 의혹은 반드시 짚고 넘어가야 할 숙제다.

시진핑이 '열 받은' 지점은 따로 있다. 박근혜 정권의 마지막 총리이자 대통령 권한대행까지 '역임하신' 황교안 전 국무총리와 관련이 있다. 황교안은 2016년 6월말 중국을 방문해 시진핑을 면담했다. 〈중앙일보〉에 따르면 당시 황교안은 시진핑에게 '사드는 아무 것도 결정한 바 없다'고 말했다. 그런데 열흘도 안 지나 한국과 미국은 사드 배치를 공식화했다. 시진핑이 어떻게 받아들였겠나? 국가원수인 자신을 상대로 거짓말을 했다고 여길 것이다. 사드 배치를 공식화하기 열흘 전이면 한국과 미국은 결론을 내린 상태라고 봐야 한다. 열흘 후면 드러날 거짓말을 국가원수인 시진핑 앞에서 했다. 중국을 무시한 셈이다. 당연히 한국에 대한 신뢰는 바닥으로 떨어졌다. 〈한겨레〉에 따르면 당시 시진핑은 황교안에게 양국 이익을 해치지 않는 범위 안에서 다양한 채널로 협의를 해보자고 말했다. 협의를 해보자고 했는데 뒤통수를 쳤다. 박근혜 정권의 외교가 어땠을 지 안 봐도 비디오다.

한국과 중국은 전략적 협력 동반자관계를 맺고 있다. 이를 풀어보면 전략적으로 협력하고 서로를 동반자로 여기는 관계다. 양국이 어떤 관계이든 상관없이 중국은 가까운 이웃나라다. 양국이 사드를 둘러싸고 첨예하게 대립하는 상황에서 열흘 전에는 미리 통보해 주는 게 도리이고 상식이다. 중국과 영영 척을 지고 지낼 것도 아니지 않은가? 황교안이 실제 아무 것도 모르는 상태에서 시진핑을 만났을 가능성은 있다.

하지만 총리가 시진핑을 만나러 가는데 귀띔이라도 해 주는 게 정상이다. 정상적인 정부는 그렇게 한다. 박근혜 정권이 얼마나 비상식적이었는지 다시 한 번 드러난 사례다. 이는 한국 정부에 대한 신뢰를 떨어뜨렸다. 백 번 양보해서 사드가 북한의 핵미사일을 막는데 효과적이라면 사드는 얼마든지 배치할 수 있다. 한국은 주권국가다. 안보를 위해 어떤 무기라도 배치할 수 있다. 이 판단에 제3자가 개입할 권리는 없다. 하지만 이웃에 사는 중국이 길길이 날뛰면서 반대한다면 최소한 이해를 구하는 과정은 있었어야 한다. 그게 외교다. 배치의 불가피성을 설명하고 타협점을 찾으려고 노력했어야 한다. 그런데 이 과정이 생략됐다. 이 비상식적인 외교 덕분에 문재인 정부는 출범 초부터 많은 어려움을 겪어야 했다.

一 문재인의 동북아플러스, 싸대기 그만 맞자

문재인 정부가 출범했다. '촛불혁명'을 상징하는 문재인 정부가 출범했다. 광화문 광장에서 시작된 촛불은 횃불이 됐다. 횃불은 들불처럼 번져 전국에서 타올랐다. 추운 겨울 밤, 길거리로 뛰쳐나온 시민들은 "박근혜를 탄핵하라"를 목이 터져라 외쳤다. 대한민국 뿐만이 아니었다. 세계 곳곳에서 교민들도 촛불을 들었다. 역사적인 순간이었다.

시민들의 자발적 참여로 이뤄진 평화적 시위가 부패하고 무능한 정권을 끌어내렸다. 민주주의의 장점이자 단점은 선거다. 선거를 통해 훌륭한 지도자를 선출할 수 있지만 잘못된 결정을 내릴 수도 있다. 하지만 잘못된 결정은 언제든지 뒤집을 수 있다. 이 단순하지만 가장 근본적인 민주주의의 작동 원리를 촛불은 증명했다. 세계 역사에서 유례를 찾기 어렵다. 교복을 입은 학생부터 유모차를 끄는 주부, 팔짱을 낀 연인, 백발의 노인까지 길거리로 뛰쳐나갔다. 누가 시킨 것도 아니다. 상을 주는 것도 아니다. 오직 깨어 있는 시민의 자발적 참여로 이뤄졌다. 노무현 전 대통령은 이런 말을 남겼다. "민주주의 최후의 보루는 깨어 있는 시민의 조직된 힘입니다. 이것이 우리의 미래입니다." 깨어 있는 시민의 힘은 작동했다. 이것이 대한민국의 미래였으며 시민들은 그 미래를 역사로 만들었다.

문재인 정부의 출범은 진정한 의미의 새 시대가 열렸음을 뜻한다. 단순히 정부가 바뀐 게 아니다. 시대가 바뀐 것이다. 대한민국은 새 시대를 열 기회가 많았다. 하지만 역사의 반동은 모든 기회를 앗아갔다. 광복 이후에는 친일파들이 앗아갔다. 1960년 4.19혁명 이후에는 군부 쿠데타 세력이 앗아갔다. 1980년 '서울의 봄'이 도래했지만 또 다시 군인들이 쿠데타를 통해 빼앗아 갔다. 1987년 6월 민중항쟁이 있었지만 '3당 야합'이 기회를 가로챘다. 1997년 김대중 대통령이 당선되고 5년 후 노무현 정부가 출범해 역사의 반동은 끝이 난 줄 알았다. 하지만 교묘하고 강력한 반동이 찾아왔다. 이 반동은 10년 가까이 이어졌다. 한국만 그런 것은 아니다. 프랑스와 독일도 비슷한 경험을 했다. 프랑스 혁명은 절대왕정을 무너뜨리고 공화정을 출범시켰다. 하지만 나폴레옹은 쿠데타를 일으켜 공화정을 무너뜨리더니 황제에 등극해 군주제를 부활시켰다. 독일에서는 최초의 공화정인 바이마르공화국이 출범했지만 얼마 안 가서 히틀러라는 강력한 반동이 출현했다. 문재인 정부는 강력했던 역사의 반동이 사라진 후 찾아온 결과물이다. 그래서 단순한 정권 교체 이상의 의미를 지닌다. 문재인 정부는 촛불의 염원을 담고 있다. 새 시대를 염원하는 시민의 염원을 담고 있다.

문재인 정부는 출범 직후부터 역사의 반동이 남긴 '똥'을 치우느라 많은 시간을 할애했다. 이 똥을 문재인 대통령의 임기 내에 치울 수 있을지도 의문이다. 대표적인 똥이 사드(THAAD, 고고도미사일방어체계)다. 문재인 정부가 출범하기 불과 2주 전에 사드 발사대 2기가 성주골프장에 옮겨졌다. 문재인은 대선후보 시절 사드 배치 권한을 차기 정부에 맡기라고 강력히 주장했다. 시간을 두고 중국과 미국 사이에서 타협점을 모색하기 위한 목적이었다. 유력 대선후보의 주장에도 불구하고 김관진 전 청와대 안보실장은 사드 발사대 2기를 성주에 배치했다. 〈한겨레〉에 따르면 김관진은 미국을 두 차례 방문해 사드 배치 시기를 앞당긴 장본인이다. 발사대 4기도 비밀리에 추가로 반입됐다. 김관진은 국군 통수권자인 문재인 대통령에게 이 사안을 보고조차 안 했다. 이게 말이 되나? 안보와 국익에 막대한 영향을 미칠 사안을 대통령에게 보고조차 안 했다. 이런 행위야말로 국가기강을 뿌리째 흔드는 국기문란이다. 결국 문재인 정부는 발사대 4기를 성주에 추가로 배치했다. 성주로 옮기는 과정에서 주민들과 물리적 충돌도 발생했다. 정확한 내막은 알려지지 않았지만 김관진이 미국을 방문해 발사대 4기의 추가 반입과 배치를 비밀리에 합의했을 가능성이 있다. 그렇지 않다면 촛불로 탄생한 문재인 정부가 촛불을 들고 사드 반입을 저지하던 성주 주민들을 짓밟으면서 사드 배치를 강행했을 리 없다.

  사드 배치는 문재인 정부의 중요한 외교 카드를 날려버렸다. 사드는 배치되면 더 이상 카드가 아니다. 배치하지 않았을 때에만 의미가 있다. 왜 그런가? 트럼프의 미국은 동아시아에 미사일 방어(MD, missile defense) 체계를 구축하기를 원한다. 중국의 핵무기와 미사일을 무력화하기 위함이다. 사드는 미국 MD의 일부다. 당연히 시진핑(習近平)의 중국은 반대한다. 한국은 사드를 외교 카드로 활용해 중국을 움직일 수 있을 뻔 했다. 사드를 배치하지 않는 대신 다른 분야에서 중국의 협력을 유도할 수 있었다. 미국에게는 중국 평계를 대면 된다. 중국과 러시아가 사드 배치를 강력히 반대하는 상황에서 미국이 무리하게 사드 배치를 강행할 수는 없다. 중국은 한미동맹의 특수성을 이해한다. 반대로 미국도 한중관계의 특수성을 이해한다. 박근혜 전 대통령이 중국 전승절 행사에 참석했을 때 미국은 이를 양해했다. 또한 한국이 미국 MD에 참여할 수 없다는 입장을 공개적으로 여러 차례 표명했지만 미국은 이를 받아들인다. 한국과 중국은 척을 지고 살 수 없는 사이다. 노영민 주중대사는 대사로 부임해 중국에 가기 전 〈신화통신〉과 인터뷰를 했다. 노영민은 인터뷰에서 한중관계를 '운명적 관계'라고 설명했다. 미국도 이런 상황을 알고 있다. 사드는 배치되지 않았어야 한다. 사드 배치로 한국이 얻은 것은 없다. 미국 이익에 부합하는 사드 배치를 강행했다면 그 대가로 얻은 게 있어야 한다. 그게 외교다. 주는 게 있으면 받은 것도 있어야 한다. 사드 배치는 국익의 관점에서 접근한 게 아니다. 국익은 없었지만 사익 추구는 있었을 것으로 강력히 추정한다. 사익 추구가 없었다면 이렇게 무리해서 사드를 배치할 이유가 없다.

시진핑은 문재인 정부에 기대를 걸었다. 이유는 시진핑이 문재인의 특사를 만났다는 점이다. 문재인은 대통령 취임 직후 이해찬 전 총리를 중국에 특사로 파견했다. 특사 접견은 그 자체로 큰 의미가 있다. 황교안 전 총리의 '거짓말 파문'으로 한국과의 외교 창구를 사실상 폐쇄했던 시진핑이 문재인의 특사를 만났다는 점에서 그렇다. 사드 갈등이 해결될 희망이 보였다. 하지만 희망은 희망에 그쳤다. 시진핑은 이해찬을 접견하면서 좌석 배치를 희한하게 했다. 자신은 상석에 앉고 이해찬은 테이블 옆에 앉도록 했다. 시진핑이 이해찬을 앉혀 놓고 업무회의를 주재하는 것처럼 보였다. 이는 외교적 결례다. 특사는 대통령을 대리하기 때문이다. 특사는 곧 대통령과 다름없다. 중국이 한국 대통령의 특사를 이렇게 대우한 적은 없다. 이명박과 박근혜의 특사들이 과거 중국을 방문했을 때 이들의 자리는 주석 옆에 나란히 배치됐다. 시진핑이 좌석 배치를 이용해 사드 배치에 대한 불만을 노골적으로 드러낸 것이다. 언론에 보도된 당시 사진을 보면 시진핑의 표정은 시종일관 굳어 있다. 시진핑은 소위 '표정외교'를 한다. 상대국 국가원수를 만났을 때 표정을 다르게 해 해당국에 대한 중국의 입장을 표현한다. 시진핑이 아베 신조 일본 총리를 만날 때의 표정은 시종일관 '썩어' 있다. 반면 한중관계가 좋았던 당시 시진핑이 박근혜를 만났을 때의 표정은 매우 밝았다. 과거 박근혜의 특사를 만났을 때도 표정이 밝았다. 시진핑은 이해찬을 상대로 표정외교를 한 것이다.

한중관계 회복은 쉽지 않았다. 문재인 정부가 사드 발사대 4기를 성주에 추가로 배치하면서 회복 가능성은 더욱 작아졌다. 문재인 정부로서는 불가피한 선택이었다. 김관진이 사드 배치 시기를 앞당겼고 발사대 4기도 이미 한국에 반입됐다. 이미 들어온 발사대를 미국에 반납하기도 어렵지 않은가? 모종의 합의가 있었을 것이다. 사드 배치를 둘러싼 의문점은 밝혀져야 한다. 이런 의문점이 밝혀져야 사드 갈등이 해소되고 한중관계도 완전한 정상궤도로 돌아갈 수 있다. 이유가 무엇이든 사드 발사대는 추가로 배치됐다. 이로써 사드 1개 포대가 배치를 마치고 한국에서 가동되기 시작했다. 시진핑은 실망했다. 문재인 정부에 걸었던 기대는 무너졌다. 하지만 문재인 정부는 달랐을 것이다. 외교 채널을 통해 사드 배치의 불가피성을 설명하고 사전에 양해를 구했을 것이다. 이런 과정을 거치면서 시진핑은 문재인 정부가 다르다고 느꼈을 것이다. 희망이 보이기 시작한 것은 노영민이 주중대사로 부임한 이후다. 중국 관영매체들이 노영민에 대해 이례적으로 긍정적인 평가를 내렸다. 노영민은 문재인의 복심(復心)으로 통하는 인물이다. 문재인의 최측근을 주중 한국대사로 임명했다는 사실 자체가 중국을 중요시한다는 메시지다. 노영민은 문재인의 초대 대통령 비서실장 후보로도 거론됐던 인물이다.

문재인의 노력은 마침내 결실을 거뒀다. 한중 양국은 '한중관계 개선 관련 양국간 협의 결과'라는 문서를 동시에 발표했다. 2017년 10월31일에 나왔다. 문재인 정부 출범 후 6개월이 채 안 지나서 나온 결과물이다. 한중관계가 이대로는 안 되니 함께 개선해보자는 게 골자다. 이 문서에서 시진핑은 사드 배치에 반대한다는 입장을 반복했다. 당연하다. 미국과 패권경쟁을 벌이는 상황에서 중국을 겨냥한 사드를 찬성할 수도 없는 노릇 아닌가? 하지만 사드는 이미 배치됐고 가동을 시작했다. 이는 어쩔 수 없으니 일단 접어두고 관계 정상화부터 해보자는 게 결론이다. 접어두자고 해서 사드를 인정한 것은 결코 아니다. 이 문서에서 중국은 한국이 사드 문제를 적절히 처리하기를 희망한다는 내용을 남겼다. 결국 사드가 한국에서 철수되기 전까지는 양국관계가 완전히 정상화되기는 어렵다. 이 문서는 사드 문제가 해결된 것이 아니라 단지 '일시정지' 상태에 있음을 보여준다. 상황에 따라 이 문제는 언제든지 수면 위로 부상할 수 있다. 하지만 일시정지 상태라도 한국 입장에서는 대단한 외교 성과다. 문재인 정부 출범 직후 한중관계는 파탄 직전이었다. 파탄 직전인 상황에서 사드 배치는 완료됐다. 이 와중에 시진핑이 얻은 것은 없다. 그럼에도 불구하고 시진핑은 양국관계를 개선하기로 했다. 시진핑은 왜 이런 선택을 했나?

시진핑은 '구동존이(求同存異)'를 택한 것이다. 구동존이는 '서로의 입장차는 접어두고 공동의 이익을 추구한다'는 중국의 대외 정책이다. 외교는 상대방이 있는 게임이다. 서로의 입장이 다른데 양국이 모든 사안에서 완전한 합의를 보는 것은 애초부터 불가능하다. 시진핑은 사드 문제를 일단 접어두고 한국과 관계 개선을 하기로 결정했다. 앞서 설명했듯이 한국은 중국에게 중요한 나라다. 주변국과 툭 하면 국경 분쟁을 벌이고 으르렁대는 중국에게 한국은 놓치고 싶지 않은 이웃나라다. 시진핑은 중국과 미국 간 패권경쟁에서 한국이 미국 편에 서지 않기를 바란다. 한국이 중국 편에 서기를 바라는 게 아니다. 시진핑은 한미동맹의 특수성을 이해한다. 한국이 중국과 미국 간 패권경쟁에서 중립을 지킨다면 시진핑으로서는 '땡큐'다. 아베는 대놓고 미국 편에 섰다. 한국마저 잃는다면 시진핑은 힘들어진다. 그래서 시진핑은 '레드라인(red line)'을 설정했다. 문서에서 중국은 한국의 미국 MD 편입, 사드 추가 배치, 한미일 군사동맹에 대한 우려를 표명했다. 이는 시진핑이 설정한 레드라인이다. 한국이 이 레드라인을 넘으면 한중관계가 다시 파탄으로 간다는 시진핑의 경고다. 세가지 조건의 공통점은 미국의 중국 봉쇄다. 중국을 봉쇄하려는 미국의 전략에 한국이 동조하지 않으면 한중관계는 파탄으로 내몰리지 않을 것이다.

한중간 사드 갈등이 일시적으로 정지됐지만 해결되지는 않았다. 문재인과 시진핑은 관계 개선 협의 결과가 발표된 후 베트남에서 만났다. 아시아태평양경제협력체(APEC) 정상회의가 계기였다. 당시 문재인과 만난 시진핑의 표정은 굳어 있었다. 간간이 웃는 모습도 보였지만 대체로 굳은 표정을 유지했다. 앞서 설명한대로 시진핑은 표정외교를 한다. APEC 정상회의를 계기로 블라디미르 푸틴 러시아 대통령과 만난 시진핑의 표정은 밝았다. 같은 계기로 아베와 만났을 때의 시진핑 표정은 이번에도 '썩어' 있었다. 문재인을 만났을 때의 시진핑 표정은 푸틴과 아베의 중간 어느 지점에 있다. 사드 문제가 미해결 상태이므로 한중관계가 정상궤도로 돌아가려면 시간이 걸린다는 신호다. 시진핑 입장에서는 얻은 것도 없이 관계 정상화를 약속했으니 당연한 반응이다. 한중관계는 서서히 풀려갈 것이다. 사드 갈등이 정점을 찍은 후 중국이 한국을 상대로 경제보복에 나서기까지 시간이 걸렸다. 마찬가지로 한중관계가 정상으로 회복되기까지 시간이 걸릴 것이다. 시진핑의 스타일이다. 하지만 한중관계는 이미 반환점을 돌았다. 시진핑이 집권 2기를 맞이한 제19차 전국대표대회(이하 19차 당대회) 직후에 관계 개선 협의 결과가 발표됐기 때문이다. 중국 지도부가 한중관계 개선 쪽으로 방향을 틀었다는 신호다. 역사상 최고 수준으로 양국관계를 끌어올릴지는 미지수다. 사드 문제가 어떻게 해결되는가에 따라 가능성이 없는 것도 아니다.

　문재인의 홈런은 취임 첫 해가 가기 전에 터졌다. 문재인은 2017년 12월 중국을 국빈자격으로 방문했다. 시진핑이 문재인의 국빈방문에 합의했다는 사실 자체가 큰 성과다. 같은 이유다. 사드는 이미 배치됐고 가동 중에 있다. 시진핑 입장에서는 달라진 게 없다. 당시 문재인의 전략이 돋보였다. 문재인은 노영민 주중대사를 난징대학살 80주년 추모식에 참석하도록 지시했다. 대통령이 방문하면 대사들은 공항에 나가 대통령을 영접하고 수행한다. 이런 격식을 무시하고 노영민을 추모식에 보냈다. 난징대학살에 대한 중국인의 분노는 대단하다. 무장이 해제된 수십만 명의 중국 민간인을 일본군이 잔혹하게 살해했다. 시진핑을 비롯한 중국 지도부는 추모식에 참석했고 중국 전역이 추모 분위기에 휩싸였다. 이는 문재인의 전략적 선택이다. 전략적으로 난징대학살 추모 기간을 선택해 국빈 방문했다. 문재인은 한국인과 중국인이 난징대학살에 대해 깊은 동질감을 느낀다며 중국인들에게 위로의 말을 전했다. 중국인을 향한 메시지였다. 한국과 중국은 일본 제국주의의 대표적인 피해국이다. 비참한 역사를 함께 겪었다는 점을 부각시킴으로써 양국 국민의 정서 회복을 시도한 것이다. 사드 배치를 계기로 중국인들의 반한(反韓) 감정은 고조됐고 한국산 제품에 대한 불매운동도 벌어졌다. 이를 지켜본 한국 국민은 분노했다. 한중관계를 정상화하려면 양국 국민간 깊어진 감정의 골을 치유할 필요가 있었다. 문재인은 이걸 노린 것이다. 시진핑 입장에서도 고마운 일이다. 시진핑은 과거 사드 배치를 반대했다. 지금은 사드 배치가 완료됐다. 중국 입장에서 상황이 더 나빠졌는데 관계를 정상화하면 시진핑의 체면이 서지 않는다. 시진핑 입장에서는 한중관계를 개선할 명분이 약하다. 이런 상황에서 문재인의 행보로 한국에 대한 중국인의 감정이 좋아지면 시진핑의 부담이 줄어든다. 그래서 대통령의 외교는 중요하다. 문재인의 행보는 한국산 제품에 대한 중국인의 태도에도 영향을 줄 것이다.

양국 국민간 감정의 골을 없애려는 문재인의 행보는 적절했다. 문재인은 부인 김정숙 여사와 함께 중국 서민들이 찾는 식당을 깜짝 방문했다. 이곳에서 중국식 꽈배기인 '요우탸오(油條)'를 중국식 두유인 '더우장(豆漿)'에 찍어 먹으며 아침 식사를 했다. 요유탸오와 더우장은 중국인들이 즐겨 먹는 대표적인 아침 메뉴다. 식사 값으로 68위안(한화 약 11,000원)을 결제했다. 이는 훌륭한 전략이다. 시진핑이 만두 가게를 깜짝 방문해 직접 줄을 서서 만두를 산 일화는 중국인들 사이에서 유명하다. 시진핑 이전의 국가원수가 이런 일을 하지 않았기 때문이다. 문재인의 행보는 한국의 대통령이 시진핑처럼 서민적이라는 인상을 남겼다. 이는 중국인의 정서를 긍정적으로 바꾸는 데 효과적이다. 시진핑에 대한 중국인의 지지는 허구가 아니다. 문재인에 대한 한국인의 지지와 마찬가지다. 국내 기반이 탄탄한 시진핑을 외교적으로 상대하기는 쉽지 않다. 하지만 시진핑의 지지를 잘 활용하면 한중관계는 생각보다 쉽게 풀릴 수 있다. 시진핑에게 문재인도 마찬가지다. 전 국민적인 지지를 받는 문재인이 시진핑에게도 까다로운 상대다. 마찬가지로 시진핑은 문재인의 지지를 활용해 한중관계를 개선하길 원할 것이다. 문재인의 친(親)서민 행보 덕분에 중국 방문은 성공적으로 끝났다. 하지만 안심하기는 이르다. 문재인과 시진핑은 이제 첫 발을 뗐을 뿐이다.

문재인과 트럼프의 궁합은 의외로 괜찮았다. 문재인이 트럼프의 성향을 신속히 파악해 발 빠르게 대처한 덕분이다. 문재인은 취임 후 한국 대통령의 순방 관례대로 미국을 제일 먼저 찾았다. 당시 최대 관심사는 북핵 문제도 아니었고 한미 자유무역협정(FTA)도 아니었다. 문재인이 트럼프의 '악수 대결'을 어떻게 넘길 지가 관심사였다. 트럼프는 소위 '잡아 당기기식' 악수 습관으로 유명했다. 각국 정상을 만나 악수를 하면서 '힘 겨루기'를 하는 듯한 모습을 보였다. 첫 희생자는 아베였다. 아베는 2017년 2월 백악관에서 트럼프와 정상회담을 가졌다. 정상회담 전 기자들 앞에서 악수를 나눴다. 트럼프는 아베의 손을 꽉 잡고 자신 쪽으로 끌어당기거나 꽉 잡은 손을 놓지 않는 등 무려 19초 동안 아베를 당황하게 만들었다. 긴 악수가 끝나자 아베는 천장을 바라보며 안도하는 듯한 표정을 지었다. 시진핑이 표정외교를 한다면 트럼프는 소위 '악수외교'를 했다. 악수 대결을 통해 자신의 힘이 세다는 점을 어필하고 '마초' 이미지를 과시하려는 목적일 수 있다. 대화 전 상대방을 당황하게 만들어 회담을 자신에게 유리한 방향으로 이끌려는 목적일 수도 있다. 이유가 무엇이든 아베는 트럼프와의 신고식을 톡톡히 치렀다.

아베의 신고식 덕분에 다음 주자들은 대비가 가능했다. 아베가 다녀간 후 같은 달 백악관을 찾은 쥐스탱 트뤼도 캐나다 총리는 악수 대결을 무난히 넘겼다. 백악관 입구에서 트뤼도를 맞이한 트럼프는 특유의 악수대결을 벌일 듯한 모습을 보였다. 트뤼도는 왼손으로 트럼프의 오른쪽 어깨를 꽉 움켜쥐고 트럼프가 자신을 끌어당기지 못하도록 막았다. 트럼프는 트뤼도에게 악수대결이 통하지 않는다고 깨달은 듯했다. 정상회담 전 기자들 앞에서 악수를 나눴는데 트뤼도를 끌어당기거나 힘 대결을 벌이지 않았다. 이후 5월 말 에마뉘엘 마크롱 프랑스 대통령을 만나서는 트럼프가 오히려 곤욕을 치렀다. 트럼프와 마크롱도 기자들 앞에서 악수를 나눴는데 트럼프가 힘에서 밀리는 모습을 보였다. 두 정상은 서로 맞잡은 손을 꽉 쥐고 강하게 위아래로 흔들었다. 악수는 대략 6초간 이어졌는데 트럼프가 손을 놓으려고 하자 마크롱이 다시 움켜쥐려는 모습도 포착됐다. 트럼프와 마크롱은 31살의 나이 차가 있다. 마크롱은 1977년생이고 트럼프는 1946년생이다. 트럼프가 적수를 제대로 만난 셈이다.

같은 해 6월 말 문재인을 만난 트럼프는 악수 대결을 벌이지 않았다. 트럼프는 백악관 현관 앞에서 문재인을 맞이했는데 당시 문재인은 오른손으로 악수를 하면서 왼손으로 트럼프의 오른쪽 팔꿈치를 살짝 움켜쥐었다. 트럼프에게 친근감을 표시하면서도 만일의 상황에 대비해 트럼프와 일정 거리를 유지하려는 목적이었다. 이후 문재인과 트럼프의 악수에서 '불상사'는 발생하지 않았다. 문재인이 대비를 잘하기도 했지만 트럼프의 학습효과도 작용했다. 트럼프는 대통령이라는 직업을 학습하고 있다. 트럼프는 대통령이 되기 전 정치 경험이 전무하며 생애 첫 공직이 대통령이다. 대통령 직무 수행 과정에서 여러 방식을 사용해 본 후 통하지 않으면 버리는 듯하다. 트럼프는 준비된 대통령이 아니다. 애초 대통령 당선을 목표로 하지도 않았다. 2018년 1월 초에 나온 신간 "화염과 분노: 트럼프 백악관의 내부(Fire and Fury: Inside the Trump White House)"를 보면 트럼프 캠프는 2016년 대선에서 아슬아슬하게 패배하는 것을 목표로 했다. 대선을 통해 유명세를 얻고 이를 사업 기회로 활용하려 했다. 그런데 뜻밖에 당선이 된 것이다. 이 책은 대선 기간 트럼프 캠프에 출입한 한 미국 기자가 트럼프 주변인물과의 인터뷰를 바탕으로 썼다. 이 책은 출간 직후 〈뉴욕타임스〉의 베스트셀러가 됐다.

문재인과 트럼프의 첫 만남은 화기애애한 분위기 속에 진행됐다. 트럼프는 문재인과의 개인적 관계를 '찰떡궁합(great chemistry)'이라고 부르기도 했다. 백악관에서 열린 공식 환영만찬 이후 트럼프는 문재인을 환송하기 위해 엘리베이터를 함께 탔다. 이 자리에서 트럼프는 자신의 개인 집무실인 트리티 룸(Treaty Room)을 구경하지 않겠느냐고 문재인에게 제안했다. 문재인은 흔쾌히 응했고 트럼프는 문재인과 부인 김정숙 여사를 직접 안내했다. 트럼프 취임 후 외국 정상에게 트리티 룸을 공개한 것은 문재인이 처음이다. 화기애애한 분위기는 한국 재계의 '선물 보따리'가 한몫 했다. 문재인과 함께 미국을 방문한 한국 경제인단은 향후 5년간 투자 128억달러와 구매 224억달러 등 총 352억달러의 대미 투자를 약속했다. 당시 환율로 환산하면 약 40조원에 이른다. 한국 기업들의 '통 큰' 투자에 트럼프 기분이 좋을 수 밖에 없었다. 자신이 잘 해서 한국 기업의 대규모 투자를 이끌어냈고 이는 미국내 일자리 창출로 이어졌다고 자랑할 수 있기 때문이다. 하지만 트럼프는 장사꾼 출신이다. 부동산 개발 프로젝트 하나를 끝내면 다음 프로젝트로 넘어가야 한다. 이전에 수익이 많이 났다고 해서 멈추는 법이 없다. 하나를 주면 둘을 달라고 하는 게 트럼프의 성향이다. 그래서 트럼프에게 한꺼번에 너무 많은 선물 보따리를 풀면 안 된다.

선물 보따리를 안겼지만 트럼프는 하나를 더 달라고 했다. 트럼프는 문재인과의 정상회담에서 "현재 한미 FTA 재협상을 하고 있다(We are renegotiating a trade deal right now)"고 말했다. 그러면서 공정한 협상이 되길 희망한다고 밝혔다. 이 발언은 사실이 아니다. 당시 FTA 재협상은 시작되지 않았다. 재협상에 합의한 것도 아니었다. 재협상에 합의한 것도, 재협상을 시작한 것도 아닌데 이미 재협상이 시작됐다고 거짓말을 했다. 트럼프의 이런 태도는 놀라운 게 아니다. 〈워싱턴포스트〉에 따르면 트럼프는 취임 후 300여일간 1,600건이 넘는 거짓말과 오도된 주장을 했다. 하루 평균 5건이 넘는 거짓말을 한 셈이다. 〈뉴욕타임스〉는 트럼프가 취임 6개월 동안 거짓말을 하지 않은 날이 39일에 불과하다고 보도했다. 트럼프는 거짓말을 통해 한미 FTA 재협상을 기정사실로 만들려고 했다. 자신이 원하는 입장을 기정사실로 만들고 여론을 자신에게 유리하게 이끌려는 전략이다. 하지만 여론은 트럼프에게 유리하게 돌아가지 않았다. 〈CNBC〉는 트럼프의 부족한 경제 상식을 꼬집었다. 트럼프는 정상회담에서 미국이 막대한 무역적자로 고통을 받았고 이는 미국이 20조달러의 부채를 기록한 이유라고 주장했다. 20조달러는 미국 연방정부의 재정적자 총액을 가리킨다. 트럼프는 무역적자를 거론하면서 이를 재정적자에 연계시켰다. 하지만 무역적자와 재정적자는 직접적인 관련이 없다. 무역적자는 수입이 수출보다 많을 때 생기고 재정적자는 정부지출이 정부수입보다 많을 때 생긴다. 〈CNBC〉는 트럼프의 이 발언을 "굴욕적인(humiliating)" 실수라고 비난했다.

트럼프는 대선 후보시절부터 한미 FTA를 정치적으로 이용했다. 대선기간 중 한미 FTA를 지목하며 미국인들의 일자리를 빼앗는 "깨진 약속(broken promises)"의 대표적 사례라고 말했다. 또한 한국이 주한미군 주둔비용으로 "푼돈(peanut)"만 내고 있다며 한국의 안보 무임승차를 주장했다. 트럼프는 취임 후에도 한국이 사드 배치 비용으로 10억달러(한화 약 1조원)을 내야 한다고 주장했고 한미 FTA를 "끔찍한(horrible)" 협정으로 규정했다. 문재인과의 만남에서도 이런 입장을 반복했다. 트럼프는 정상회담 후 열린 기자회견에서 한미 FTA 탓에 미국 무역 적자가 늘었다고 말했다. 그러면서 자동차와 철강 분야의 무역 불균형을 지적했다. 자동차와 철강 분야의 피해를 언급한 것은 많은 언론이 지적하는 것처럼 소위 "러스트벨트(Rust Belt)"를 공략한 발언이다. 러스트벨트는 미국의 쇠락한 공업지대를 가리킨다. 이 지역 노동자들은 각종 자유무역협정 탓에 미국 제조업이 쇠락했다고 믿고 있다. 이들은 트럼프의 강력한 지지기반 중 하나다. 한미 FTA 재협상은 이들을 겨냥한 발언이다. 트럼프의 단골 메뉴인 방위비 분담금에 대한 언급도 마찬가지다. 2008년 금융위기를 기점으로 미국인들은 먹고 살기가 힘들어졌고 이를 다른 누군가의 탓으로 돌리고 싶은 심리가 존재했다. 트럼프는 이런 심리를 적절히 이용해 대통령에 당선됐다. 2020년 대선에서 승리하면 4년간 연임할 수 있는 트럼프가 앞으로도 이런 심리를 이용할 가능성은 매우 크다. 한미 FTA와 한국의 방위비 분담금 뿐만이 아니다. 미국과 멕시코 국경의 장벽 건설과 중국과의 대규모 무역적자, 북대서양조약기구(NATO)를 둘러싼 유럽의 방위비 분담금 등 트럼프가 외부의 적을 상정하는 작업은 계속될 것이다.

　트럼프의 '돌출 행동'에 대처하기는 쉽지 않다. 미국 대통령의 입을 틀어막을 수도 없는 일 아닌가? 문재인이 맞닥뜨린 트럼프의 돌출 행동은 이미 예견된 것이었다. 트럼프는 문재인을 상대로만 이런 행동을 한 게 아니다. 아베와 시진핑도 비슷한 일을 겪었다. 앞서 설명한대로 아베는 긴 악수로 곤욕을 치렀다. 악수만이 아니었다. 아베는 트럼프를 이용하려 했으나 오히려 '되치기'를 당했다. 트럼프는 아베와의 정상회담 후 열린 기자회견에서 시진핑 얘기를 꺼냈다. 전날 시진핑과 첫 전화통화를 했는데 "매우 매우 좋았고(very very good)," "매우 매우 훈훈했다(very very warm)"고 설명했다. 트럼프의 발언은 산케이 신문 기자의 질문에 대한 답으로 나왔다. 산케이 신문은 일본의 대표적 극우신문으로 아베에게 대단히 호의적이다. 이 질문은 마지막으로 나왔는데 아베가 트럼프에게 양해를 구한 뒤 직접 호명했다. 상상력을 발휘해 보자. 산케이 신문이 트럼프의 입을 통해 중국에 적대적인 메시지를 끌어내고 싶었다. 일본 정부와 사전에 논의해 질문 내용을 공유했고 아베가 마지막 질문 기회를 산케이 신문에게 부여했다. 이런 일이 현실에서 일어나지는 않겠지만 한번 상상력을 발휘해 봤다. 의도가 무엇이든 트럼프는 아베 면전에서 시진핑과의 통화가 훈훈했다고 밝혔다. 이는 면전에서 아베의 '싸대기'를 때린 것이다. 아베는 미국의 중국 봉쇄 전략에 적극 협력했고 이를 통해 군사대국화로 나아가려고 한다. 중국과 북한을 악마로 만들어야 일본이 평화헌법을 고쳐서 전쟁이 가능한 나라가 되는 명분이 생긴다. 시진핑과 트럼프의 관계가 좋아지면 이런 명분이 약해진다. 북한의 김정은이 대화를 시작해도 아베의 명분은 약해진다. 그래서 아베는 기본적으로 한반도 긴장이 완화되기를 바라지 않는다.

아베는 트럼프에게 '충직'했다. 아베는 트럼프가 대통령에 당선된 직후 외국 정상 중 처음으로 축하 전화를 걸었다. 트럼프의 대통령 당선인 시절, 아베는 외국 정상 중 처음으로 뉴욕까지 날아가 트럼프와 만났다. 아베는 트럼프 당선 직후 꾸준히 트럼프에게 매달렸다. '구애'의 절정은 2017년 11월 아시아 순방에 나선 트럼프가 첫 순방지로 일본을 방문한 시기였다. 아베는 트럼프와 골프 회동을 기획했다. 골프광인 트럼프를 위한 맞춤형 이벤트였다. 굴욕적인 장면은 골프장 이동 중에 나왔다. 공을 벙커에 빠뜨린 아베는 공을 밖으로 쳐낸 후 벙커 밖으로 걸어 나오려고 했다. 벙커 밖으로 나왔다가 다리에 힘이 풀린 아베가 다시 벙커 안으로 굴러 떨어졌다. 뒤로 구르면서 모자까지 벗겨졌다. 트럼프는 이 장면을 보지 못하고 앞서서 걸어가고 있었다. 아베는 재빨리 일어나 트럼프를 뒤쫓아 갔다. 다른 장면도 있다. 트럼프와 아베는 골프장에서 "DONALD & SHINZO"라는 자수가 새겨진 흰색 모자에 함께 서명했다. 트럼프가 자신의 서명을 모자챙 가운데 지나치게 크게 해서 아베는 모자챙 구석에 할 수밖에 없었다. 이는 굴욕이었다. 〈워싱턴포스트〉는 아베의 이런 모습을 보고 아베가 트럼프의 "충직한 조수(loyal sidekick)"에 불과하다고 평가했다. 하나를 주면 두 개를 내놓으라는 트럼프의 성향을 아베가 몰랐을 수 있다. 아니면 이런 굴욕을 감수하더라도 일본을 전쟁이 가능한 나라로 만들겠다는 아베의 야심이 그만큼 크다는 증거다.

시진핑도 트럼프의 돌출 행동에 한방 먹었다. 시진핑은 아베에 이어 외국 정상 중 두 번째로 트럼프의 호화 별장인 마라라고 리조트에 초대됐다. 분위기는 화기애애했다. 관심이 쏠렸던 악수 대결도 없었다. 트럼프의 외손주들이 시진핑 앞에서 중국 민요를 부르기도 했다. 그러던 중 시진핑은 뜻하지 않게 '뒤통수'를 맞았다. 트럼프의 말에 따르면 트럼프는 시진핑과 저녁식사를 마치고 디저트로 초콜릿 케이크를 먹던 중 미군이 시리아를 향해 미사일을 쐈다는 사실을 시진핑에게 넌지시 알렸다. 이 말을 전해들은 시진핑은 10초간 말이 없었다고 한다. 트럼프는 시진핑과의 첫 정상회담과 얽힌 뒷얘기를 1주일여 후 〈폭스비즈니스〉와의 인터뷰에서 밝혔다. 시리아 공습 사실을 전해들은 시진핑은 분명 당황했을 것이다. 당시 정상회담의 주요 의제 중 하나는 북핵이었다. 시리아 공습은 트럼프가 사전에 예고 없이 북한 핵시설에 미사일을 날릴 수 있다는 경고다. 시진핑은 트럼프가 그럴 수 있는 인물이라고 믿게 됐는지도 모른다. 아니면 트럼프가 실제 미친 게 아니라 미친 척하고 있음을 알아차렸을 수 있다. 어느 쪽이든 시진핑이 당황한 것만은 분명하다.

트럼프는 시진핑의 시기심을 자극하려고도 했다. 2017년 7월 G20(Group of 20) 정상회의에 참석한 시진핑과 트럼프는 문재인과 한 자리에 모일 기회가 있었다. 정상회의 첫날밤 비공식 행사로 마련한 오페라 합창단 공연에서 문재인과 부인 김정숙 여사는 트럼프 내외 바로 옆에 자리했다. 트럼프 바로 뒷줄에 시진핑 내외의 자리가 배정됐는데 시진핑이 입장하자 트럼프는 무심한 표정으로 옆에 있던 문재인의 손을 잡아 끌더니 손등을 가볍게 두드렸다. 친근감의 표시였다. 그리고는 슬며시 뒤를 돌아봐 시진핑을 의식하는 듯한 모습을 보였다. 사드 문제로 한국과 중국이 갈등을 빚는 상황에서 문재인과의 친분을 과시하려는 의도였다. 이를 우연히 보게 된 시진핑의 표정은 좋아 보이지는 않았다. 이 장면은 미국과 중국 사이에 끼어 있는 한국의 상황을 여실히 보여준다. 중국과 갈등을 빚는 상황에서 트럼프가 문재인의 손을 잡았지만 미국과 갈등을 빚는 상황이었다면 시진핑이 문재인의 손을 잡았을 수도 있다. 한국이 미국과 중국 중 한쪽의 손만 잡는 상황은 좋지 않다. 양손을 모두 잡고 가는 게 바람직하다. 미국과 중국이 패권 경쟁을 벌이는 상황에서 양손을 모두 잡기는 불가능에 가깝다. 최악은 양손을 모두 놓치게 되는 경우다. 양손 모두를 놓치는 상황을 넘어서 양쪽에서 '싸대기'를 맞는 상황도 얼마든지 올 수 있다.

문재인은 취임 첫 해를 훌륭하게 보냈다. 시진핑을 상대로 사드 문제를 봉합했고 중국과 관계 개선의 물꼬를 텄다. 트럼프를 상대로 미국 무기를 구매하겠다고 설득해 한미 FTA 문제를 봉합했다. 또 남북대화가 트럼프 덕분에 시작됐다고 추켜 세우면서 남북대화가 북미대화로 이어질 수 있는 발판을 마련했다. 이는 문재인의 '개인기'에 의존한 측면이 크다. 하지만 개인기가 언제까지나 먹히라는 법도 없다. 사드 문제는 다시 불거질 수 있고 트럼프는 언제 또 변덕을 부릴지 모른다. 이런 상황에서 문재인은 어떻게 해야 하나? 양쪽에서 싸대기를 안 맞으려면 한국은 어떤 전략을 취해야 하나? 중국과 미국에서 벗어나 제3지대를 형성하면 된다. 연대를 통해 미국과 중국에 필적하는 새로운 세력을 형성하면 된다. 냉전시기에도 이런 움직임이 있었다. 이를 제3세계 혹은 비동맹그룹이라고 칭한다. 1955년 4월 인도네시아 자바섬의 반둥에서 아시아 아프리카 회의가 열렸다. 23개 아시아 국가와 6개 아프리카 국가가 참가한 이 회의의 목표는 연대였다. 연대를 통해 미국과 구소련이 구축한 양대 진영 중 어디에도 속하지 않고 독립적인 세력을 구축하려고 했다. 반둥에서 열려 반둥회의로 불리는 이 회의에는 중국의 저우언라이(周恩來), 인도의 네루, 유고슬라비아의 티토, 이집트의 나세르, 주최국인 인도네시아의 수카르노 등이 참석했다. 이들은 제3세계를 대표하는 나라의 총리이거나 대통령이었다. 아쉽게도 이 회의는 일회성에 그쳤다. 다음 회의가 열리지 않았다. 하지만 반둥회의는 냉전시기 제3세계 국가들의 비동맹운동을 촉발하는 계기기 됐다.

  문재인도 일종의 비동맹운동을 시작했다. 냉전시기의 비동맹운동과 성격은 다르다. 지금은 냉전시기가 아니다. 미국과 중국이 구축했거나 구축하려는 진영에서 완전히 벗어나 독립적인 세력을 모색하는 일은 애초부터 불가능하다. 중국과 미국 모두에 속해야 한다. 그러면서도 제3지대를 모색해야 한다. 다시 말해 '같이 모이고, 따로 모이기'를 해야 한다. 중국과 미국을 포함해 같이 모이고 이들을 제외한 상태에서 따로 모이기를 해야 한다. 그래야 중국과 미국에 휘둘리지 않는다. 따로 모이기를 하려면 우선 한국 외교의 영역을 넓혀야 한다. 지금까지 미국, 중국, 러시아, 일본 등 주변 4대국에 머물렀던 한국 외교의 지평을 넓혀야 한다. 문재인의 주장이 이것이다. 문재인은 4대국 외교가 한국 외교의 기본일 수밖에 없다는 점을 인정했다. 하지만 한국 외교를 아세안(ASEAN, 동남아시아국가연합), 인도, 유럽연합(EU) 등으로 다변화해야 한다고 주장했다. 문재인은 취임 직후 주변 4강을 비롯해 EU, 아세안, 인도, 호주까지 특사를 보냈다. 이는 한국 대통령으로는 처음이다. 문재인은 아세안, 인도와의 협력 관계를 주변 4대국 수준으로 격상시킬 것이라고 공약했다. 공약대로 아세안의 핵심 회원국인 인도네시아를 자신의 첫 국빈 방문국으로 선택했다. 인도네시아는 문재인의 취임 후 다섯 번째 순방국이지만 문재인이 국빈으로 초청돼 방문한 첫 나라다.

　문재인이 국빈으로 초청한 첫 외국 정상은 트럼프다. 한미동맹의 특수성을 고려할 때 자연스러운 일이다. 트럼프가 국빈방문을 마치고 한국을 떠난 직후 문재인은 인도네시아로 향했다. 베트남에서 열린 APEC 정상회의와 필리핀에서 열린 동아시아정상회의(EAS) 참석차 동남아시아를 방문해야 했다. 방문 직전에 인도네시아를 끼워 넣은 것이다. 형식도 국빈방문이었다. 문재인은 인도네시아에 도착해 아세안과의 관계를 4대국 수준으로 격상시키겠다고 다시 한 번 강조했다. 문재인은 왜 아세안을 중시하나? 아세안 10개 회원국 중 왜 인도네시아를 선택했나? 아세안은 생각보다 크고 중요한 시장이다. 2015년 기준 아세안의 총 인구는 약 6억3천만명이다. 중국과 인도에 이어 세계 3위다. 아세안의 국내총생산(GDP)은 약 2조5천억달러로 세계 7위다. 1인당 GDP가 4천달러 가량에 그치지만 잠재력이 크다. 아세안 인구의 60%가량이 35세 이하로 젊기 때문에 향후 비약적으로 성장할 가능성이 크다. 중산층 인구는 2015년까지 10년동안 두 배나 뛰었다. 2020년에는 4억명에 이를 것으로 예상된다. 중국 시장과 견줄 만하다. 2016년 기준 아세안은 중국에 이어 두 번째로 큰 한국의 교역국이며 제2의 투자 대상국이기도 하다. 인적 교류도 활발하다. 외국인 관광객 중 아세안 국민은 중국과 일본에 이어 세 번째로 많다. 한국인이 제일 많이 여행가는 곳은 아세안 국가다. 안보 분야에서도 잠재력이 크다. 아세안 회원국은 모두 남북한과 동시에 외교관계를 수립하고 있다. 이는 북한과 대화 채널이 있음을 뜻한다. 친(親)북한 성향의 나라가 남아 있지만 향후 아세안과 한국의 관계 발전에 따라 남북관계 개선에 도움을 얻을 수 있다.

중국과 일본은 아세안의 중요성을 알아차리고 일찌감치 공략에 나섰다. 무역과 투자, 기업 진출이 활발히 이뤄지고 있다. 하지만 이들은 태생적인 한계가 있다. 중국은 아세안 회원국 일부와 남중국해에서 영해 분쟁을 벌이고 있다. 베트남과는 1970년대 후반 국경 문제로 전쟁을 치렀다. 중국과 툭 하면 다투고 무력 분쟁 가능성까지 있는데 관계가 일정 수준 이상으로 깊어지기는 어렵다. 이런 이유로 아세안은 중국의 부상을 경계한다. 일본도 마찬가지다. 일본은 2차대전 당시 베트남과 필리핀 등 아세안 회원국 일부를 침공했다. 아직도 과거사의 상처가 남아 있다. 아베 내각이 과거사 문제를 '나 몰라라' 하는 데 진정한 친구가 될 수 있겠나? 반면 한국은 상대적으로 유리하다. 한류의 인기 덕분에 아세안에서 한국인의 이미지는 좋다. 한국인은 동남아 사람을 무시하는 경향이 있는데 이는 바람직하지 않다. 아세안을 바라보는 한국인의 인식 전환이 필요하다. 무엇보다도 베트남전을 둘러싼 논란이 걸림돌이다. 베트남전에 참전한 한국군이 베트남 민간인을 상대로 만행을 저질렀다는 논란이 있다. 한국군이 베트남 여성들을 상대로 성폭력을 가했다는 생존자들의 생생한 증언이 〈한겨레〉를 통해 보도되기도 했다. 일본군이 한국의 위안부 피해자를 상대로 한 짓과 다를 바 없다. 한국이 아세안과 진정한 친구가 되려면 과거사를 철저히 조사해야 한다. 조사 결과를 토대로 피해자가 발견되면 진정한 사과와 피해보상을 해야 한다. 그래야 일본에 떳떳할 수 있고 아세안과 새로운 관계를 모색할 수 있다. 중국이나 일본과 차별화된 관계를 아세안과 맺으려면 과거사 정리는 기본이다. 한국과 아세안의 관계가 깊어질수록 과거사 문제는 반드시 수면 위로 올라올 것이다. 자발적인 조치만이 한국의 진정성을 증명할 수 있다.

문재인은 아세안 10개 회원국 중 인도네시아를 자신의 첫 국빈 방문국으로 선택했다. 인도네시아는 아세안의 중심 국가다. 인구가 2억 5천만명이 넘는 세계 4위의 인구 대국이고 GDP는 아세안 전체 GDP의 40%를 차지한다. 또한 인도네시아는 자원 부국이다. 아세안 최대의 산유국이며 고무, 주석, 석탄 등의 매장량이 세계 5위 안에 든다. 인도네시아는 한국과 방위산업 부문에서 활발히 협력하고 있다. 양국은 현재 잠수함과 차세대 전투기를 공동 개발하고 있다. 잠수함과 전투기는 군 전력의 핵심이다. 양국이 향후 안보 분야의 협력을 확대할 가능성이 크다. 조코 위도도 인도네시아 대통령과 문재인의 '케미'도 좋다. 두 사람은 비슷한 점이 많다. 인도네시아는 식민지 지배와 군부 독재를 오랫동안 겪었다. 2004년에야 대통령 직선제를 도입했지만 군부 출신의 대통령이 정권을 잡았다. 위도도는 2014년 인도네시아 역사상 첫 평화적 정권교체가 이뤄지면서 탄생한 대통령이다. 위도도의 인기가 대단한 것은 안 봐도 비디오다. 목수의 아들로 알려지는 등 서민 대통령 이미지가 강하다. 동남아시아의 오바마로도 불리는데 얼핏 보면 오바마와 생긴 게 닮은 것 같기도 하다. 문재인의 국빈방문 당시에도 위도도가 문재인을 태운 전기 카트를 직접 운전하면서 대화를 나눴다. 또한 두 정상은 쇼핑몰에 들러 함께 쇼핑을 하고 아이스티를 마셨다. 적폐청산을 주요 국정과제로 내세운 점도 닮은 꼴이다.

인도네시아 국빈방문 중 문재인은 아세안과의 협력관계를 획기적으로 발전시킬 신(新)남방정책을 강력히 추진하겠다고 밝혔다. 신남방정책은 아세안, 인도 등 한국보다 남쪽에 위치한 나라들과 친하게 지내겠다는 게 골자다. 신(新)북방정책과 함께 문재인이 중점적으로 추진하는 대외 전략이다. 신북방정책은 한국보다 북쪽에 위치한 나라들과 친하게 지내려는 외교 정책이다. 남방정책과 북방정책에는 '신'이라는 단어가 붙었다. 기존에 북방정책과 남방정책이 있었다는 의미다. 북방정책은 노태우 전 대통령이 시작했다. 노태우는 구소련, 중국 등 공산권 국가들과 외교관계를 수립했다. 당시만 해도 중국이 한국의 최대 교역국이 될 줄은 상상도 못했다. 남방정책의 시초는 김대중 전 대통령이다. 김대중은 아세안에 관심을 두고 협력을 강화했다. 아세안 플러스 쓰리, 즉 아세안과 한국, 중국, 일본 간 협력을 강화하는 데 주도적 역할을 했다는 평가를 받는다. 문재인은 이를 이어 받아서 신남방정책과 신북방정책을 추진하겠다고 밝혔다. 이들은 기본적으로 문재인의 한반도 신경제지도 구상과 연결된다. 한국과 북한의 서해안, 동해안, 군사분계선을 'H'자 모양으로 연결하겠다는 구상이 한반도 신경제지도다. 남북한을 연결해서 북쪽으로 러시아와 중국을 거쳐 유럽으로 나아가고 남쪽으로는 아세안과 인도, 호주로 뻗어 가겠다는 구상이다. 남북관계가 개선돼야 북쪽으로 뻗어갈 수 있다. 북한은 일단 놔두고 러시아와 중앙아시아 등 외곽에서 먼저 협력을 강화하자는 게 신북방정책이다. 신남방정책은 아세안이 핵심이다. 아세안을 외교 정책의 전면에 내세운 것은 문재인 정부가 처음이다. 아세안도 한국처럼 미국과 중국의 패권 경쟁 속에서 선택을 강요당할 위험이 있다. 아세안과 먼저 협력을 강화하는 게 현실적인 대안이 될 수 있다. 경제적으로도 그렇고 외교적으로도 그렇다.

이들을 종합한 문재인의 비전이 '동북아플러스'다. 동북아시아에 플러스라는 단어가 붙었다. 동북아에 갇힌 한국의 외교 지평을 넓히자는 의미에서 이런 이름이 붙었다. 4대 주변국과 관계를 유지하면서도 북쪽과 남쪽으로 뻗어 나가자는 비전이다. 동북아플러스는 두 개의 축으로 구성돼 있다. 하나는 번영의 축이고 다른 하나는 평화의 축이다. 번영의 축은 신남방정책과 신북방정책이다. 한국 외교를 한반도 남쪽과 북쪽으로 확대해 우선 경제 번영의 기회를 모색하자는 게 번영의 축이다. 평화의 축은 동북아 평화협력 플랫폼이다. 한반도를 중심으로 동북아에 평화협력지대를 구축하자는 게 평화의 축이다. 문재인은 취임 후 100대 국정과제를 발표하면서 "동북아플러스 책임공동체 형성"을 주요 외교 과제로 제시했다. 핵심 키워드는 동북아플러스다. 이는 문재인의 비전이다. 비전은 큰 그림을 그리는 일이다. 뼈대만 세웠을 뿐 살은 붙이지 않았다. 플러스가 어디까지 뻗어갈지 아직은 예단할 수 없다. 신남방정책은 인도네시아 국빈방문으로 시동을 걸었다. 북한 김정은의 신년사를 계기로 남북대화가 열리면서 신북방정책에 대한 희망도 밝아졌다. 이는 한반도 신경제지도의 토대를 마련할 수 있다. 문재인이 국빈으로 초대한 첫 외국 정상은 트럼프였다. 트럼프 이후가 의외였다. 두 번째는 우즈베키스탄 대통령이었고 세 번째는 스리랑카 대통령이었다. 한국이 이들을 국빈으로 초대했다는 것 자체가 메시지다. 국빈방문은 전 국가적인 행사다. 경호와 의전 등 모든 게 달라진다. 한국이 나라의 귀빈으로 모시겠다는 의미다. 문재인의 플러스가 어디까지 미칠지 엿볼 수 있는 대목이다. 문재인은 한국을 국빈 방문한 트럼프와 가진 공동 기자회견에서 균형외교는 미국과 중국 사이에서 균형외교를 하겠다는 게 아니라 한국 외교의 지평을 넓히겠다는 것이라고 말했다. 연대를 확장해 중국과 미국이 함부로 싸대기를 때리지 못하게 하겠다는 의미로 이 책은 해석한다. 이는 일종의 비동맹운동이다. 냉전시기와 다른 '신(新)시대' 비동맹운동이다. 문재인의 노력이 결실을 거두기를 간절히 바라는 마음으로 이 책을 끝맺는다.

시진핑 vs 트럼프

지은이 | 유필립
기획 | 김현석
펴낸이 | 최병식
펴낸날 | 2018년 3월 19일
펴낸곳 | 주류성출판사
주소 | 서울특별시 서초구 강남대로 435(서초동 1305-5) 주류성빌딩 15층
전화 | 02-3481-1024(대표전화)   팩스 | 02-3482-0656
홈페이지 | www.juluesung.co.kr

값 14,000원

잘못된 책은 교환해 드립니다.

ISBN 978-89-6246-337-8 03340